Fischer

Bernd Ingmar Gutberlet, geboren 1966 in Fulda und seit den 80er Jahren Berliner, ist Historiker, Autor zahlreicher historischer und kulturhistorischer Sachbücher. Die Stadt hat in vielen seiner Bücher einen gewichtigen Part übernommen, mitunter auch die Hauptrolle gespielt – ganz wie im Leben auch. Als passionierter Berlin-Flaneur erkundet er Alt und Neu fast täglich und bringt als Berlin-Stadtführer aus Leidenschaft seit 2007 Berlin-Besuchern aus aller Welt die Hauptstadt in ihren vielen Facetten nahe.
www.berlinfirsthand.de

Weitere Informationen finden Sie auf www.fischerverlage.de

Bernd Ingmar Gutberlet

Berlin

für die Hosentasche

Was Reiseführer verschweigen

FISCHER TaschenBibliothek

FSC
www.fsc.org
MIX
Papier aus verantwortungsvollen Quellen
FSC® C013736

2. Auflage: Februar 2018

Originalausgabe
Erschienen bei FISCHER Taschenbuch
Frankfurt am Main, Mai 2017

Dieses Werk wurde vermittelt durch
Aenne Glienke | Agentur für Autoren und Verlage,
www.AenneGlienkeAgentur.de

Umschlaggestaltung: Geviert, Grafik & Typografie, München
Umschlagabbildung: Shutterstock / Lavandaart
Abbildungen Innenteil: Shutterstock / Lavandaart
Satz: Dörlemann Satz, Lemförde
Druck und Bindung: Kösel, Altusried-Krugzell
Printed in Germany
ISBN 978-3-596-52110-4

Inhalt

Einleitung 7
Die Stadt vorab 14
Berlin und der Rest der Welt 37
Die geräumige Stadt: Berlins Topographie 45
Die grüne und blaue Stadt: Natur 65
Die gebaute Stadt: Architektur 88
Die gelebte Stadt: Bevölkerung 153
Die verlebte Stadt: Geschichte 190
Die belebte Stadt: Kultur 265
Die beliebte Stadt: Szene 305
Die hungrige Stadt: Kulinarisches 317
Die verwaltete Stadt: Politik und Verwaltung 334
Die geschäftige Stadt:
Wirtschaft und Wissenschaft 361
Die bewegte Stadt: Verkehr 386
Die zukünftige Stadt 406

Einleitung

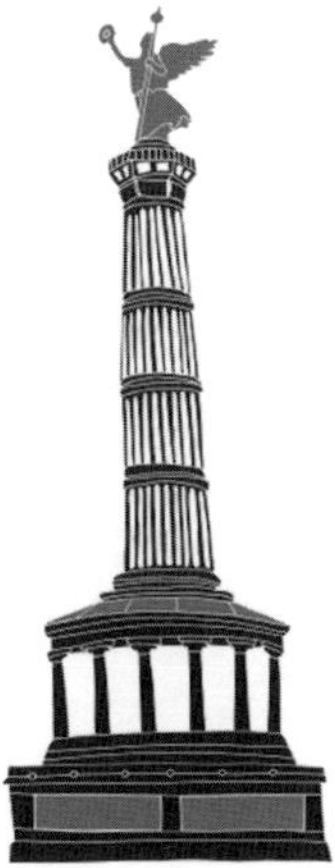

Es ist im Moment eine der
prominentesten europäischen Hauptstädte.
Waleri Gostomski, polnischer Historiker, 1904

Europe's Capital of Cool.
Time Magazine, 2009

Dynamik! Vielfalt! Freiheit!

Berlin ist in aller Munde. Die Bundeshauptstadt ist ein Renner nicht nur bei Touristen, ob aus Deutschland oder von anderswoher, die Jahr für Jahr in größerer Zahl zu Besuch kommen, sondern ebenso bei Zuzüglern aus Deutschland und aller Welt, die hierher umziehen und die Einwohnerzahl beständig wachsen lassen – um rund 40 000 pro Jahr. Fast zwei Millionen Menschen sollen seit 1990 hergezogen sein, wenn auch häufig nur für einige Zeit. Ob Politik, Medien oder Kultur, ob national oder international, an Berlin kommt man nicht vorbei, und das hat die Aufmerksamkeit für die Stadt in den letzten Jahren enorm gesteigert.

Das führt dazu, dass fast jeder, der nach Berlin kommt, Erwartungen oder bereits eine Meinung über die Stadt im Reisegepäck mitbringt. Und diese Meinungen sind so facettenreich wie Berlin selbst. Ein bisschen ist Berlin wie ein alter Reisekoffer, übersät mit Etiketten: manche alt, ausgeblichen und zu Teilen überklebt von neueren, glänzenderen. In ihrer Vielfalt und Widersprüchlichkeit halten sie das ramponierte Ganze zusammen. Diese Vielfalt der Meinungen entspricht der Vielfalt der Stadt. Natürlich: Manches Etikett ist so unübersehbar oder schrill oder kommt so häufig vor, dass es weithin geläufig ist – aber das muss natürlich nicht bedeuten, dass der Gehalt auch zutrifft. Und doch: Wer mit Vorschusslorbeeren oder

Vorurteilen, mit konkreten Erwartungen oder bereits gefasstem Urteil die Stadt besucht, kann das Mitgebrachte meist auch bestätigt finden. Nur sollte man sich auf die Stadt einlassen und nicht nur nach dem Erwarteten suchen, sondern bereit sein, mehr als das zu sehen und die Vielfalt kennenzulernen, die Berlin auszeichnet. Denn Mitte-Hipster mit Jules-Verne-Bart gehören ebenso dazu wie verschlumpfte Kreuzberger Altlinke, die Helikoptermami auf dem Pankower Spielplatz ebenso wie bulgarische Mütter, die ihrem Nachwuchs das Betteln beibringen. Teil des Stadtbilds sind südeuropäische Touristengruppen auf Fahrrädern, die Autofahrer zur Verzweiflung bringen, aber auch herbe Ostfrauen jenseits der fünfzig mit schrill gefärbter Kurzhaarfrisur – oder russische Obdachlose, schnieke Kudamm-Bummler und Randberliner mit Provinzflair und Potenzgehabe am Lenkrad. Längst gehören dazu auch die schwarzen Limousinen der Politiker, Diplomaten und Lobbyisten, und immer noch die Westberliner gute Gesellschaft, die sich am Samstag in der Feinschmeckeretage des KaDeWe den Schampus schmecken lässt. Und die Vorurteile, die aus diesen Etikettierungen sprechen, gehören auch schon wieder dazu, denn um sich in der fordernden Großstadt sowohl einen Überblick als auch einen mentalen Schutzraum zu verschaffen, arbeitet selbst der Berliner mit Vorbehalten und Vorurteilen zur Abgrenzung.

Die Vielfalt der Stadt sowie der Ansichten und Meinungen über sie macht das Unterfangen, einen Berlin-Führer zu verfassen, so komplex wie aussichtslos. Andererseits ist jeder Zugang zu einer Stadt am Ende ein persönlicher, also subjektiv. Und beim Kennenlernen macht stets den entscheidenden Unterschied aus, wenn ein lokaler Lotse bereitsteht, der die unbekannte Stadt individuell vermittelt. Werden wir also persönlich.

Hollywood war es, das mich nach Berlin brachte. Und es geschah in Paris. Als Anfang-zwanzig-Jähriger saß ich in den achtziger Jahren irgendwo nahe Odeon allein in einem ziemlich abgetakelten Kino und sah »Cabaret«. Liza Minelli als Sally Bowles, die unter der S-Bahn-Brücke der Bleibtreustraße kreischend das Zuggetöse übertönt. Der Berliner Tanz auf dem Vulkan, beendet vom Marsch strammer brauner Stiefel. Sein Ende angekündigt vom süßlichen Volkslied, dessen Darbietung von harmloser Folklore zu dumpfer Volkstümelei und schließlich zur Bedrohung wird. Michael York, der mit naiv-fasziniertem Staunen das mondän-dekadente Treiben betrachtet. Die Huldigung Berlins, das zur Drehzeit des Films, Anfang der siebziger Jahre, einen ziemlich jammervollen Eindruck machte: abgewrackt, abgelebt, versehrt und noch dazu in zwei Hälften geteilt. An diesem Abend habe ich mich in die Stadt verliebt, ohne je zuvor dort gewesen zu sein. Nach der Vorstellung rauchte ich auf dem Pont Alexandre über der Seine eine Zigarette und beschloss, von Film und Tabak enthusiasmiert, nach Berlin zu gehen.

Seither hat mich die Stadt nicht mehr losgelassen. Ein paar Mauerjahre habe ich noch erlebt, roch den morbiden Charme Westberlins und erlitt neben einem Kohleofen die berüchtigten stumpfgrauen Berliner Winter, fuhr nach Ostberlin und lernte dort Freunde kennen – und verpasste schließlich, direkt an der Mauer und betrunken, wie die Grenze sich öffnete. Seither erlebe ich, wie diese Stadt wieder zu sich kommt, mögen das manche Berliner merkwürdigerweise auch ganz anders sehen. Auf beiden Seiten der einstigen Mauer gibt es nämlich bis heute Sehnsucht nach den klaren Verhältnissen von damals, mitunter mit staunenswerter Einseitigkeit und voller Gedächtnislücken vorgebracht. Ein Berliner Paradoxon besteht zudem darin, dass alteingesessene Berliner zwar in einer vielbeachteten Weltstadt wohnen, aber die damit notwendig verbundenen Beschwerlichkeiten einer Metropole nicht so recht akzeptieren wollen. Noch kurioser der Stolz der Berliner auf ihre Stadt, den die Welt teilen soll – der sich aber nicht darin äußern möge, dass immer mehr Touristen ihren Stolz in Augenschein nehmen.

Und doch ist Berlin irgendwie ein Phoenix, der strahlend aus der Asche emporsteigt. Angesichts ungezählter Kameras, die sich auf ihn richten, ordnet er immer wieder eitel sein Gefieder, und all diejenigen, die früher verächtlich in eine andere Richtung schauten, lässt er nun großzügig oder herablassend unter seinen breiten Schwingen Platz finden. Und dieser Phoenix hält durchaus etwas auf die Tatsache, dass sich noch einiges an Asche im Gefieder finden lässt.

Berlin ist wieder zur Weltstadt aufgestiegen, was sie einerseits zu einer unter vielen macht, die sich mit anderen Weltstädten messen lassen muss, andererseits kann sie ihr Potential endlich wieder entfalten. Selten kann man einer Stadt bei einer solchen Häutung zusehen, die noch dazu in wenigen Jahrzehnten vonstattengeht. Das ist überaus aufregend und faszinierend, hat aber natürlich seine Schattenseiten. Man muss beklagen, dass Kreuzberg seinen spezifischen Charakter verliert, weil die Mauer in diesem Fall schützend gewirkt hatte. Trotzdem muss man konstatieren, dass die künstliche Situation auf beiden Seiten der Mauer, so besonders und faszinierend sie das Leben in Berlin auch machte, Ende der achtziger Jahre bereits begann, sich zu überleben. Man muss bedauern, dass das vielbeschworene Unfertige verschwindet, was aber großstädtische Dynamik mit sich bringt, wenn die Käseglocke zerbricht. Man muss kritisieren, dass die Politik viel zu wenig tut, um den Begehrlichkeiten von Investoren Grenzen oder verbindliche Gestaltungsrahmen zu setzen, um Charakter und Vielfalt der Stadt zu erhalten und die weitere Stadtentwicklung zu gestalten, statt ihr bloß zuzusehen. Man möchte, wenn man es aufmerksam verfolgt, manchmal schier verzweifeln an der selbstgefälligen Einfallslosigkeit vieler verantwortlicher Stadtplaner, wenn die wieder einmal auf alte Rezepte setzen, die anderswo längst krachend gescheitert sind. Ein Zukunftslabor soll die Stadt sein, aber viele Versuchsanordnungen sind schon reichlich angestaubt.

An Berlin kann man sich reiben und muss es auch. Meine Liebe zur Stadt ist ebenso aufregend wie anstrengend, und je länger man hier lebt, desto mehr setzt sich die Einsicht durch, dass es Berlin nicht nur einmal gibt. Es gibt diese Stadt nicht allzu viel weniger mal, als Berlin Einwohner hat. Deshalb können die Berliner auch leidenschaftlich über ihre Stadt streiten. Wer seine Stadt beschreibt, erntet schnell Widerspruch. Das wird mir auch mit diesem kleinen Berlin-Buch passieren, aber so muss es auch sein. Trotzdem aber gilt: Ein guter Berlin-Führer muss ein subjektiver sein – nur rechthaberisch darf er nicht werden. Kommen Sie mit mir durch meine Stadt, um anschließend Ihr Berlin zu entdecken!

Die Stadt vorab

Berlin ist eben keine Stadt,
sondern ein trauriger Notbehelf,
Berlin ist ein Conglomerat
von Kalamitäten.
Frank Wedekind, 1908

Den Neuankömmling kann Berlin schon mal überfordern: sooo groß, sooo hektisch, sooo unübersichtlich. Na, Großstadt eben! Aber eben auch keine beliebige Großstadt, sondern eine mit spezifischen Eigenarten. Wer die vorab kennt, dem fällt das eigentliche Kennenlernen leichter. Daher kurz beantwortet: **sieben erste Fragen von Berlin-Erstlingen**.

Wo ist denn hier das Zentrum?

Städte haben ein Zentrum. Normalerweise. Zumindest darf man erwarten, dass eine überzeugende Mehrheit der Bewohner einer Stadt bei dieser Frage auf denselben Punkt des Stadtplans zeigt. In Berlin ist die Frage eher schlecht gestellt, denn die Stadt hat mehr als ein Zentrum. Zwar gibt es einen Bezirk namens Mitte – aber den würde wohl nicht jeder Berliner als Berlins Zentrum angeben. Und wenn doch, wo in Mitte, das ja schon Großstadtgröße hat, liegt dann das Zentrum? Am Brandenburger Tor, dem wichtigsten Wahrzeichen? Am Schloss, das lange der Bezugspunkt nicht nur der Politik, sondern der Stadtentwicklung war? Am Alex, wo täglich Hunderttausende Berliner umsteigen und der Fernsehturm in die Höhe ragt? An der Nikolaikirche, wo Berlin mal begann?

Und wenn Mitte, was ist dann mit der City West und dem Bahnhof Zoo, als Menschenumschlagplatz dem Alex ebenbürtig? Ebenjene beiden, Zoo und Alex, könnten mit einiger Berechtigung so genannt werden, zumal Ost und West durchaus noch Kategorien sind und es auch schon vor dem Bau der Mauer waren. Und Berlins »neue Mitte« am Potsdamer Platz – ein zentraler Platz, der nach dem Krieg zur Riesenbrache wurde, weil die Mauer mittendurch ging? Nicht ausgeschlossen ist außerdem, dass ein in seinem Kiez verwurzelter Berliner aus Überzeugung, Ichbezogenheit oder reinem Trotz sein unmittelbares Wohnumfeld als Zentrum nennt. Die Frage ist also nicht nur kompliziert, sondern auch aufgeladen, und viele Berliner beantworten sie eh mit Abwinken. Noch am ehesten kann man sich darauf verständigen, dass Berlins Zentrum von Zoo bis Alex reicht – dann aber zum einen reichlich groß ist, zum anderen nicht durchgängig so verdichtet, wie es sich für das Zentrum einer Großstadt eigentlich geziemt. Genau besehen ist Berlin sowieso polyzentral, denn zu den genannten kommen noch andere Zentren, etwa die Altstädte von Köpenick oder Spandau.

Wieso überhaupt ist denn Berlin sooo groß?

891 Quadratkilometer, das ist schon 'ne Menge, 45 Kilometer vom einen Ende zum anderen ist auch kein Pappenstiel. Der Grund ist derselbe wie der für die polyzentrische Stadtstruktur: 1920 wurden

Berlin sieben umliegende Städte sowie Dutzende Dörfer, Gemeinden und Gutsbezirke dazwischen und rundherum einverleibt. Flächenmäßig machte das aus Berlin über Nacht die zweitgrößte Stadt der Welt, nur Los Angeles hatte ein noch größeres Stadtgebiet. Stadt- und Dorfkerne haben sich als Zentren behauptet, darunter die heutige City West, einst Zentrum der unabhängigen Stadt Charlottenburg. Paris beispielsweise wurde nie mit seinem Umland vereinigt, deshalb passt, an Stadtgrenzen gemessen, die französische Hauptstadt in die deutsche fast achteinhalbmal hinein – aber das ist natürlich eine ungehörige Milchmädchenrechnung.

Warum ist Berlin nicht so reich wie andere Hauptstädte?

Es lebe die Statistik. Eine besagt allen Ernstes, Berlin sei die ärmste Hauptstadt der Welt, wegen der krassen Diskrepanz zwischen dem Reichtum Deutschlands im Ganzen und seiner wirtschaftlich schwachbrüstigen Hauptstadt. Deutschlandweit lautet ein sehr beliebter Vorwurf, Berlin hänge am Tropf des ganzen Landes. In der Tat ist das Bundesland Berlin Hauptnutznießer des Länderfinanzausgleichs und hat mit Geld nicht immer ein glückliches Händchen. Der Stadt ihre Wirtschaftsschwäche vorzuwerfen ist trotzdem ungerecht. Denn Berlins Stellung als

Hauptstadt und wichtigste Industriestadt Deutschlands war mit Kriegsende 1945 zu Ende und die Stadt weitgehend zerstört. Von der alten Wirtschaftskraft hat sich nur sehr wenig wieder gebildet, denn die politischen Verhältnisse ließen das nicht zu. Kritiker zumal aus München oder Frankfurt am Main müssen sich schon sagen lassen, dass sie davon kräftig profitierten: Früher waren zum Beispiel die Deutsche Börse und viele Bankenzentralen in Berlin ansässig; wichtige Firmen stammen aus Berlin, sind aber abgewandert. Zur Wahrheit gehört außerdem, dass Berlin schon seit Jahren auf einem sehr guten wirtschaftlichen Weg ist: Bei stark wachsender Einwohnerzahl sinkt die Arbeitslosenquote nirgendwo so rasch wie hier, durch einen strammen Sparkurs seit den 90ern werden die Schulden abgebaut. Ganz abgesehen davon, dass Stadtstaaten gegenüber Flächenländern strukturell bedingte Nachteile haben. Trotzdem schimpfen bis heute Leitartikler überall in Deutschland, die Stadt lebe über ihre Verhältnisse und ihre Verwaltung sei aufgebläht. Auch das stimmt längst nicht mehr, der öffentliche Dienst der Stadt wurde auf die Hälfte zusammengestrichen, was inzwischen zu problematischen Engpässen führt.

Wieso ist von der Mauer nur noch so wenig übrig?

Vor mehr als einem Vierteljahrhundert fiel die Mauer, heute sind nur an wenigen Stellen in der Stadt substantielle Reste übrig. An anderen Orten wurden Mauerstücke erneut aufgestellt, aber insgesamt ist von einst 160 Kilometer Grenze verschwindend wenig erhalten. Kein Wunder eigentlich, wenn man den Hass auf dieses Bauwerk und die Freude über sein Ende bedenkt. Die Berliner sahen damals mit größter Befriedigung dabei zu, wie es Stück für Stück verschwand. Heute erinnert eine Linie auf dem Asphalt an den Verlauf der »Schandmauer« (West) oder des »antifasch-/imperialistischen Schutzwalls« (Ost), wie das Monstrum genannt wurde. Selbst diese Markierung war in der Stadt zunächst schwer vermittelbar, wurde aber notwendig, weil in Vergessenheit geriet, wo genau die Mauer mal verlief. Inzwischen ist die Teilung so lange her, dass die Berliner entspannter damit umgehen.

Was macht eigentlich der Bär im Stadtwappen?

Hartnäckig hält sich die Ansicht, der Stadtname Berlin ließe sich vom Wappentier Bär herleiten, zumal der Askanier Albrecht der Bär die Mark Brandenburg gründete. Mit einiger Wahrscheinlichkeit aber verhält es sich umgekehrt: Historiker gehen davon aus, dass der Name aus dem Slawischen stammt – schließlich war die Gegend bis Mitte des 13. Jahrhunderts slawisches Herrschaftsgebiet. Vermutlich bezieht er sich auf den morastigen Untergrund. Weil diese Namensherkunft aber in Vergessenheit geriet, je mehr das Slawische verdrängt wurde, suchte man eine andere Ableitung und bemühte noch im 13. Jahrhundert den Bären (Berlin wäre dann niederdeutsch für »kleiner Bär«) und setzte ihn später ins Stadtwappen.

Was sind das denn für hässliche Rohre, die überall die Stadt verschandeln?

Berlin wächst, und überall in der Stadt wird gebaut, was das Zeug hält. Ständig kommt man an großen, oberirdisch erkennbar provisorisch installierten Rohren vorbei, mal blau, mal rosa, mal lila. Sie dienen dem Abpumpen von Grundwasser, das wegen des hochstehenden Grundwasserspiegels Baulöcher füllt. Berlin hat nicht nur viele Flüsse, Seen und Kanäle, sondern auch im Untergrund viel Wasser, das bei Bauarbeiten immer wieder Probleme macht. Die Bauten der Museumsinsel stehen zum Beispiel auf vielen tausend Holzpfählen, und Neubauten müssen, je nach Lage, im Untergrund gut verankert und vor eindringendem Grundwasser geschützt werden. Wasser hat Berlin also reichlich, trotzdem sind die

Trinkwasserpreise hoch. Weil daher die Berliner sparsamer als früher mit dem Wasser umgehen, steigt der Grundwasserpegel sogar.

Warum fährt die U-Bahn so oft gar nicht im Tunnel unter der Erde?

Auch das hat mit Berlins chronisch nassem Untergrund zu tun, der dem Tiefbau Schwierigkeiten macht, und ebenso mit der Verteilung von Arm und Reich in der Stadt. Als beispielsweise die 1902 eröffnete erste U-Bahn gebaut wurde, leistete sich das reiche Charlottenburg den teuren Tunnel, während der Arbeiter- und Soldatenwohnbezirk Kreuzberg mit einer Hochbahnstrecke vorliebnehmen musste. Einige Nachkriegslinien fahren zwar tief, aber ungedeckelt – man sah später einfach keine Notwendigkeit mehr für eine Abdeckung. Für die neue U-Bahn-Strecke zwischen Alexanderplatz und Brandenburger Tor wurde übrigens wegen des heiklen Baugrunds einiger Aufwand betrieben, unter anderem wurde teilweise Erdreich eingefroren, um besser bauen zu können. Dafür machte das Wasser dann nach Fertigstellung des Rohbaus an einigen Stellen Schwierigkeiten, als es in die Tunnelröhre eindrang.

Da hätten wir vorab schon ein paar Fragen geklärt, die meist sehr rasch aufkommen. Gleich hinterher noch **sieben stadtspezifische Begriffe**, die Neuankömmlingen nicht unbedingt geläufig sind.

Schrippe: Okay, nicht allein in Berlin, aber doch vor allem hier heißt, was anderswo Semmel, Brötchen oder Rundstück genannt wird: Schrippe. Das Wort kommt von »schripfen«, also mit einem Messer einritzen. Eine Schrippe zeichnet sich denn auch durch die Kerbe aus, an der man sie halbieren kann. Eigentlich ist die Schrippe eine besonders preiswerte Brötchenart, aber das scheinen gerade die Bäckereiketten irgendwie vergessen zu haben.

Kiez: Weil Berlin wieder so populär wurde, ist der Begriff überregional sehr viel bekannter als früher. Nicht zuletzt hippe US-Berliner beschwören gern, wie sehr sie in ihrem Kiez schon verwurzelt sind. Der Berliner bezeichnet so das, was der Pariser »mon quartier« nennt: die unmittelbare Wohnumgebung, den eigenen städtischen Lebensmittelpunkt. Der ostelbische Begriff Kiez bezeichnete ursprünglich eine slawische Dienstsiedlung; noch heute gibt es im Brandenburgischen Dörfer namens Kiez oder Kietz.

Berliner Zimmer: Eine Eigenheit des Berliner Wohnungsbaus: Alte Mietshäuser, die aus Vorderhaus und Seitenflügel bestehen, haben in größeren Wohnungen einen Raum, der den repräsentativeren Vorderhausteil mit dem Teil im Seitenflügel verbindet. Dieses sogenannte Berliner Zimmer ist meist sehr groß und eher dunkel, da es nur ein Eckfenster hat.

Molle: Eine Molle ist ein Bierglas oder auch ein Glas Bier. In echten Kiezkneipen, die längst unter Hipstern als angesagt gehandelt werden, kann man den Eingeborenen mimen, in dem man lässig eine Molle ordert. Man muss allerdings damit rechnen, dafür belächelt zu werden. Mollenfriedhof ist eine Berliner Bezeichnung für den Bierbauch, die sogar der Duden kennt.

Späti: In Ostberlin gab es zu DDR-Zeiten Spätkaufs, denn das (begrenzte) Warenangebot sollte auch Spätschichtlern zugänglich sein. Viele Spätkaufs retteten sich ins Gesamtdeutsche, neue kamen stadtweit hinzu und sind nicht selten Kult bei den Anwohnern, die auf ihren Späti nichts kommen lassen – schon weil das unverzichtbare Straßenbier dort zwar teurer als im Supermarkt, aber eben stets zu haben ist. Andere überfordert schlicht die Tatsache, dass ein Supermarkt auch mal zuhat, und das Nötigste gibt's beim Späti auch: Bier und Zigaretten, Chips und Tiefkühlpizza. Allerdings entspricht die späte Öffnung nicht dem deutschen Ladenöffnungsgesetz. Immer wieder führt das Ordnungsamt Razzien durch und schließt ungesetzlich geöffnete Spätis, während Petitionen zu ihrem Schutz bislang erfolglos blieben. Trotzdem halten sich die Spätis in ihrer prekären Existenz hartnäckig.

Pfannkuchen: Man gehe in eine Berliner Bäckerei und verlange einen Berliner. Wenn schon nicht die Verkäuferin schnoddrig wird, dann gibt es sicher in der Schlange einen älteren Berliner, der sich scherzhaft oder gar altherrenwitzig anbietet. Denn was anderswo Berliner heißt, ist an seinem namensgebenden Ort ein Pfannkuchen. Und der wiederum heißt in Berlin Eierkuchen.

Sechser: Einer der schönen Begriffe, die immer weniger gebräuchlich sind. Ein Sechser ist ein Fünfpfennigstück, heute eben ein Fünfcentstück. Die Bezeichnung kommt wohl daher, dass es in Preußen eine Halbgroschenmünze gab, das entsprach sechs Pfennigen. Die Bezeichnung ging später über auf das Fünfpfennigstück.

Und dann sind da noch einige Berliner Besonderheiten, die zu kennen von Vorteil sein kann, bevor man die Stadt besucht. Unzählige Touristen und Neuberliner kamen schon ins Schwitzen auf der Suche nach einer *Hausnummer*. Denn gemeinerweise ist die Hauszählung der Berliner Straßen uneinheitlich. Zwar zählen sie ihre Häuser mehrheitlich wie anderswo auch, also mit geraden Nummern auf der einen, den ungeraden auf der anderen Seite. Viele Straßen zählen aber fortlaufend, beginnen also am einen Ende der Straße und wechseln am anderen Ende auf die andere Seite und zählen zurück weiter. Im Fall der Schönhauser Allee etwa stehen sich Ecke Torstraße Nr. 5 und Nr. 188 gegenüber, am anderen, Pankower Ende springt mit der Nummer 97 die Zählung auf die andere Seite und geht wieder stadteinwärts. Auch der Kurfürstendamm zählt so und hat noch dazu die irritierende Eigenheit, Nummern auszulassen: 1 bis 9 sowie 238 bis 264, weil Berlins Einkaufsmeile heute an der Gedächtniskirche beginnt, bis 1925 aber bereits am Landwehrkanal; außerdem fehlen durch bauliche Veränderungen die Nummern 10, 221–223 sowie 77–89.

Man könnte Berliner Taxifahrern unterstellen, sie hofften stets auf Neuankömmlinge, die am Flughafen oder Hauptbahnhof atemlos einsteigen und in die *Berliner Straße* gebracht werden wollen. Davon gibt es nämlich viele, und besagte pfiffig-skrupellose Taxifahrer würden den Gast vermutlich in die am weitesten entfernte fahren, um dort mit einem Achselzucken die Vorwürfe abzutun, man habe *diese* Berliner Straße doch gar nicht gemeint. Und auf Entrichtung des stolzen Betrags auf dem Taxameter bestehen. Weil Berlin aus Dutzenden ehemaliger Städte und Dörfer besteht, die meist auch eine Straße besaßen, die nach Berlin führte, zeichnet die Stadt aus, besonders viele nach ihr benannte Straßen zu besitzen. Mit Selbstverliebtheit hat das nichts zu tun.

Auch wer nach Berlin zieht und den Touri-Rummel gar nicht erst mitmacht – an den Ausprägungen des Fremdenverkehrs kommt man nicht vorbei. Dazu gehören Rollkoffer der ohrenbetäubenden Sorte, orts- und verkehrsregelunkundige Fahrradhasardeure auswärtiger Zunge, chronisch schleichende Sightseeingbusse – und die unvermeidlichen *Trabitouren*. Die gibt es zwar auch in einigen anderen Städten, aber bei Berlin-Touristen sind sie besonders beliebt. Sie sind auch eine gleichzeitig spaßige und authentische Weise, Berlin kennenzulernen, zumal mancher Anbieter nicht Klamauk, sondern Niveau bietet (www.trabisafari.de). Wer mitfährt, wird so oft fotografiert wie selten zuvor, denn das DDR-Auto ist eine Sehenswürdigkeit auf Rädern. Den Berlinern sind sie ein steter Dorn im Auge – der Geruch, die Hupe, Verkehrshindernis und ästhetischer Affront etc. Also wirklich.

Während sich die Berliner mit ihrer Ablehnung der Trabitouren mehrheitlich einig scheinen, streiten sie über andere stadtspezifische Angelegenheiten gerne kontrovers. Wo, zum Beispiel, gibt es die beste *Currywurst*? Oft läuft es auf eine Ost-West-Spitze hinaus: »Curry 36« (Mehringdamm, Bhf. Zoo) und Konnopke (Schönhauser Allee). Ebenso wird über den besten Döner und die besten Burger diskutiert. Mit Leidenschaft verteidigen Berliner oft ihren persönlichen Kiez als den tollsten der Stadt, das ist mitunter eine Frage des Prinzips. Umstritten sind auch die Bezirke insgesamt: Jeder hat Vorlieben und Vorurteile, und die müssen sich nicht einmal unbedingt auf eigene Anschauung gründen. Denn wer kennt schon jeden Bezirk dieser großen Stadt gut genug? Und dann gibt es da noch die ausgemachten **Zankäpfel**, die nicht ansprechen sollte, wer harmoniebedürftig ist oder in Eile:

1. Das Schloss
2. Tempelhofer Freiheit
3. Potsdamer Platz
4. Verkehr
5. Hunde

Der Wiederaufbau des *Berliner Schlosses* als Humboldtforum wurde von Anfang an kontrovers diskutiert und spaltet die Berliner weiterhin. Der Sitz der Hohenzollern war nach seiner Sprengung auf Befehl der DDR-Regierung 1950 in Vergessenheit geraten, ebenso seine architektonische und städtebauliche Bedeutung. Eine Bürgerinitiative holte es in den 1990ern wieder ins Gedächtnis und arbeitete beharrlich für eine Wiedererrichtung, die der Bundestag schließlich beschloss und weitgehend finanziert. Für und Wider bleiben Thema: Hätte nicht der DDR-Protzbau Palast der Republik erhalten werden müssen? Macht es Sinn, ein Barockschloss modern wieder aufzubauen? Andere finden, so werde der Stadt ihr Herz zurückgegeben und das historische Vierer-Ensemble aus Schloss, Dom, Altem Museum und Zeughaus wiederhergestellt. Und mit den einziehenden Museen erhalte die Museumsinsel eine kongeniale Erweiterung mit Blick auf die ganze Welt.

2008 wurde der *Altflughafen Tempelhof* geschlossen. 2010 wurde das Gelände zugänglich gemacht, und seither ist der neugewonnene Stadtraum eine Lieblingspiste der Berliner. Der Senat plante, das Areal an den Rändern zu bebauen, wogegen ein Volksentscheid angestrengt wurde, der 2014 stattfand: Fast mit Zweidrittelmehrheit beschlossen die Berliner, das Gelände nicht zu bebauen, sondern so zu erhalten, wie es ist. Das war eine harsche Abfuhr für den Senat und freute viele Berliner. Vor allem wegen des großen Wohnungsbedarfs der Stadt finden aber viele, eine Randbebauung müsse sein. Andere finden die Brache zu hässlich, um im derzeitigen Zustand erhaltenswert zu sein.

Der *Potsdamer Platz* als erstes Großprojekt der Stadt nach ihrer Wiedervereinigung ist längst Stadtinventar. Streiten lässt sich darüber aber immer noch, wie das seit den ersten Neuplanungen der Fall ist. Damals stellten die Gegner in Frage, dass die Stadt einen Wiederaufbau des vor dem Krieg wichtigen und quirligen Viertels brauche, auch die architektonischen Entwürfe wurden angezweifelt. Zwingend künstlich geraten müsse ein solches Vorhaben, Urbanität aus der Retorte wiedererstehen zu lassen. Heute ist dort wieder ein betriebsames Stück Berlin zu besichtigen, aber viele Berliner fahren allenfalls naserümpfend dran vorbei.

Berlin wächst – und damit das *Verkehrsaufkommen*, obwohl prozentual der Anteil des Autoverkehrs sinkt. Die Straßen werden voller und die verschiedenen Verkehrsarten belauern und bekriegen sich. Autofahrer echauffieren sich über die Regelignoranz der Radler, die deren Rücksichtslosigkeit beklagen; Fußgänger fühlen sich weder von Zwei- noch von Vierrädern respektiert. Selbst das gutausgebaute Nahverkehrsnetz stößt an Kapazitätsgrenzen. Außerdem muss vieles modernisiert werden, was zu oft langen Streckensperrungen und aufwendigen Umfahrungen führt. Die neue Landesregierung will umsteuern: weniger Autoverkehr, mehr Platz für die immer zahlreicher werdenden Radfahrer, Vorfahrt für die Öffentlichen. Im Vergleich zur bisherigen Verkehrspolitik ein veritabler Paradigmenwechsel. Symbol dafür ist die für 2019 geplante Sperrung der Linden für Autos.

Ein paar hunderttausend *Hunde* leben in der Stadt, deren vieles Grün eigentlich ideal ist. Die genaue

Zahl ist schwer abschätzbar, da nicht jeder Hund steuerlich verbucht ist. Aber die Stadt scheint sich in Hundeliebhaber und Hundehasser zu teilen, die einander unversöhnlich gegenüberstehen. Das stimmt so natürlich nicht, im Großen und Ganzen mögen Berliner Hunde durchaus. Aber jeder Hundebesitzer macht seine Erfahrungen mit keifenden Tierfeinden, und jeder, der einfach nur Angst vor Hunden hat, kann von Hundehaltern berichten, die den lächerlichen Angsthasen zum Problem erklären, nicht die eigene Missachtung des Leinenzwangs. Zwei Unduldsame beider Hundefronten können aus einer entspannten Party eine ideologische Schauveranstaltung machen.

Und der neue Flughafen?, werden Sie jetzt fragen. Das ist kein Streitpunkt in Berlin, alle sind sich seit der Absage der Eröffnung 2012 einig, dass die Peinlichkeit grenzenlos ist. Wir kommen aber später noch darauf zurück.

Solche Streitfälle offenbaren einen Aspekt, mit dem andere Großstädte ebenso zu kämpfen haben und der sich in Berlin auf vielfältige Weise äußert: Das Wesen der Stadt als verdichtetes Zusammenleben, das nur durch gegenseitige Toleranz und Rücksichtnahme funktioniert, kollidiert immer häufiger mit einer selbstsüchtigen Haltung des modernen Hyper-Individualismus: Klar brauchen wir Wohnungen, aber doch nicht gleich gegenüber, wo es mir die Sicht versperrt! Super, dass Berlin international so angesagt ist, aber diese Touris überall! Natürlich muss das Verkehrsnetz ausgebaut werden, aber doch nicht vor meiner Haustür! Klar muss man im Stadtverkehr Rücksicht üben, aber ich hab's gerade soo eilig. Selbstredend ist Respekt ein unverzichtbares Schmiermittel im Großstadtmiteinander, aber ich bin halt grad echt schlecht drauf!

Und da wären wir bei der Gelegenheit, als leidenschaftlicher, aber durchaus kritischer Berliner das Thema **Berlin-Bashing** anzuschneiden. Zuvörderst muss man da konstatieren, dass Hauptstädte und exponierte Metropolen sowieso immer im Fokus der Aufmerksamkeit stehen, zumal im Land, zu dem sie gehören. Davon kann man in Paris ebenso ein Lied singen wie in Moskau oder New York. Da nehmen auswärtig Wohnende der Stadt übel, wie oft über sie berichtet wird, wie viel Geld der Staat (angeblich) dort reinschießt, wie undankbar diese Stadt sich verhält, dass sie alles Talent von anderswo abzieht und verschwenderisch mit all dem Geld umgeht. Der Neidfaktor ist also durchaus mit im Spiel. Anderen machen Großstädte Angst, und sie finden sie zutiefst suspekt. Dann kommt hinzu, dass sich durch den steilen Aufstieg Berlins in der nationalen wie internationalen Wahrnehmung andere Städte zurückgesetzt fühlen.

Klar, der Berlin-Hype zieht anderswo Aufmerksamkeit ab, aber wie wäre es mit ein bisschen Stolz auf eine tolle Hauptstadt? Alte Ressentiments kommen dazu, seien es landsmannschaftliche Empfindlichkeiten oder historisch-politische Vorurteile. Natürlich lastete Preußens Dominanz schwer auf der deutschen Geschichte – aber Berlin ist nicht mehr die Hauptstadt des mächtigsten und großmäuligsten deutschen Staates, denn den gibt es nicht mehr. Die Alliierten haben ihn nach dem Zweiten Weltkrieg ganz offiziell aufgelöst.

Aber Negativklischees halten sich nun mal hartnäckig, selbst wenn sie gar keine Grundlage mehr haben. Noch immer wird Berlin in den Medien und an den Stammtischen gerne vorgehalten, über seine Verhältnisse zu leben und anderer Leute Geld mit beiden Händen auszugeben. Vom harten Sparkurs seit den 1990ern und der Schrumpfung des öffentlichen Dienstes auf die Hälfte ist selten die Rede. Selbst als sehr zu Recht ganz Deutschland sich darüber echauffierte, wie die Hauptstadt 2015 vom Flüchtlingszustrom monatelang komplett überfordert war, wurde einer der Hauptgründe selten genannt: die fehlenden Stellen in der Verwaltung, deren Personalausstattung man inzwischen nicht mal mehr als auf Kante genäht bezeichnen kann. Besonders ungerecht und unzutreffend am beliebten und sooo gerne medial aufgebauschten Eindreschen auf Berlin ist, wenn die Stadt als Prügelknabe für Entwicklungen dient, die gar nicht berlinspezifisch sind: Sozial- und Kultur-, Architektur- und Systemkritik mag angebracht sein, und Auswüchse unserer Zeit treten in einer Großstadt nun mal früher und vor allem stärker zutage. Aber Berlin hat weder die schlechten Manieren erfunden noch das moderne Credo, stets in Eile und dabei immer sehr bedeutend zu sein. Dasselbe gilt für Rücksichtslosigkeit im Verkehr oder grundloses Anpöbeln anderer, Sauforgien auf öffentlichen Plätzen oder gesichtslose Investorenarchitektur.

Zwei Klagen seien noch erwähnt, die doch sehr kurz gedacht sind: Berlin sei hässlich, lautet die eine. Das geht von einem merkwürdigen Maßstab aus, denn Großstädte sind nie nur schön. Prag ist im Zentrum mehr Puppenstube als Stadt und drumherum reichlich hässlich, wie auch das schöne Budapest viele scheußliche Ecken hat. Die vielgepriesene Schönheit von Paris kann man zwar schwerlich bestreiten, grenzt aber in vielen *quartiers* an Monotonie. In Berlin ist es nur eben so, dass Schönes und Hässliches sich recht ungeordnet abwechseln. Weder gibt es ein schönes Schmuckkastenzentrum, noch wurde das Hässliche an den Stadtrand verdrängt. Und die Vielfalt Berlins gibt sich auch in der Vielfalt ihrer schönen Ecken zu erkennen. Abgesehen davon: Keine andere deutsche Stadt hat im Zweiten Weltkrieg so viele Bomben abbekommen wie Berlin – und die

Scheußlichkeit vieler Nachkriegsbauten und -ideen ist kein Berliner Phänomen.

Die andere Klage bezieht sich auf die Nachwende-Architektur: Da sehe ja fast alles gleich aus, wie schrecklich. Der Vorwurf ist zwar nicht ganz falsch, lässt aber die Tatsache außer Acht, dass nun einmal seit der Wiedervereinigung enorm viel gebaut wird, worunter sich unvermeidlicherweise viel Mittelmaß findet. Zudem lässt sich so viel Neues in einer Stadt nicht ausschließlich mit schmucken Solitärbauten bestücken, die sich gewissermaßen gegenseitig anschreien. Am einfallslosen Bauen sind neben der Politik, die zu viel durchgehen lässt, vor allem die Investoren schuld, weil sie meistens rein renditeorientiert planen lassen, anstatt der Stadt markante Architektur zu schenken – wie in Stuttgart oder Frankfurt am Main auch. Und doch: Wer Architekturführer über Berliner Bauten der letzten 20 Jahre in die Hand nimmt, wird beeindruckt sein, wie viel tolle Architektur gebaut wurde. Wer mit offenen Augen durch die Stadt fährt, ebenso. Für Architektur gilt wie für anderes: Man nimmt gerne wahr, was die vorgefasste Meinung bestätigt.

Zum schlechten Bild von Berlin, das zu zeichnen höchst beliebt zu sein scheint, gehört die Klage von der kriminellen Stadt, in der man an jeder Straßenecke dreimal erschossen und zehnmal ausgeraubt wird. Dabei ist Berlin im Vergleich übrigens keine sonderlich gefährliche Stadt, auch wenn man es als

Tourist Taschendieben, Pöblern, Gewaltbereiten und Falschspielern deshalb nicht übermäßig einfach machen sollte. Die Frage ist, womit man die Berliner Kriminalitätsrate vergleicht – mit Eichstätt oder Mexiko-Stadt? Wie auch immer, die Berliner Polizei identifiziert Jahr für Jahr sogenannte KBO – kriminalitätsbelastete Orte. Veröffentlicht werden sie eigentlich nicht, aber in den Medien wird trotzdem darüber berichtet.

Hier zehn Orte, an denen man Wertsachen sicher verwahrt haben, Glücksspieler meiden und auf Provokationen eher nicht eingehen sollte:

1. Kottbusser Tor
2. Die Gegend rund um Bahnhof Zoo, Gedächtniskirche sowie Joachimsthaler Straße
3. Alexanderplatz
4. Warschauer Brücke / Revaler Straße (Friedrichshain)
5. Görlitzer Park
6. Hermannplatz und -straße
7. Volkspark Hasenheide
8. Leopoldstraße
9. U-Bahn-Linien 8 und 9
10. Altstadt Spandau

Bleibt für ein erstes Kapitel eine kleine Liste selbstredend subjektiver Vorschläge, was man in Berlin auf jeden Fall machen sollte, um ein bisschen von der Vielseitigkeit der Stadt mitzunehmen:

1. Durchs Brandenburger Tor laufen.
2. Auf der Stadtbahnstrecke quer durch Berlin fahren, von Westkreuz bis Ostkreuz, wahlweise auch eine ganze Umfahrt mit der Ringbahn (1 Stunde).
3. Übers Tempelhofer Feld laufen.
4. Wahlweise Currywurst / Döner / Burger versuchen.
5. Mindestens drei verschiedene Wohnbezirke abseits der Sehenswürdigkeiten durchstromern.
6. Auf Oberbaum-, Modersohn- oder Admiralsbrücke den Sonnenuntergang anschauen.
7. Für Autofahrer: auf der AVUS und der Stadtautobahn rumkurven, vorzugsweise spätabends.
8. Den Park am Gleisdreieck besuchen.
9. Ein Stück Berliner Mauer suchen und anfassen.
10. Am Kudamm bummeln und die Seitenstraßen nicht vergessen.
11. Mindestens drei verschiedene U-Bahn-Linien fahren und beobachten, worin sie sich unterscheiden.
12. In't Jrüne fahren: Lübars, Friedrichshagen oder Kladow besuchen.
13. Im Sommer: Im Strandbad Wannsee einen Strandkorb mieten und auf Ostsee machen.

Berlin und der Rest der Welt

Berlin ist ganz neu, die neueste Stadt,
die mir je vorgekommen ist.
Sogar Chicago würde altersgrau daneben aussehen.
Mark Twain, um 1880

Im Vergleich zu Berlin ist Paris ein Stall,
London eine Kloake und New York ein Schweinekoben.
Charles Huard, 1907

Berlin darf sich, je nach Perspektive, seit über hundert oder gut zehn Jahren als Metropole ansehen. Dass das für die Jahrhundertwende 1900 oder die 20er Jahre zutrifft, steht außer Frage, ebenso, dass die NS-Zeit und der Zweite Weltkrieg dem gründlich den Garaus gemacht haben. Wann Berlin wieder zur Metropole im Weltmaßstab wurde, können Berliner heiß diskutieren, am Ende aber einigt man sich meist darauf, dass Mauerfall, Wiedervereinigung und Regierungsumzug unentbehrliche Impulse lieferten und dass spätestens mit der Fußballweltmeisterschaft 2006 der Boom in Gang kam. Da sich aber im Berliner der deutsche Zweifler und notorisch Unzufriedene mit einem lokalspezifischen Nörglergeist und einer latenten Unsicherheit vermischen, ist die Sache mit der Weltmetropole immer so eine Sache. Das können noch so viele Touristen rundheraus bestätigen oder Medien von Weltrang schwarz auf weiß als gesichert hinausposaunen – dem Berliner wird ein bisschen mulmig, wenn man ihn als Bewohner einer bewunderten Weltmetropole anspricht. Aber wehe, die internationale Gunst wird entzogen, wie es als Kontrapunkt zum Lob über den grünen Klee in Form von Berlin-Bashing notgedrungen auch vorkommen muss. Dann ist der Berliner schwer beleidigt und zeigt plötzlich eine Eigenschaft, die ihm schon in früheren Jahrhunderten attestiert wurde: ein raubeiniges Sensibelchen zu sein.

Was bleibt also übrig, als Berlin mit anderen, unangefochtenen Weltmetropolen zu vergleichen? Und das am besten auf ganz unterschiedlichem Gebiet, anhand ganz unterschiedlicher Daten, Merkmale und Eigenschaften.

Fläche:
Berlin: 891,68 qkm; Moskau: 2520 qkm; Paris: 105,40 qkm; Peking: 16 807,8 qkm; Hamburg: 755,22 qkm; Hongkong: 1104 qkm

Einwohnerzahl:
Berlin: 3,6 Mio.; Peking: 21,5 Mio.; München: 1,4 Mio.; Budapest: 1,8 Mio.; Sydney: 4,8 Mio.

Einwohnerdichte:
Berlin: 3891 pro qkm; Paris: 21 258; Hongkong: 6429; New York: 10 800; Mexiko-Stadt: 6000; Köln 2600

Anteil Wasser (Prozent der Stadtfläche):
Berlin 7; Frankfurt / Main 2,1; Hamburg 8; Venedig 61

Anteil Grün (Prozent der Stadtfläche):
Berlin 35; New York 14; Toronto 12,5; München 20; Singapur 3; Dubai 5

Recyclingquote (Prozent):
Berlin 40,4; München 43; Hamburg 25,4; Köln 36,7; Leipzig 81,3

Bruttoinlandsprodukt pro Einwohner (USD):
Berlin: 36 000; Hamburg: 50 000; Lima: 16 500; London 57 000; Moskau: 46 000; New York: 70 000; Zürich: 57 000; Peking: 23 000

Wirtschaftskraft (Global Cities Index 2015, Rang):
Berlin: 17; New York: 1; Paris: 3; Tokio: 4; Amsterdam: 25; Wien: 18; Peking: 9

Studienkosten (internat. Studenten, USD):
Berlin 1100; Boston 5500; San Francisco 5000; London 3900; Amsterdam 2200; Madrid 1800; München 1300

Anteil Ausländer (Prozent):
Berlin 13,2; Frankfurt / Main 28,7; München 21; Dresden 4,7; Genf 48; Moskau 16; Singapur 40; Luxemburg 64; Warschau 0,6; Budapest 3,3

Mordrate (Morde pro 100 000 Einwohner):
Berlin: 3,85/131 Morde (2014); Hamburg: 3,8/67 Morde (2014); New York: 3,86/328 Morde (2014); Caracas: 116 (2014); Reykjavik 0 (2012); Kapstadt: 60 (2014)

Touristen (Übernachtungen, 2015):
Berlin: 30,3 Mio.; München: 14,0; London 58,8; Kopenhagen 7,5; Dresden: 4,3; Frankfurt / Main 8,7

Hotelbetten:
Berlin: 137 000; Hamburg: 57 000; Singapur: 1 226 000

Anzahl Messen und Kongresse (2013):
Berlin 178; Paris 204; Madrid 182; Brüssel 111; Peking 101; Rom 99; London 166

U-Bahn-Kilometer:
Berlin: 146 km; London: 402; Budapest: 38,3; New York 1355; München 103,1; Tokio: 201,1

Radwege (pro qkm):
Berlin 1,58; München 3,87; Hamburg 2,25; Leipzig 1; Köln 2,01; Frankfurt / M. 1,01

U-Bahn-Ticket (Tageskarte, Euro):
Berlin: 7; München: 6,40; Paris: 11,15; Budapest: 5; Hongkong: 7,40; Chicago: 9

Bierkonsum (Liter / Kopf und Jahr):
Berlin: 107; Prag 144; Warschau: 127; München: 107; Kiew: 104

Bierpreis Kneipe (2016, in Euro, 0,33 l):
Berlin: 4,90 €; München 4,10; Paris: 8,98; Athen: 8; Hongkong 9,87; Bratislava: 2,49

Sowieso gibt es Berlin ja nicht nur an der Spree, sondern weltweit. Die Technische Universität Berlin zählte mal ganz genau und kam auf insgesamt 118 Berlins – mal Städte, mal Dörfer, mal winzige Kleckernester. Einige davon müssen hier gewürdigt werden:

13-mal Berlin

- Berlin, Argentinien: 4500 m über N. N., drei Lehmhütten
- Berlinchen, Nordbrandenburg: fast 750 Jahre alt, 288 Einwohner
- Berlingo, Breschia, Italien: ca. 2000 Einwohner
- Berlintsy, Briceni District, Moldawien
- Berlin, Nova Scotia, Kanada: 1871 zur Gründung des Deutschen Reiches so benannt, hat bis heute die Teile East und West Berlin
- Berlin, Nevada, USA: heute eine Geisterstadt mit verfallener Mine und Friedhof
- Berlin, North Dakota, USA: 35 Einwohner nahe Jamestown
- Berlin, Ohio, USA: größte Gemeinde der Amish People in den USA
- Berlin, Saint Elizabeth, Jamaika: laut Berliner Zeitung 2005 ein paar Häuser und eine Telefonzelle ohne Hörer
- Berlin, Provincia de Alajuela, Costa Rica: 1850 von deutschen Einwanderern gegründet
- Berlin, Departamento de Beni, Bolivien: eine Farm außerhalb der Stadt San Borja
- Berlin, Südafrika: Stadt mit 1500 Einwohnern, von einem deutschen Offizier gegründet
- Mount Berlin, Antarktis: Doppelvulkan nahe dem Rossmeer, noch aktiv

Berlin mag zwar nicht die Weltmetropole schlechthin sein, aber eine mit Filialen weltweit. Außerdem ist es eine multiple Hauptstadt, denn sie ist nicht nur deutsche Bundeshauptstadt, sondern ebenso die Hauptstadt …

… der Sprayer: laut Berliner Zeitung »Hauptstadt der illegalen Schmierereien«

… der Lesben und Schwulen: Unangefochten hat keine andere deutsche Stadt einen so hohen Bevölkerungsanteil an Homosexuellen

… der Hipster: so der »Tagesspiegel« 2002

… der Linksextremen: so eine Überschrift der »Welt« 2009

… der Vegetarier: so das US-Gourmetmagazin Saveur

… der Singles: Mehr als die Hälfte der Berliner Haushalte sind Single-Haushalte

… der Diebe: so der Titel eines TV-Beitrags des RBB 2015

… des Klimawandels: wärmstes Bundesland 2015, Durchschnittstemperatur 10,8 Grad

… der Wildschweine: so der Titel eines Fernsehbeitrags des NDR 2014

… der Fledermäuse: laut Senatsverwaltung für Stadtentwicklung und Umwelt

… des Carsharing: so die »Berliner Zeitung« 2015

… der Spione: so ein Buchtitel über Berlin im Kalten Krieg

… der Bienen: sechs Völker pro Quadratkilometer

… der Obdachlosigkeit: so das Schweizer Journal21

… der Raucher: Laut »Zeitmagazin« 2016 gibt es nirgendwo in Deutschland weniger Nichtraucher

… der Sozialhilfe: 2015 gab die Stadt dafür knapp 1,8 Mrd. Euro aus

… der Gourmets: Keine andere deutsche Stadt hat so viele Sterne-Restaurants: sechsmal zwei Sterne, 14-mal ein Stern

… der Migranten: Nicht als Stadt, aber unter den Bundesländern hat Berlin den höchsten Ausländeranteil

Die geräumige Stadt: Berlins Topographie

Im Osten residiert das Verbrechen,
im Zentrum die Gaunerei,
im Norden das Elend,
im Westen die Unzucht
und in allen Himmelsrichtungen
wohnt der Untergang.
Erich Kästner, »Fabian«, 1931

Alle diese Stadtteile bilden in Wahrheit eine Stadt,
die, wenn nicht zu den größten in Deutschland,
so doch gewiss zu den schönsten und
angenehmsten gehört, obwohl sie zu sandig ist
und rings von Wäldern umgeben.
Gregorio Leti, ital. Historiker, 1687

In Zeiten, wo Berliner und Stadtbesucher den Blick bei der Fortbewegung in Berlin immer häufiger aufs Smartphone-Display richten statt auf die Analog-Umgebung, ist es umso wichtiger, eine Vorstellung der Stadttopographie zu haben. So ausgedehnt und dezentral die Stadt organisiert ist, so wichtig ist ein wenigstens grobes Koordinatensystem zur Orientierung. Zunächst also die Basics:

Fläche:
892 Quadratkilometer

Länge der Stadtgrenze:
234 Kilometer

Größte Ausdehnung West – Ost:
45 Kilometer

Größte Ausdehnung Nord – Süd:
38 Kilometer

Geographische Lage (Messpunkt Berliner Rathaus):
52° 31' 12" nördlicher Breite, 13° 24' 36" östlicher Länge

Entfernungen in Deutschland (Fahrkilometer):
Hamburg 290 km; München 590 km; Konstanz 800 km

Entfernungen in Europa (Fahrkilometer):
Brüssel 765 km; Warschau 575 km; Paris 1050 km; Lissabon 2800 km; Moskau 1820 km; Istanbul 2200 km

Entfernungen weltweit (Luftlinie):
New York 6385 km; Peking 7356 km; Sydney 16 094 km; Bagdad 2792 km; Kapstadt 9625 km

Ortszeit:
6 min 22 sec hinter MEZ

Verwaltungstechnisch ist Berlin aufgeteilt in zwölf Bezirke, die 2001 aus den bis dahin 23 Bezirken gebildet wurden. Da damals nicht rational verfahren wurde, indem man die neuen Bezirke beispielsweise einfach durchnummeriert hätte, sondern Bindestrich-Bezirke bildete oder den Namen eines Altbezirks übernahm, geht es bis heute bei der Bezeichnung durcheinander. Wer in Prenzlauer Berg wohnt, könnte sich beispielsweise als Pankower sehen, weil der Bezirk nunmehr so heißt, wird das aber kaum tun. Verkehrsnachrichten im Radio können verwirren, wenn die Pankstraße im einen Sender unter Wedding, im anderen unter Mitte firmiert. Und dann gibt es da noch die 96 Ortsteile, deren bekanntere auch gerne mal als Bezirke angesehen werden, während die weniger geläufigen auch schon mal den Berlinern komplett unbekannt sind. Die nachstehende Aufstellung benennt daher Neu- und Altbezirke sowie die Ortsteile:

Neubezirk (12)	Altbezirke (23)	Ortsteile (96)
1. Mitte	Mitte	Mitte
	Tiergarten	Moabit
	Wedding	Hansaviertel
		Tiergarten
		Wedding
		Gesundbrunnen
2. Kreuzberg-Friedrichshain	Friedrichshain	Friedrichshain
	Kreuzberg	Kreuzberg
3. Pankow	Prenzlauer Berg	Prenzlauer Berg
	Weißensee	Weißensee
	Pankow	Blankenburg
		Heinersdorf
		Karow
	Stadtrandsiedlung	Malchow
		Pankow
		Blankenfelde
		Buch
		Französisch Buchholz
		Niederschönhausen
		Rosenthal
		Wilhelmsruh
4. Charlottenburg-Wilmersdorf	Charlottenburg	Charlottenburg
	Wilmersdorf	Wilmersdorf
		Schmargendorf

Neubezirk (12)	**Altbezirke (23)**	**Ortsteile (96)**
		Grunewald
		Westend
		Charlottenburg-Nord
		Halensee
5. Spandau	Spandau	Spandau
		Haselhorst
		Siemensstadt
		Staaken
		Gatow
		Kladow
		Hakenfelde
		Falkenhagener Feld
		Wilhelmstadt
6. Steglitz-Zehlendorf	Steglitz	Steglitz
	Zehlendorf	Lichterfelde
		Lankwitz
		Zehlendorf
		Dahlem
		Nikolassee
		Wannsee
7. Tempelhof-Schöneberg	Schöneberg	Schöneberg
	Tempelhof	Friedenau
		Tempelhof
		Mariendorf

Neubezirk (12)	Altbezirke (23)	Ortsteile (96)
		Marienfelde Lichtenrade
8. Neukölln	Neukölln	Neukölln Britz Buckow Rudow Gropiusstadt
9. Treptow-Köpenick	Treptow Köpenick	Alt-Treptow Plänterwald Baumschulenweg Johannisthal Niederschöneweide Altglienicke Adlershof Bohnsdorf Oberschöneweide Köpenick Friedrichshagen Rahnsdorf Grünau Müggelheim Schmöckwitz
10. Marzahn-Hellersdorf	Marzahn Hellersdorf	Marzahn Biesdorf Kaulsdorf Mahlsdorf Hellersdorf

Neubezirk (12)	Altbezirke (23)	Ortsteile (96)
11. Lichtenberg	Lichtenberg Hohenschönhausen	Friedrichsfelde Karlshorst Lichtenberg Falkenberg Malchow Wartenberg Neu-Hohenschönhausen Alt-Hohenschönhausen Fennpfuhl Rummelsburg
12. Reinickendorf	Reinickendorf	Reinickendorf Tegel Konradshöhe Heiligensee Frohnau Hermsdorf Waidmannslust Lübars Wittenau Märkisches Viertel Borsigwalde

Berlin ist nicht nur sehr groß, was Fläche und Einwohnerzahl betrifft, sondern auch heute noch eine Ansammlung von Städten: Da die Stadt als Ganzes

Bundesland ist, entsprechen die Bezirke Städten. Die Einwohnerzahl der Bezirke liegt zwar zwischen 225 000 und 380 000, ist aber doch nicht allzu unterschiedlich: Alle Bezirke sind für sich genommen Großstädte. Größer ist die Diskrepanz, was die Fläche der Bezirke betrifft: Der kleinste Bezirk (Friedrichshain-Kreuzberg) umfasst nur 20 Quadratkilometer, der größte (Treptow-Köpenick) mehr als das Achtfache. Dessen Einwohner können sich zudem den meisten Platz zugutehalten, der Bezirk hat die geringste Einwohnerdichte. Der am geringsten besiedelte Berliner Ortsteil liegt allerdings im bevölkerungsreichsten Bezirk Pankow: Blankenfelde. Friedrichshain-Kreuzberg ist der am dichtesten besiedelte Bezirk, und darin dessen Ortsteil Kreuzberg.

Blankenfelde ist das letzte Dorf auf dem Berliner Stadtgebiet, das noch ganz von Feldern umgeben ist, darunter die ehemaligen Rieselfelder, auf denen einst die Berliner Abwässer ausgebracht wurden. Berlin hat Dutzende ehemalige Dörfer, die sich weiterhin auf die eine oder andere Art als solche zu erkennen geben, hier zehn davon:

Dorf	**Bezirk**	**Besonderheit**
Blankenfelde	Pankow	Als letztes ganz von Feldern umgeben

Dorf	Bezirk	Besonderheit
Lübars	Reinickendorf	Westberliner Vorzeigedorf mit Pflasterung Dorfkrug und Pferdekoppeln, gleich dahinter war einst die scharf bewachte Grenze zur DDR
Stralau	Friedrichshain-Kreuzberg	Halbinsel und einstiges Fischerdorf, nach der Wiedervereinigung dicht bebaut
Marzahn	Marzahn-Hellersdorf	Alter Dorfanger umgeben von Großstadtverkehr und DDR-Plattenbauten
Kladow	Spandau	Ausflugsdorf am Westufer der Havel mit Fährlinie nach Wannsee
Schmöckwitz	Treptow-Köpenick	Fischersiedlung und Rundplatzdorf auf einer Halbinsel
Rahnsdorf	Treptow-Köpenick	Altes Fischerdorf mit dem von Kanälen durchzogenen Neu-Venedig

Dorf	Bezirk	Besonderheit
Biesdorf	Marzahn-Hellersdorf	Ehemaliger Dorfanger, ist heute Teil der Hauptausfallstraße Richtung Osten, der die Dorfkirche umtost
Marienfelde	Tempelhof-Schöneberg	Älteste Dorfkirche Berlins (ca. 1220) auf noch ganz erhaltenem Dorfanger
Dahlem	Steglitz-Zehlendorf	Alter Dorfkern mit passend gestaltetem U-Bahnhof, alter Kirche und Kirchhof, Domäne und angrenzendem Uni-Campus und Villenvierteln
Böhmisch-Rixdorf	Neukölln (Richardplatz)	Zuwandererdorf aus dem 18. Jh., Kern der späteren Großstadt Neukölln

Berlin besteht aber nicht nur aus einstigen Dörfern, sondern acht ehemaligen Städten, von denen Alt-Berlin nicht einmal die älteste ist. Hier chronologisch nach ihrem Alter die einst unabhängigen Städte auf Berliner Gebiet:

Stadt	Stadt seit	Besonderes
Alt-Berlin	unklar, 12. Jh.	1709 gebildet aus den Städten Berlin, Kölln, Friedrichswerder, Dorotheenstadt und Friedrichstadt
Spandau	1232	Slawische Burg schon im 8. Jh.
Köpenick	nach 1298, vor 1325	Slawische Burg schon im 7./8. Jh.
Charlottenburg	1705	ewige Zweite neben Berlin
Schöneberg	1898	profitierte enorm von der Nähe zu Berlin
Neukölln	1899 (noch als Rixdorf)	in 30 Jahren vom Dorf zur Großstadt
Wilmersdorf	1906	Stadtwerdung im Windschatten Berlins
Lichtenberg	1907	vom Ausflugsziel der Berliner zur Stadt

Die Vielfältigkeit der Berliner Stadtlandschaft ist für Besucher und neu Zugezogene faszinierend und verwirrend zugleich. Fragen nach den besten Einkaufsgegenden oder Ausgehvierteln, nach der richtigen Nachbarschaft zum Wohnen oder für den Ausflug am Wochenende sind nicht so einfach zu beantworten. Und wenn man Berliner danach fragt, sollte man immer mitbedenken: Die Fahrt in einen anderen Bezirk kann auch für Alteingesessene eine Premiere sein! Kaum ein Berliner kennt alle Gegenden, und der Blick auf die Stadt als Ganzes ist fast immer geprägt durch den eigenen Lebensmittelpunkt und den alltäglichen Aktionsradius. Da hilft vielleicht eine kleine Einführung in Berlins bezirkliche Vielfalt mit kurzen Steckbriefen, die wiederum, zugegeben, nicht wirklich objektiv sind. Aber wie man die Bezirke auch immer charakterisiert: Jeder ist auch eine kleine Welt für sich mit spezifischen Eigenschaften, und alle spiegeln auf die ein oder andere Weise Berlins Vielseitigkeit wider. Und es erklärt sich, warum, abgesehen von der Gewohnheit, die Berliner als Ortsbezeichnungen weiterhin eher die Altbezirke nutzen: wegen der Unterschiede.

1. **Mitte: zentral, offiziös und trendig**
   Besteht zunächst aus dem alten Stadtkern (Ortsteil Mitte) zwischen Potsdamer und Strausberger Platz, zwischen Charité und Engeldamm, zwischen Torstraße und Checkpoint Charlie. Hier liegen viele der bekanntesten Sehenswürdigkeiten: Schloss und Museumsinsel, Unter den Linden, Gendarmenmarkt und Alexanderplatz mit dem Fernsehturm. Seit der Bezirksreform gehö-

ren auch Tiergarten und Moabit dazu: neben Parlaments- und Regierungsviertel, neu gebautem Quartier am Potsdamer Platz und wiedererstandenem Diplomatenviertel an der Tiergartenstraße auch der gleichnamige Park sowie das alte Industrie- und Arbeiterviertel Moabit im Norden. Und schließlich der ehemals eigene Bezirk Wedding, der als früherer »roter« Arbeiterbezirk und heute vornehmlicher Migrationsbezirk nicht eben den Ruf genießt, sonderlich attraktiv zu sein. Er weiß seine Vorzüge auch gut zu verstecken, aber er hat sie durchaus. Mitte ist damit ziemlich zusammengewürfelt, weshalb die Berliner zwischen Mitte / Tiergarten und Wedding auch weiterhin unterscheiden. Und doch werden auch im Wedding schon mal Mitte-Hipster gesichtet und wohnen in Mittes Plattenbauvierteln viele Migranten.

2. **Friedrichshain-Kreuzberg: szenig und eigenwillig**
Seine beiden Teile sind von der Spree geteilt und strenggenommen nur mit einer einzigen Brücke verbunden, der Oberbaumbrücke. Noch dazu gehörte Friedrichshain früher zum Osten, Kreuzberg zum Westen. Und doch ist diese Fusion besonders schlüssig: Beide Teile sind frühere Arbeiterbezirke, die sich während der Industrialisierung am Rand von Alt-Berlin entwickelten, und beide sind bei jungen Leuten besonders beliebt und haben eine

entsprechende Infrastruktur. Auf beiden Seiten der Spree gibt es außerdem noch einen für Berliner Verhältnisse großen Bestand an Altbauten – und da wie dort enormen Druck durch steigende Mieten. Im ganzen Bezirk ist der Widerstand gegen die Gentrifizierung besonders groß, weil für viele nichts weniger auf dem Spiel steht als die Identität und Unverwechselbarkeit des Bezirks.

3. **Pankow: gediegen-familiär**
   Dieser Fusionsbezirk wird in Zentrumsnähe zunehmend einheitlicher, obwohl über die Zusammenlegung seinerzeit gemäkelt wurde, weil doch Prenzlauer Berg viel besser zu Mitte passe. Damals galt Prenzlauer Berg noch als wild, ist aber seither stark verbürgerlicht, was für Pankow und Weißensee gleichermaßen gilt. Junge, schicke und aufstrebende Familien fühlen sich dort wohl, man sieht viele Kinder und Jugendliche, die vor 20 Jahren dort eher Mangelware waren. Zum Stadtrand hin wird's ausgesprochen ländlich, sogar Äcker und Bauernhöfe gibt es!
4. **Charlottenburg-Wilmersdorf: schick und stolz**
   Der Kern des früheren Westberlin. Dass die Ost-West-Konkurrenz keine Erfindung erst der Teilung war, lässt sich am Stadtbild nachvollziehen: Vor allem Charlottenburg stand immer im Schatten Berlins und reckte sich entsprechend. Hier ist alles ein bisschen feiner und gediegener, und zum

Shoppen sind Kurfürstendamm und seine Nebenstraßen weiterhin das Maß aller Dinge. Dort und rund um den Bahnhof Zoo beweist das rege Baugeschehen, dass »der Westen« wieder ordentlich zulegt. Wilmersdorf ist beschaulicher und kann sein altes Beamten- und Beamtenwitwenimage nicht recht abschütteln.

5. **Spandau: selbstbewusst abseits**
   Man nehme den Regionalexpress vom Zentrum – verlässt einen großen Bahnhof, überquert vielspurige, volle Straßen zum stattlichen Rathaus und schlendert dann durch eine Altstadt. Spandau muss nicht einmal so tun, als wäre es noch immer eine eigene Stadt. Wer als Berliner auf Provinzstadtflair nicht verzichten will, wohnt gerne hier, die Spandauer sprechen nicht vollends fehlgeleitet von einer Fahrt nach Berlin, wenn sie ins Zentrum fahren. Und haben im Havelland weiter westlich ein wichtiges Einzugsgebiet und Ausflugsmöglichkeiten. Gleichzeitig ist Spandau eine der wenigen Ecken der Stadt, wo man noch das Gefühl haben kann, von echten Berlinern umgeben zu sein.
6. **Steglitz-Zehlendorf: von grün bis blau, von langweilig bis schnöselig**
   Steglitz gilt als kreuzlangweilig, Zehlendorf als schnöselig. Beides stimmt, aber nicht nur. Steglitz hat allerdings tatsächlich viele nichtssagende Gegenden mit zweifelhafter Nachkriegsarchitektur

und in vielen Ecken ausgesprochenen Vorstadtcharakter, am Stadtrand mit eher tristen Eigenheimsiedlungen. Zehlendorf punktet mit viel Wald und Wasser, schicken alten Villenvierteln und dem Uni- und Wissenschaftscampus der FU in Dahlem. Und es bietet romantische Idylle: den Berliner Teil des »preußischen Arkadien« von Pfaueninsel über Nikolskoe bis Schlosspark Glienicke.

7. **Tempelhof-Schöneberg: verblichener Charme**
   Schönebergs Zeiten als In-Bezirk liegen schon wieder so lange zurück, dass manche Ecken schon wieder als Geheimtipp durchgehen und dafür nicht so viele aufgeregte Trendies unterwegs sind. Die Gegend um die Motzstraße ist ohnehin seit jeher der schwule Kiez. Mit jedem Kilometer stadtauswärts wird es dann ruhiger, wenn man von Stadtautobahn und Industrievierteln absieht. An Tempelhof selbst scheint die Öffnung des Flughafens recht spurlos vorbeigegangen, und weiter südlich lässt sich noch immer einigermaßen unverfälscht das alte vorstädtische Westberlin erkunden: selbstgenügsam, provinziell, viel Nachkriegszersiedelung mit hübschen alten Dorfkernen dazwischen.
8. **Neukölln: schwierig und anziehend**
   Neukölln gilt als Problembezirk mit hohem Migrantenanteil, und der langjährige Bürgermeister Buschkowsky war wohl der einzige Bezirksbür-

germeister, der bundesweit Bekanntheit erlangte. Auch Neukölln ist weiter draußen beschaulich bis langweilig, in Innenstadtnähe großstädtisch und quirlig. Dort haben sich unter die vielen »Berliner mit Migrationshintergrund« junge Leute aus aller Welt gemischt, die Teile Neuköllns zum Szenebezirk machten. Der Teil Neuköllns zum Tempelhofer Feld erwachte durch die Öffnung des Flugfelds aus einer eher grau-tristen Langeweile. Zwischen Flugfeld, Landwehr- und Neuköllner Schifffahrtskanal sowie S-Bahn liegt die Spielwiese des jungen Berlin.

9. **Treptow-Köpenick: vielfältig und naturnah**
Wie Spandau kann Köpenick eine echte Altstadt vorweisen, noch dazu am Wasser. Ebenso ist in Treptow mit der Spree und in Friedrichshagen mit dem Müggelsee das Wasser bestimmend. Und das so vielfältig: Man kann kurz nach der Oberbaumbrücke auf dem Badeschiff mit Leuten aus aller Welt plantschen oder am anderen Ende in Klein Venedig durch Kanäle paddeln. Man kann im Treptower Park Ausflugsdampfer besteigen und Berliner Weiße schlürfen oder in Schöneweide alte Industriebauten am Wasser bestaunen. Sehr zu Unrecht steht der Müggelsee, obwohl größter See Berlins, immer ein bisschen im Schatten des berühmten Wannsee, dabei hat er kein bisschen weniger zu bieten.

10. **Marzahn-Hellersdorf: erblich vorbelastet**
Von ein paar Exdörfern abgesehen, besteht der Bezirk vor allem aus umfänglichen Plattenbausiedlungen – die Großwohnsiedlungen Marzahn und Hellersdorf waren die beiden größten der DDR. Über 100 000 Wohnungen wurden im Bezirk damals gebaut, damals heiß begehrt, heute geschätzt. Wer die nicht von vornherein als hässlich und uninteressant abtut, kann viel entdecken und dazwischen und rundherum sehr viel mehr Grün genießen, als das Klischee dem Bezirk zugesteht, darunter die Gärten der Welt mit (unter anderem) dem größten chinesischen Garten in Europa.
11. **Lichtenberg: positiv gentrifiziert**
Lange verschrien als Nazibezirk, hatte hier die Gentrifizierung ihr Gutes: Der Bezirk hat sein Gesicht gewandelt, jede Menge fröhlicher Kinder haben die Springerstiefel weitgehend verdrängt. Und wieder spannt sich Vielfalt auf: vom Tierpark Friedrichsfelde zur Nachwendesiedlung Rummelsburger Bucht mitsamt Exgefängnis, das zum schmucken Wohnviertel wurde; vom Strandbad Orankesee zur einstigen Stasizentrale in der Ruschestraße; vom Plattenbaulehrpfad Friedrichsfelde bis Trabrennbahn Karlshorst.
12. **Reinickendorf: ehrlich und schlicht**
Vor allem bekannt für das Märkische Viertel – eine der umstrittenen, in den 60ern und 70ern

für den Westen typische Großsiedlung – und den Flughafen in Schließung, Tegel. Aber das ist nur ein kleiner Teil, eigentlich regiert vor allem Grün und Blau, besonders der ausgedehnte Tegeler Forst und der große Tegeler See, außerdem verschiedene Formen quasi ländlichen Wohnens: im Dorf Lübars, in der Gartenstadt Frohnau, an der Tegeler Greenwichpromenade, ziemlich abgelegen in Konradshöhe oder in anderen zahlreichen Eigenheimsiedlungen, wie es sie überall in Deutschland gibt. Bewundern kann man Berlins knarzigste alte Dame: die dicke Marie, eine 900 Jahre alte Stieleiche am Nordrand des Tegeler Sees.

Im Ganzen umfassen die Bezirke 96 Ortsteile, von denen viele bekannt, eine Menge aber nicht einmal Berlinern geläufig sind. Dass es einen Ortsteil sogar zweimal gibt, wissen die wenigsten: Zur besseren Unterscheidung wird das eine Malchow im Bezirk Pankow Stadtrandsiedlung Malchow genannt, das andere in Lichtenberg einfach nur Malchow. Die Vielfältigkeit der Stadt zeigt sich in ihren bekannteren Ortsteilen darin, dass man jedem eine andere klischeehafte Eigenschaft zuschreiben kann. Und da Klischees stets zweifelhaft sind und doch auch einen Kern Wahres enthalten, hier einige Berliner Ortsteile mit mehr oder weniger subjektiv ausgewählten Adjektiven. Wie sehr sie zutreffen, muss jeder selbst herausfinden.

Mitte	hip
Charlottenburg	schnieke
Schöneberg	schwul
Prenzlauer Berg	gentrifiziert
Pankow	elternselig
Neukölln	proletarisch
Lichtenberg	ex-rechts
Friedrichshain	versoffen
Wedding	bunt
Kreuzberg	widerborstig
Steglitz	verspießert
Tegel	berentet
Konradshöhe	verschlafen
Wannsee	grün und blau
Dahlem	professoral
Oberschöneweide	kommend
Grunewald	reich
Friedrichsfelde	altsozialistisch
Grünau	wassersportlich
Kladow	abgelegen
Spandau	autark
Frohnau	beschaulich
Marzahn	plattenbebaut

Betongraue Proletenwüste
Kurt Kister, Süddeutsche Zeitung, 1999

Die grüne und blaue Stadt: Natur

Berlin liegt an einer Sandwüste, die ein wenig nordöstlich von Leipzig beginnt. Die Plätze sind alle nicht gepflastert, so dass man bis an die Knöchel einsinkt. (…) Ich begreife nicht, wie jemand an den Gedanken geraten ist, mitten in diesen Sand eine Stadt zu gründen.
Stendhal, 1808

Im Unterschied zu vielen anderen Metropolen, aus denen man lange durch zersiedelte Vorstädte und Industrieansiedlungen fahren muss, um eine Prise Natur schnuppern zu können, hat Berlin sehr viel Grün und Blau schon innerhalb der Stadtgrenzen: vier ausgedehnte Forstgebiete, Dutzende Seen, Felder und Heiden. Zum Baden nimmt man U- oder S-Bahn, und mit dem Doppeldecker geht es in den Wald. Wie viele Großstädte gibt es weltweit, wo man bis auf wenige Ausnahmen in allen Seen baden kann? Und wo das Trinkwasser, dem Grundwasser der Region entnommen, besser ist als viele Mineralwässer aus dem Supermarkt? Für Westberlin waren die Erholungsgebiete überlebensnotwendig, denn wer wollte schon jedes Mal zwei Stunden Transitfahrt auf sich nehmen, um an einer Kiefer riechen zu können? Das Grün war die Medizin gegen den Lagerkoller des Kalten Krieges. Kurz: In der Stadt locken jede Menge Ausflugsziele:

15 Ausflugsziele innerhalb der Stadtgrenze

- **Wannsee:** S- + Regionalbahn. Alles ist geboten: Strandbad mit Ostseesand und Strandkörben, Segelschiffe und Ruderboote, Spazierwege und Radstrecken.
- **Schlosspark Glienicke:** S-Bahn / Bus. Preußisches Arkadien: menschenbestellte Naturromantik zwi-

schen Glienicker Brücke und Nikolskoe / Pfaueninsel.

- **Kladow:** Fährlinie ab Wannsee. Ländlichkeit am anderen Havelufer.
- **Grunewald:** S-Bahn. Berlins berühmtester Wald mit Havelanschluss, am südöstlichen Ende Schlachtensee und Krumme Lanke.
- **Lübars:** Bus. Altes Dorf mit Anger, Kopfsteinpflaster und Pferdehöfen.
- **Friedrichshagen:** S-Bahn, Tram. Vom S-Bahnhof geht's durch die vielseitige Einkaufsmeile Bölschestraße zum Müggelsee, dort fahren Ausflugsdampfer, fährt die Straßenbahn zum Strandbad, führt ein Tunnel in den Stadtforst am anderen Ufer mitsamt Müggelturm.
- **Rieselfelder:** Bus. Wo einst die Abwässer Charlottenburgs und Spandaus ausgebracht wurden, kann man heute spazieren gehen, ohne andauernd jemandem zu begegnen. Vogelparadies.
- **Tegel:** U- / S-Bahn. See, Promenade, Humboldtschlösschen.
- **Grünau:** S-Bahn, Tram. Regattastrecke von 1936 mit Überland-Tram am Wasser.
- **Schmöckwitz:** Tram. Ausflugsziel zwischen Dahme und Zeuthener See.
- **Buckow:** Britzer Garten, Gutshaus.
- **Heiligensee:** S-Bahn / Bus. An der nordwestlichen Stadtgrenze, alter Dorfkern, Eigenheimidylle.

- **Frohnau:** S-Bahn. Gediegene Gartenstadt jottweedee: janz weit draußen.
- **Spandau:** Regionalbahn. Altstadt, Zitadelle, Havelwasser.
- **Köpenick:** S-Bahn. Altstadt, Schloss, Spree- und Dahmewasser.

Lohnend sind daneben die Ausflugsziele gleich außerhalb der Stadt, die aus Berlin gut zu erreichen sind:

Acht Ausflugsziele außerhalb der Stadtgrenzen

- **Potsdam:** S- und Regionalbahn. Der Ausflugsklassiker mit vielen größeren und kleineren Schlössern und reizvollen Parks, außerdem Altstadt, Holländisches Viertel, Russische Siedlung Alexandrowka, Einsteinturm.
- **Stahnsdorf:** Auto / S-Bahn und Bus. Ausgedehnter idyllischer Waldfriedhof außerhalb der Stadt, viele sehenswerte Grabmäler.
- **Ribbeck:** Auto. Fontane-Dorf im Havelland macht in Gedicht und Birne. Empfehlung: Torte bei den Waschweibern hinter der Kirche.
- **Königs Wusterhausen:** Regionalbahn. Jagdschloss, Funkerberg und viele Seen rundherum.
- **Märkische Schweiz:** Auto. Für hiesige Verhältnisse alpine, hübsche Berglandschaft.

- **Olympisches Dorf:** Auto. Wohnstätten der männlichen Athleten von 1936, die ein kleiner Verein erhält.
- **Wandlitz:** Regionalbahn / Bus. Seen, Wälder, frühere Wohnsiedlung der DDR-Regierung.
- **Oranienburg:** S- und Regionalbahn. KZ-Gedenkstätte Sachsenhausen, Schloss und Park Oranienburg.

Sieben Prozent der Stadtfläche Berlins sind von Wasser bedeckt, neben mehr als fünf Dutzend größeren und kleineren Seen gibt es 130 Flüsse, Kanäle und Wasserläufe – im Ganzen über 1300 Kilometer Wasserlinie. Das viele Wasser hat mit der letzten, der Weichseleiszeit zu tun, die vor ca. 12 000 Jahren endete und im Stadtgebiet eine Abflussrinne fürs Schmelzwasser bildete – die Grunewaldseen oder das Tegeler Fließ sind Reste davon. Das abfließende Wasser führte Geröll mit sich, und große Findlinge sieht man immer wieder in der Stadt, in Parks, als Gedenksteine oder Kriegerdenkmale. Mächtige Gletscher schoben sie vor 30 000 Jahren aus Norwegen hierher. Viele davon stecken noch im Untergrund, bei Bauarbeiten aber machen sie im Allgemeinen weniger Sorgen als Bomben aus dem Zweiten Weltkrieg, die entschärft werden müssen. Probleme machte aber beispielsweise ein Findling, der 2013 beim Bau der neuen U-Bahn-Strecke Unter den Linden im Weg war: In 17 Metern Tiefe und mit dreieinhalb Metern Länge behinderte er den Bau des neuen Umsteigebahnhofs an der Ecke Friedrichstraße.

Berlins fünf größte Seen

Großer Müggelsee	743 ha
Tegeler See	384 ha
Langer See	290 ha
Großer Wannsee	276 ha
Seddinsee	258 ha

In Berlins Gewässern gibt es rund 35 Inseln, von denen einige unzugänglich sind, um Schutz für Wasservögel zu bieten. Andere werden von den Berlinern als Ausflugsziele oder gar zum Wohnen geschätzt, wieder andere werden als solche gar nicht wahrgenommen.

Elf Berliner Inseln

- **Spreeinsel (Mitte):** Altstadtsiedlungsgebiet Kölln zwischen Spree und Spreekanal: Fischerinsel (Süden), Schlossinsel (Mitte), Museumsinsel (Nord).
- **Pfaueninsel (südl. Havel):** Liebesinsel des Königs Friedrich Wilhelm II. für sich und seine bürgerliche Geliebte.
- **Insel der Jugend (Treptower Park):** Kneipe mit Biergarten und gutem Musikprogramm.

- **Altstadt Köpenick (Dahme):** das Zentrum Köpenick mitsamt Schlossinsel.
- **Scharfenberg (Tegeler See):** Gymnasium / Internat Schulfarm Scharfenberg.
- **Eiswerder (Spandau):** Wasserstadt Oberhavel.
- **Luiseninsel (Tiergarten):** Erinnerungsstätte für Königin Luise.
- **Liebesinsel (Spree):** Gesperrt, bei Fontane begeht Effi Briest hier Ehebruch.
- **Schwanenwerder (Havel):** Auch Bonzenwerder genannt, exklusive Wohninsel nördlich des Wannsees.
- **Imchen (Wannsee):** Naturschutzgebiet vor Kladow.

Die bekanntesten Flüsse sind Spree und Havel, benannt nach Sprewanen und Hevellern – slawische Völker, die hier vor der christlichen Eroberung siedelten. Die Havel erreicht Berlin von Norden und fließt im Südwesten der Stadt in Richtung Potsdam – im Ganzen 27 Kilometer auf Stadtgebiet. Die Spree durchfließt auf 45 Kilometern Länge Berlin in ost-westlicher Richtung. Die drei nächstkleineren Flüsse sind Panke (18 km) sowie Dahme und Wuhle (je 16 km). Vor allem im 19. Jahrhundert wurden zahlreiche Kanäle gebaut, um schnellere Verkehrsverbindungen zu schaffen und bei wachsendem Verkehr die Flüsse zu entlasten. 76 Kilometer schiffbare Kanäle hat die Stadt.

Die fünf wichtigsten Kanäle

Teltowkanal	29 km auf Stadtgebiet
Landwehrkanal	11 km
Hohenzollernkanal	8 km
Neuköllner Schifffahrtskanal	4 km
Westhafenkanal	3 km

An das europäische Wasserstraßensystem ist Berlin bestens angeschlossen – an Polen und das Ruhrgebiet, an Hamburg, Rotterdam und Antwerpen. Auf dem Weg durch Berlin müssen Schiffe diverse Schleusen durchfahren, deren älteste mitten in der Stadt die Mühlendammschleuse ist. Bei der Fahrt durch die Stadt auf der Spree müssen im Ganzen mittels zweier Schleusen 2,74 Höhenmeter überwunden werden – insgesamt werden in Berlin sieben Schleusen betrieben, in denen man heute eher Ausflugsdampfer und Sportboote sieht als Lastkähne. Nicht beeinträchtigt wird der Schiffsverkehr von Berlins Wasserfällen, die es trotzdem gibt. Aber sie sind natürlich keine natürlichen:

Berliner Wasserfälle

- Viktoriapark
- Kanadische Botschaft
- Tierpark Friedrichsfelde

Wertvoller für die Umwelt als für den Schiffsverkehr sind die Moore, die man in einer Großstadt kaum vermuten würde, von denen aber Berlin beachtliche 27 hat: das größte an der Köpenicker Krummen Lanke, das kleinste am Pechsee (Grunewald).

Berlin liegt im Berlin-Warschauer Urstromtal und ist ziemlich flach. Der tiefste Punkt liegt 30 Meter über N. N., der höchste hat 115 Meter. Die Anhöhen an den Stadträndern heißen Barnim (Norden) und Teltow (Süden), und die bescheidenen Erhebungen in der Stadtlandschaft werden etwas großspurig Berge genannt, obwohl so manche Mülldeponie nicht weit davon höher ist – und renaturiert auch irgendwann zum Berg wird. Besucher aus gebirgigen oder alpinen Gegenden amüsieren sich mitunter über Berlin und seine Berge, aber die höchsten natürlichen Erhebungen müssen genannt sein – in dieser Auflistung fehlen allerdings künstliche Erhebungen wie die Trümmerberge.

Elf höchste natürliche Erhebungen

Müggelberge	115 m	Köpenicker Forst
Schäferberg	103 m	Düppeler Forst
Havelberge	97 m	Nikolassee
Stolper Berge	96 m	Düppeler Forst
Stener Berg	83 m	Buch
Kanonenberge	80 m	Köpenick
Karlsberg	79 m	Grunewald
Helle Berge	75 m	Gatow
Ehrenpfortenberg	69 m	Tegeler Forst
Püttberge	69 m	Wilhelmshagen
Kreuzberg	66 m	Kreuzberg

Zum Stadtgrün gehören nicht zuletzt die Straßenbäume, von Berlinern sehr geliebt und von Besuchern geschätzt. Auf 5400 Straßenkilometern stehen rund 440 000 Straßenbäume, allesamt mit Nummern der bezirklichen Baumkataster versehen, was Touristen mal erstaunt, mal belustigt, mal beeindruckt. Die Bäume werden regelmäßig geprüft, auf Standfestigkeit ebenso wie auf Krankheiten. Baumfällungen sind häufig schwierig, weil viele Berliner jeden Baum als erhaltenswert ansehen und, mitunter zu Recht, anzweifeln, ob die Bäume tatsächlich gefällt werden müssen. Als im Nachkriegschaos Brennholz Mangelware war, wurden überall in der Stadt Straßenbäume gefällt, und der Bestand ging auf 161 000 zurück, inzwischen ist der Vorkriegsstand überrundet.

Die sieben häufigsten Baumarten

Linde	35 %
Ahorn	20 %
Eiche	9 %
Platane	6 %
Kastanie	5 %
Birke	3 %
Robinie	3 %

Einige Alleestraßen lohnen das Flanieren. Den vielen duftenden Linden nachzuschnuppern lohnt sich Anfang Juli generell, im Besonderen natürlich auf Berlins bekanntester Allee Unter den Linden, betörend riecht es aber auch auf der Nordseite der Karl-Marx-Allee oder auf dem Grünstreifen der Kreuzberger Yorckstraße. Diese Zeit ist die schönste in Berlin, wenn man den Lindenduft mag und nicht allergisch ist. Prachtvoll sind daneben die Platanen der Puschkinallee in Treptow sowie vor allem im Herbst die Eichen im Regierungsviertel und natürlich die Platanen am Kurfürstendamm.

Neben den Fußsoldaten unter den Bäumen gibt es die besonderen. Als im 18. und 19. Jahrhundert Berlin eine eigene Seidenindustrie unterhielt, wurden

Maulbeerbäume gepflanzt. Gut 200 Jahre alt sind die Exemplare auf dem Alt-Zehlendorfer Kirchfriedhof, etwas jünger ist der Maulbeerbaum in Mitte, im Hof eines Wohnhauses Claire-Waldoff-/Ecke Friedrichstraße. Beglücken sollen alljährlich im zeitigen Frühling die japanischen Kirschbäume, die als Spende Nippons auf dem früheren Todesstreifen der Berliner Mauer gepflanzt wurden, etwa zwischen Pankow und Prenzlauer Berg zwischen Bösebrücke und Mauerpark. Sie gelten in Japan als Glückssymbol. Nahe der Schönhauser Allee steht die Einsame (Schwarz-) Pappel, unter deren Vorgängerbaum während der Märzrevolution 1848 Versammlungen stattfanden. Auf der Neuen Potsdamer Straße zwischen Kammermusiksaal und Staatsbibliothek steht die Kaiserplatane, 1850 inmitten von Vorortvillen gepflanzt und immer wieder bedroht und gerettet.

Insgesamt tragen die Bäume zur bemerkenswert guten Luft bei, die Berlin im Allgemeinen auszeichnet. Dass die Stadt außerdem in heißen Sommern selten übermäßig stickig wird, liegt daran, dass es nachts mehr abkühlt als in anderen Großstädten. Außerdem verdankt es sich den breiten Straßen, die den Luftaustausch begünstigen, sowie einer Reihe von Gebieten in der Stadt, über die kühlere Luft in die Stadt hineintransportiert wird: große Wasserflächen, Wälder, aber auch das riesige Tempelhofer Feld.

Die Zahl der Parks ist schier unüberschaubar, 2500 Grünanlagen soll es geben, und noch immer kommen weitere hinzu. Unter den neuen erwähnenswert ist vor allem der Park am Gleisdreieck, der 2011–14 nach und nach eröffnet wurde, als Ausgleichsmaßnahme für die Neubebauung des Potsdamer Platzes. In dessen unmittelbarer Nähe und auf alten Gleisgeländen stillgelegter Bahnhöfe, die jahrzehntelang unzugänglich waren, entstand eine beispielhafte Anlage, und der neugewonnene Stadtgrünraum wurde im Handumdrehen angenommen. Natürlich bleibt Berlins Paradekissengrün der Tiergarten, der seit dem 18. Jahrhundert vom für die Berliner unzugänglichen Jagdgelände in einen Park umgewandelt wurde. Er wird liebevoll gepflegt und zahlreich besucht. Zwölf weitere sehenswerte und recht unterschiedliche Parkanlagen:

- Schlosspark Charlottenburg
- Volkspark Friedrichshain
- Botanischer Garten Dahlem
- Volkspark Rehberge
- Gärten der Welt Marzahn
- Viktoriapark Kreuzberg
- Körnerpark Neukölln
- Treptower Park
- Schlosspark Niederschönhausen
- Britzer Garten

- Pfaueninsel
- Schlosspark Glienicke

Weniger spektakulär, aber dennoch ein wichtiges Stück Berlin sind die Schreber- oder Kleingartenkolonien, die nicht nur am Stadtrand, sondern auch mitten in Wohngebieten zu finden sind. Außereuropäische Besucher halten sie mitunter für Favelas, aber es sind die Gärten der Berliner, die in Wohnungen leben. Sie gelten eigentlich als erhaltenswert, auch weil sie nach dem Krieg eine Rettung waren, sei es zum Wohnen oder zum Anbau von Obst und Gemüse. Seit einigen Jahren erfreuen sie sich wachsender Beliebtheit bei jungen Familien – und doch sinkt ihre Zahl. Vor allem die innerstädtischen werden immer öfter dem Wohnungsbau geopfert.

Kleingartenparzellen

1991	84 100
1996	83 300
2004	76 600
2010	74 100
2014	73 100

Berlin hat großen Bedarf an Begräbnisstätten – wo viel gelebt wird, wird auch viel gestorben. Ende des 19. Jahrhunderts war der Platzmangel auf den städtischen Friedhöfen so groß, dass man kurzerhand ins Umland auswich. Das interessanteste Beispiel und zugleich eine wunderbare Anlage ist der Südwestfriedhof Stahnsdorf südlich von Berlin, zu dem sogar eigens eine S-Bahn-Strecke gebaut wurde, um Verstorbene und Trauergemeinde (im gleichen Zug!) zur Beerdigung zu bringen. Das schönste Grabmal dort ist das expressionistische der Mäzenatenfamilie Wissmann, es stammt von Bruno Taut.

Friedhöfe sind Oasen der Ruhe in der Stadt und Kulturstätten, es lohnt sich, auf Erkundungsgang zu gehen; sei es auf der Suche nach Promi-Gräbern oder malerisch Zerfallenem. Bemerkenswert ist der Jüdische Friedhof in Weißensee: nicht nur wegen der besonderen Atmosphäre jüdischer Friedhöfe, sondern weil er, nachdem jahrzehntelang wenig genutzt, im Zuge der jüdischen Zuwanderung seit den 1990er Jahren regelrecht wiederbelebt wurde.

Zehn weitere sehenswerte Friedhöfe

- Parochialfriedhof, Mitte, Klosterstraße. Ein Überbleibsel: Wie hier wurden zur Barockzeit die Friedhöfe gleich neben den Kirchen eingerichtet.
- Ehrenfriedhof der Märzgefallenen, Friedrichshain, Landsberger Allee. Hier liegen die Toten der Revolutionen 1848 und 1918, mit Ausstellung.
- Friedhöfe Chausseestraße, Mitte. Kulturgrößen:

von Hegel und Hufeland über Brecht und Hans Eisler, Borsig und Litfaß bis Christa Wolf.

- Friedhof Grunewald, Halensee, Bornstedter Straße. Eingeklemmt zwischen Autobahn, Bahngleisen und Schrebergärten, nahezu vergessen: der Friedhof der Villenkolonie.
- Invalidenfriedhof, Mitte. Der hintere Teil wurde nach 1961 Todesstreifen, ein doppelter, gewissermaßen. Armeeprominenz, z. B. Scharnhorst, schöne Grabmäler.
- Garnisonfriedhof, Mitte, Linienstraße. Ruhige Idylle mitten im Mitte-Trubel.
- Friedhof der Freireligiösen Gemeinde Prenzlauer Berg, Pappelallee. Für Selbstmörder und alle, die keiner Religionsgemeinde angehörten, 1848 eingerichtet.
- Friedhof der Sozialisten, Lichtenberg. Sozialistische und DDR-Größen.
- Friedhöfe Mehringdamm, Kreuzberg. Felix Mendelssohn-Bartholdy, E. T. A. Hoffmann, Knobelsdorff, Rahel Varnhagen.
- Alter Jüdischer Friedhof, Mitte, Große Hamburger Straße. In der NS-Zeit geschändet und dem Erdboden gleichgemacht, hier liegt Moses Mendelssohn begraben.

Die Natur hat es, für eine Großstadt jedenfalls, in Berlin ziemlich gut. Die Pflanzen- und Tiervielfalt ist bemerkenswert, und Naturschützer und Stadt kümmern sich, damit es auch so bleibt. Allerdings führt der verstärkte Wohnungsbau zu Konflikten, etwa wenn in Außenbezirken Freiflächen zu Wohnvierteln werden sollen. Die wachsende Großstadt beschneidet die Naturflächen immer mehr, und Berlin muss zusehen, sein Image als grüne Großstadt nicht nur als Anspruch zu bewahren. Mit dem Ende der Teilung ging übrigens ein bemerkenswerter Rückzugsort für die Natur verloren: der Grenzstreifen vor allem an Westberlins Außengrenzen zu Brandenburg.

In Mooren oder geschützten Uferbereichen der Seen, auf dem Tempelhofer Feld ebenso wie auf weniger werdenden Stadtbrachen haben seltene Pflanzen Lebensraum, ebenso Tierarten, die man in der Stadt nicht unbedingt vermuten würde. Da die Landwirtschaft kaum ins Gewicht fällt, sind belastende Gifte seltener als anderswo, was auch Vögel zu schätzen wissen. Es lohnt sich, abseits der lauten Straßen mal auf den Klangteppich zwitschernder Vögel zu achten – nicht gerade das, was man in einer Großstadt erwarten würde. Eine Touristenattraktion sind die geschäftig zwitschernden Spatzen, die bei Sonnenuntergang in Massen in den Kastanien am Lustgarten Quartier nehmen; und wer in einem der Plattenbauten rund um die Karl-Marx-Allee weit oben wohnt, fühlt sich an winterlichen Nachmittagen angesichts riesiger Krähenschwärme an Hitchcocks »Die Vögel«

erinnert. Die weltweit größte Mauerseglerpopulation von über 20 000 Vögeln lebt in Berlin, zahlreiche Reiher wissen die vielen Wasserflächen zu schätzen, und immer mal macht ein Schwan einen Erkundungsflug über die Stadt.

Aber nicht nur Vögel gehören zur Stadtbevölkerung. Stromernde Füchse sind immer wieder selbst im Stadtzentrum unterwegs, auf dem Weg vom Versteck zur Nahrungssuche. Wildschweine sind zwar im Zentrum noch nicht gesichtet worden, wohl aber in Randbezirken, wo mangelhaft gesicherte Gärten und reichhaltige Abfälle sowie unbedachtes Füttern anlocken. Vor einigen Jahren verirrte sich eine Rotte Wildschweine gar in die Spandauer Fußgängerzone und musste von der Polizei vertrieben werden. Außerdem schwirren bis zu 30 000 verschiedene Arten Insekten in Berlin herum, 4000 davon stehen auf den Roten Listen der gefährdeten Arten. Viele davon profitieren von der naturorientierten Bewirtschaftung der Wälder, wo genügend Totholz liegen gelassen wird, um Lebensraum zu bieten. Das Wachstum der Stadt ist aber nicht nur wegen des schwindenden Platzangebots eine Bedrohung für die Tierwelt, sondern ebenso durch die vielen Glasfassaden, gegen die Vögel prallen, den zunehmenden Verkehr und die wachsende Erholungsnutzung der Natur durch die zahlreicher werdenden Berliner.

Zwölf seltene Tierarten in Berlin

- Trauerseeschwalbe
- Fischotter
- Wanderfalke
- Habicht
- Biber
- Seeadler
- Fledermaus
- Uhu
- Mammmolch
- Rotbauchunke
- Feuerlibelle
- Italienische Schönschrecke

Wie anderswo ist das Bewusstsein der Berliner in Sachen seltener Pflanzenarten oder gefährdeter Tiergattungen eher diffus. Die Berliner gelten aber insgesamt als tierlieb, wofür gern der große Bestand an Haustieren angeführt wird: Über 100 000 Hunde sind steuerlich registriert, geschätzt kommen noch 150 000 nicht gemeldete Hunde hinzu. Die meisten Hunde gibt es in Marzahn-Hellersdorf, Reinickendorf und Steglitz-Zehlendorf. Generell dürfen Hunde in Berlin nur in Auslaufgebieten unangeleint herumtollen, was mit schwankendem Erfolg eingehalten wird. Neben neun ausgewiesenen Auslaufgebieten gibt es zahlreiche Freilaufflächen in öffentlichen Grünanlagen, mitunter arg klein oder ungünstig angelegt.

Fünf empfehlenswerte Hundeauslaufgebiete

Grunewald	östlich der Autobahn bis Krumme Lanke / Schlachtensee	810 ha
Reinickendorf	Auslaufgebiet Jungfernheide	73 ha
Pankow	Naherholungsgebiet Arkenberge	40 ha
Spandau	Pichelswerder	40 ha
Zehlendorf	Nikolskoe	38 ha

Die Berliner Tierliebe richtet sich gern auf Einzeltiere, die mitunter die Stadt in Atem halten wie Eisbär Knut, oder längst verstorbene wie der Saurier Tristan, dessen Skelett für einige Jahre im Naturkundemuseum ausgestellt wurde. Selbst als Berlin während des Zweiten Weltkriegs im Schutt versank, nahm die Stadt noch Anteil am Schicksal der Zootiere, die den Bomben fast schutzlos ausgeliefert waren. Nur 91 von ihnen überlebten. Nach dem Krieg brachten die Berliner Futterspenden, obwohl die meisten selbst nicht genug zu essen hatten.

Sieben Berliner Tierlegenden

Knut

Der Eisbär wurde als Waise von seinem Pfleger aufgezogen und zur Attraktion des Zoos, dem er stattliche Mehreinnahmen bescherte. Sein Tod mit nur vier Jahren wurde stadtweit betrauert.

Knautschke

Flusspferd (1943–88). Kriegsüberlebender, Publikumsliebling, sein Tod war der Lokalpresse eine Hauptschlagzeile wert.

Tristan

Mit großem Tamtam präsentierte das Naturkundemuseum 2015 das Skelett des Tyrannosaurus Rex, eins der besterhaltenen weltweit.

Alex

Waschbär, der 2008 im Parkhaus des Park Inn Hotels am Alexanderplatz zog und alsbald Wohnrecht genoss. Als Dank jagte er Ratten.

Bao Bao

Der Pandabär war ein Staatsgeschenk an Bundeskanzler Schmidt und lebte über 30 Jahre im Zoo. Zahlreiche Paarungsversuche blieben erfolglos.

Maxi und Schnute
Letzte Wappentiere im Bärenzwinger im Köllnischen Park, 2013/2015 gestorben / eingeschläfert.

Durch die schnelle Entwicklung Berlins sind an vielen Stellen die Lebensräume von Tieren und Pflanzen gefährdet. Aber Naturschutzverbände wie Naturfreunde, Naturschutzbund oder BUND erreichen immer wieder Schutzmaßnahmen, um den Artenreichtum in der Stadt zu bewahren. Sie können sich auf die Flora-Fauna-Habitat-Richtlinie berufen, auf die sich die EU-Staaten schon 1992 verpflichteten. Solche Maßnahmen wirken mitunter übertrieben, jedenfalls werden sie in manchen Medien entsprechend dargestellt. Dabei profitiert die Stadt enorm von der Tier- und Pflanzenvielfalt – und die Kosten der Schutzmaßnahmen sind zumeist verschwindend gering, wenn man sie mit denen der Baumaßnahmen abgleicht.

Jüngere Naturschutzmaßnahmen

- **90er Jahre:** Da die ICE-Neubaustrecke Berlin-Hannover im Havelland durch ein Schutzgebiet der seltenen Großtrappe führt, muss die Deutsche Bahn Schutzmaßnahmen ergreifen, u. a. fahren die Züge von und nach Berlin langsamer.
- **2014**: Zauneidechsen verhindern das geplante Aus-

graben von Teilen der Leninstatue in den Müggelbergen, die inzwischen in der Zitadelle Spandau zu sehen ist.

- **2010**: Um 170 bodenbrütende Feldlerchenpaare zu schützen, werden ihre Nistgebiete auf dem Tempelhofer Feld unzugänglich gemacht.
- **2014**: Fledermäuse im Gewölbe unter dem geplanten Einheitsdenkmal verzögern den Beginn der Bauarbeiten; sie werden umgesiedelt.
- **2015**: Morsche Eichen im Pankower Schlosspark Niederschönhausen dürfen nicht gefällt werden, weil sie Lebensraum seltener Käfer sind.

Da [Berlin] aber erst in jüngerer Zeit
wieder aufgebaut ist, so erblickt man nichts,
was an die Vergangenheit erinnert. (…)
Berlin, diese ganz moderne Stadt, macht, so schön
sie ist, keinen wirklich bedeutenden Eindruck.
Madame de Staël, 1810

Die gebaute Stadt: Architektur

Die Schönheit Berlins fiel mir ins Auge.
Die Häuser sind ansehnlich und
die Straßen breit, lang und gerade. (…)
Es ist die beste Stadt, die ich je gesehen habe.
James Boswell, 1764

Dass Brüche und ständiger Wandel bei oft erheblichem Tempo Berlin kennzeichnen, die Stadt großen Behauptungswillen besitzt und Lust daran hat, sich immer wieder neu zu erfinden, spiegelt ihr gebauter Raum wider. Eine Fahrt auf der Horizontalen durch das gesamte Stadtgebiet macht es erlebbar: mit der S7 von Griebnitzsee kurz vor der Stadtgrenze im Südwesten nach Ahrensfelde im Nordosten. Die Fahrt dauert eine gute Stunde und dokumentiert nicht nur die schiere Größe der Stadt, sondern ebenso ihre Siedlungsstruktur und Entwicklung. Zunächst geht es durch eine ländliche Gegend mit viel Wald und Wasser, vorbei an Villenvororten und Seen, Schrebergärten und Ausflugszielen, bis am Westkreuz der S-Bahn-Ring erreicht ist und die Stadt sich schlagartig verdichtet. Mit dem Zentrum Charlottenburgs, eine der einst unabhängigen Städte auf dem heutigen Stadtgebiet, geht es durch die City West: Vom Zug aus schaut man in stille Höfe gutbürgerlicher Mietshäuser aus kaiserlicher Zeit, bis am Bahnhof Zoo großstädtische Betriebsamkeit übernimmt und die Bauten höher, die Fassaden moderner, spiegelnder werden. Danach kommt der Tiergarten, Rest eines ausgedehnten Jagdgebiets, das früher zwischen den Städten Berlin und Charlottenburg lag. Jetzt zeigt die Stadt große Gesten: An der langen Ost-West-Magistrale erkennt man die Siegessäule und weiter hinten das Brandenburger Tor. Nach den Bauten der Nachkriegsmoderne im Hansaviertel folgt noch mehr Repräsentation: der eindrucksvolle Hauptbahnhof mit Blick auf Parlaments- und Regierungsviertel, im Hintergrund der neugebaute Potsdamer Platz. Danach wird es wieder dichter und älter – die S-Bahn erreicht Mitte, also Alt-Berlin: zwischen quirligen Gegenden an Friedrichstraße und Hackeschem Markt die Museumsinsel, dann der riesige Alexanderplatz, Einkaufsgegend und Menschenumschlagplatz, architektonisch dominiert von DDR-Moderne. Vorbei an Plattenbauten folgt Friedrichshain: zwischen Bahn und Spree immer noch Industriebrachen, auf der anderen Seite Mietshäuser der Kaiserzeit, aber schlichter als im Westen. Am Ostkreuz verlassen wir den S-Bahn-Ring wieder, und im Schwenk nach Norden geht es durch immer wieder locker bebaute Wohnviertel zwischen Industriegebieten, über breite Ausfallstraßen und schließlich wieder vorbei an ausgedehnten Plattenbauvierteln aus DDR-Zeiten, bis Ahrensfelde erreicht ist. Zur Stadtgrenze sind es dann nur noch ein paar Meter.

Von der S-Bahn aus lässt sich gut nachvollziehen, wie Berlin im 19. Jahrhundert mit dem lockeren Siedlungsgefüge drumherum zusammenwuchs – ein *urban sprawl*, wie es englisch heißt, bildete sich. Berlins Siedlungsgebiet besteht neben Alt-Berlin aus mehreren früheren Stadtkernen, alten Dörfern, dazwischen Grün, aus Wohnsiedlungen und Industriegebieten, wo noch vor anderthalb Jahrhunderten Felder lagen. Vor allem die südwestlichen Vororte sind traditionell wohlhabend, weil dort die Umgebung reizvoller ist und früher die Luft erheblich besser war: Da in Berlin meist Westwind herrscht, wehten die Fabrikschlote ihre Abgase nach Osten aus der Stadt, weswegen dort Grundstückspreise und Mieten niedriger waren. Ebenso zeigt sich durchs Zugfenster, wo nach 1945 West und Ost ihre Vorstellungen von Nachkriegsmoderne in Architektur und Städtebau umsetzten und wie sehr sich Berlin seit dem Mauerfall verändert hat.

Berlins Stadtentwicklung in zehn Stationen

12. Jahrhundert	Stadtgründung Berlin und Kölln
14. Jahrhundert	Berlin wächst schneller als Kölln: bis Hackescher Markt und Alex
17. Jahrhundert	Mit dem Barockschloss wächst die Stadt nach Westen
1701/05	Berlin wird Hauptstadt Preußens, Charlottenburg gegründet
1837	Die Firma Borsig wird gegründet, Berlin wird Industriestadt
1862	Hobrechtscher Bebauungsplan

1871	Berlin wird Hauptstadt des Deutschen Reiches
1920	Gründung Groß-Berlin
1948/61	Getrennte Entwicklung in Ost und West durch die Teilung
1990/91	Berlin wird wieder Hauptstadt; Bundestag beschließt Umzug von Bonn

Berlins Weiträumigkeit kommt also daher, dass insgesamt acht Städte sowie viele Dutzend Dörfer, Gemeinden und Gutsbezirke erst ab 1920 zu einer Stadt und als Einheit entwickelt wurden. Bis heute stößt man außerhalb des S-Bahn-Rings immer wieder auf noch ländlich wirkende Strukturen: mal eine alte Dorfkirche, die der Großstadtverkehr umtost, mal Felder oder vorstädtische Bebauung, mal kleinstädtische Eigenheimsiedlungen am Stadtrand. Und immer wieder »Berliner Straßen«, auf denen es mal nach Berlin ging. Aus dieser Entwicklungsgeschichte rührt der notorische Mikro-Lokalpatriotismus, etwa bei Charlottenburgern, Köpenickern oder Spandauern. Die Sicht auf die eigene Stadt ist in Berlin stark geprägt vom eigenen Lebensmittelpunkt, dem Kiez.

Für Städtebau und Entwicklung ist die dezentrale Stadttopographie bis heute von Bedeutung. Neuankömmlinge hadern zunächst mit der »Zentrumsfrage« – wo ist Berlins Stadtmitte? Wo sie zuzeiten verortet wurde, verrät der U-Bahnhof Stadtmitte, aber heute reicht das Zentrum eigentlich vom Alexanderplatz bis Kurfürstendamm. Innerhalb dieses Zentrumsgürtels liegen die Zentrumszentren Bahnhof Zoo, Potsdamer Platz und die alte Mitte zwischen Friedrichstraße und Alexanderplatz. Dieses weiter gefasste Zentrum erweist sich als Vorteil, seitdem Berlin an Besuchern und Einwohnern stetig wächst: Im Unterschied zu Paris oder London wirkt die Innenstadt selten überfüllt, zumal Berlin den Vorzug breiter Straßen hat. Größer als dieses Zentrum ist Berlins Kernbereich, innerhalb des S-Bahn-Rings gelegen und daher gut nachvollziehbar.

Wechseln wir kurz von der Horizontalen auf die Vertikale. Großstädte halten sich etwas zugute auf ihre Skyline – allerdings kann Berlin nicht mit einer Fülle an Wolkenkratzern glänzen wie London, Moskau oder Frankfurt / Main. Nicht überall darf grenzenlos hoch gebaut werden, nicht überall eignet sich der schwierige Untergrund dafür.

Berliner Gebäude ab 100 Meter

Fernsehturm	Alexanderplatz	368 Meter
Funkturm	Messegelände	147 Meter
Treptowers	Treptower Park	125 Meter

Hotel Park Inn	Alexanderplatz	123 Meter
Zoofenster	Bahnhof Zoo	118,8 Meter
Steglitzer Kreisel	Rathaus Steglitz	118,5 Meter
Upper West	Breitscheidplatz	118 Meter
Berliner Dom	Lustgarten	116 Meter
Atrium Tower	Daimler City	106 Meter
Sony Tower	Potsdamer Platz	103 Meter
Kollhoffturm	Potsdamer Platz	103 Meter
Pyramide	Marzahn	100 Meter
Kudamm-Karree	Kurfürstendamm	100 Meter
Bundesanstalt für Arbeit	Fehrbelliner Platz	100 Meter

Dafür geeignete Wahrzeichen werden gerne bestiegen, um die Aussicht zu bestaunen, wofür sich Fernsehturm, Siegessäule und Reichstagskuppel natürlich gut eignen, allerdings meist mit Anstehen. Andere lohnenswerte Aussichtspunkte sind weniger frequentiert und manchmal sogar kostenlos.

Berlins Skyline wird sich in den nächsten Jahren entwickeln, weil mehr Hochhäuser dem Platzmangel abhelfen sollen, ohne zu viel Stadtraum zu beanspruchen.

Zwölf Aussichtspunkte ohne Anstehen

Park Inn Hotel	Alexanderplatz	150 Meter	
Funkturm	Messegelände	126 Meter	
Kollhofftower	Potsdamer Platz	100 Meter	
Telefunkenhaus	Ernst-Reuter-Platz	80 Meter	kostenfrei
Glockenturm	Olympiagelände	77 Meter	
Skywalk	Marzahner Promenade	70 Meter	kostenfrei
Zionskirche	Prenzlauer Berg	67 Meter	nur sonntags
Grunewaldturm	Grunewald	55 Meter	
Berliner Dom	Lustgarten	50 Meter	
Französischer Dom	Gendarmenmarkt	40 Meter	
Müggelturm	Müggelberge	30 Meter	
Humboldtbox	Lustgarten	28 Meter	kostenfrei, noch bis ca. 2019

Einigermaßen gut verteilt auf der Horizontalen sind Berlins Wahrzeichen, als deren wichtigstes ziemlich unangefochten das Brandenburger Tor gilt. Es ist national wie international Berlins bekanntestes Wahrzeichen und Deutschlands wichtigstes Bauwerk, weil es jahrzehntelang die Teilung und heute die Wiedervereinigung verkörpert. Das Protokoll für Staatsgäste schreibt einen Besuch dort zwingend vor.

Berlins fünf wichtigste Wahrzeichen

- Brandenburger Tor
- Fernsehturm
- Siegessäule
- Gedächtniskirche
- Reichstagskuppel

Die Berliner vergeben mit Vorliebe Spitznamen an Sehenswürdigkeiten, an markante, mehr oder weniger geliebte Bauwerke, manchmal auch an unscheinbare Alltagsorte. Stadtführer geben diese Spitznamen mit Vorliebe an Touristen weiter. Daher sind viele davon berühmt, manche darunter nicht einmal sonderlich originell. Hier ein paar hübsche:

- **Retourkutsche:** Quadriga, von Napoleon gemopst, später zurückgeholt

- **Renommierpimmel:** Fernsehturm, DDR-Selbstdarstellung als moderner Staat
- **Die Rache des Papstes:** Das Kreuz, das bei Sonnenschein auf der »Diskokugel« erscheint
- **Forckenbecken:** Neptunbrunnen, unter Bürgermeister Forckenbeck Geschenk an einen ungnädigen Kaiser Wilhelm II.
- **Circus Karajani:** Philharmonie, Gebäudeform und langjähriger Chefdirigent
- **Viktoriafall:** Wasserfall Kreuzberg, der Park heißt eigentlich Viktoriapark
- **Harnröhre:** Einstiger Tunnel unterm Görlitzer Bahnhof, selbsterklärlich
- **Aserbaidschanischer Bahnhof:** Friedrichstadtpalast
- **Palazzo Protzo, Erichs Lampenladen:** Palast der Republik (Standort Humboldtforum)
- **Springerdecker:** Hochhäuser Leipziger Straße, sollten von Osten aus die Sicht auf das Axel-Springer-Verlagshaus verdecken
- **Kadamm, Castingallee:** Kastanienallee, zu ihren besseren Zeiten Ende der 90er
- **Oberschweineöde:** Oberschöneweide, einst öde, heute im Aufwind
- **Parteitagsbrause:** Brunnen Strausberger Platz, Strecke der DDR-Staatsparaden
- **Tuntenaquarium:** Stadtbad Wilmersdorf, einst Homo-Cruisingzone

- **Hungerharke:** Denkmal Platz der Luftbrücke, symbolisiert die drei Luftkorridore der Luftbrücke, aber mit Gabelanmutung
- **Zoo von Wilhelm Zwo:** Ehem. Kaiser-Wilhelm-Denkmal am Schloss, 157 Tierfiguren!
- **Orientexpress:** U-Bahnlinie 1, fährt nach Osten ins türkisch geprägte Kreuzberg
- **Reichsaffenhaus:** Reichstag, Verunglimpfung Kaiser Wilhelms II. höchstselbst
- **Kraftwerk Christi:** Jesus-Christus-Kirche Dahlem
- **Ikeabox:** Nordische Botschaften
- **Rostkreuz:** Ostkreuz, in den langen Jahrzehnten seiner Sanierungsbedürftigkeit
- **Dolly-Buster-Haus:** Kita im Regierungsviertel, zwei Kuppeln
- **Wohnmaschine:** Corbusierhaus, Olympiastadion

Und dann gibt es da natürlich auch noch die »Wegsehenswürdigkeiten«: schön hässlich, entschieden verunglückt und doch irgendwie Hingucker:

13 Wegsehenswürdigkeiten

Alexa Shopping Mall	Mitte, Alexanderstraße
Bierpinsel	Steglitz, Schlossstraße
ICC	Charlottenburg, Messedamm
Rostlaube	Dahlem, Campus FU

Wasserversuchsanstalt	Tiergartenschleuse
»Chateau Memhardt«	Mitte, Karl-Liebknecht-/ Ecke Memhardtstraße
Pallaseum (»Sozialpalast«)	Schöneberg, Potsdamer Straße
Wohnhaus Schlangenbader Straße	Wilmersdorf
Neues Kreuzberger Zentrum	Kreuzberg, Kottbusser Tor
Chinesische Botschaft	Mitte, Jannowitzbrücke
Dreispitzpassage	Mitte, Friedrich-/Ecke Reinhardtstraße
Steglitzer Kreisel	Rathaus Steglitz
Rosenhöfe	Mitte, Rosenthaler Straße / Hackesche Höfe

Berlins neben dem Brandenburger Tor wohl bekanntestes Bauwerk jedoch existiert nur noch in wenigen Resten: die Berliner Mauer. Die verhasste Grenzbefestigung verschwand in bemerkenswerter Geschwindigkeit und ist heute fast durchgängig an einer Linie auf dem Boden nachvollziehbar, meist gebildet aus einer Doppelreihe Pflastersteine. Touristen wundern sich immer wieder, warum die Mauer nur noch in wenigen Teilen vorhanden ist, aber verständlicherweise war nach der Wiedervereinigung der Stadt fast jeder froh, das Betonmonstrum verschwinden zu sehen. 1990 konnte man immer wieder Menschen applaudieren sehen, als Mauersegmente abgebrochen wurden. Wo aber sind heute überhaupt noch größere Reste der Grenzanlagen zu finden?

13 Orte mit Originalresten der Grenzanlagen (Auswahl)

Bernauer Straße	Grenzmauer, Dokumentation der Grenzanlagen
Niederkirchnerstraße	Grenzmauer
East-Side-Gallery	Hinterlandmauer
Bornholmer Straße	Hinterlandmauer, Reste der Grenzübergangsstelle
Mauerpark	Hinterlandmauer (Stadionmauer)
Friedhof Liesenstraße	Grenzmauer, Hinterlandmauer
Schlesischer Busch	Wachturm
Erna-Berger-Straße (nahe Pots. Pl.)	Wachturm
Potsdamer Platz	Mauerreste (wieder aufgestellt)
Märkisches Museum	Mauersegmente (wieder aufgestellt)
Axel-Springer-Verlag	Mauersegmente in Kunstwerk
Kieler Straße, Mitte	Wachturm
Dreilinden, Wannsee	Alliierter Checkpoint Bravo

Wer sich damit beschäftigt, kann außerhalb des Zentrums weitere Reste der Grenzanlagen entdecken, aber was Archäologen 2002/03 im Auftrag des Senats akribisch an vielfältigen Spuren dokumentierten, ist seither leider zum größeren Teil verloren gegangen. Während die Mauer im offiziellen DDR-Sprachgebrauch als wahlweise antiimperialistischer oder antifaschistischer Schutzwall bezeichnet wurde, nannte man sie westlicherseits gerne »Schandbauwerk«. Natürlich entwickelte Berlin nach 1961 so was wie einen Mauerkomplex, die Teilung machte der Stadt ja auch schwer zu schaffen. Da wären aber noch ein paar weitere markante Mauern, die mit der Teilung nichts zu tun haben.

Fünf Berliner Mauern

mittelalterliche Stadtmauer	13. Jh.	Waisenstraße
Zollmauer	18. Jh.	Hannoversche Straße, Stresemannstraße
Mauer »Städtchen«	1945–73	Rund um die DDR-Regierungsenklave Majakowskiring (Pankow, nicht erhalten)

Mauerstück Solidarnosc-Werft	20. Jh.	Nordostecke Reichstagsgebäude

Architekturgeschichtlich hat die Berliner Mauer natürlich keinerlei Bedeutung, aber da gibt es genügend anderes, denn Berlin lässt sich getrost als ein Freiluftmuseum der Architekturgeschichte bezeichnen: Es gibt kaum einen Baustil, der in der Stadt nicht vertreten ist.

25 Bauwerke aus sieben Jahrhunderten

13. Jahrhundert	märkische Backsteingotik	Franziskanerkirche, Klosterstraße
14./15. Jahrhundert	Spätgotik	Marienkirche, Karl-Liebknecht-Straße
16. Jahrhundert	Renaissance	Jagdschloss Grunewald
17. Jahrhundert	Renaissance	Ribbeckhaus, Breite Straße
1696–1706	Barock	Zeughaus, Unter den Linden
1739	Barock	Pfarrhäuser, Taubenstraße
1741–43	Palladianismus	Staatsoper, Unter den Linden

1762–66	Rokoko	Ephraimpalais, Nikolaiviertel
1780–85	Frid. Barock	Deutscher / Französischer Dom, Gendarmenmarkt
1789–93	Klassizismus	Brandenburger Tor, Pariser Platz
1819	russ. Blockbaustil	Blockhaus Nikolskoe, Snethlage
1824–31	Neogotik	Friedrichswerdersche Kirche, Werderscher Markt
1833–37	russ. Sakralstil	St. Peter und Paul, Nikolskoe, Stüler / Schadow
1844–46	Schinkel-Schule	St. Matthäus-Kirche, Kulturforum, Stüler / Wentzel
1846/47	Spätklassizismus	Hamburger Bahnhof, Invalidenstraße
1859–66	maurischer Stil	Neue Synagoge, Oranienburger Straße
1861–69	Rundbogenstil	Berliner Rathaus, Rathausstraße

1891–95	Neoromanik	Kaiser-Wilhelm-Gedächtniskirche, Breitscheidplatz
1881–92	Historismus	Riehmers Hofgarten, Yorckstraße
1894–1905	Neobarock	Berliner Dom, Am Lustgarten
1886–94	Neorenaissance	Reichstag, Paul Wallot
1894/95	Neo-Backsteingotik	Oberbaumbrücke
1895/96	Eklektizismus	Theater des Westens, Kantstraße

Zentrales Bauwerk für Berlins Geschichte und Stadtentwicklung war über lange Zeit das Hohenzollernschloss, und diese Rolle war einer der Gründe für den Wiederaufbau als Humboldtforum. Berlin hat aber noch diverse andere fürstliche Schlösser:

Zehn Berliner Schlösser

Schloss	erbaut
Jagdschloss Grunewald	1542
Zitadelle Spandau	1559–94
Schloss Köpenick	1677–81
Jagdschloss Glienicke	1682–84/1859–62

Schloss Friedrichsfelde	1694/95
Schloss Charlottenburg	1695–1711
Schloss Schönhausen	1704
Schloss Bellevue	1785–90
Schloss Pfaueninsel	1794/95
Schloss Kleinglienicke	1826/27

Im 20. Jahrhundert wurde in Berlin ebenfalls eifrig gebaut. Aufgrund des enormen Wachstums der Stadt und wegen Abriss und Zerstörung sind die Beispiele reichhaltiger, und sowieso wurden die Architekturmoden schnelllebiger.

Architektonische Vielfalt im 20. Jahrhundert

1906/07	Hackesche Höfe, Rosenthaler Straße	Kurt Berndt
1907/08	Haus Freudenberg, Zehlendorf	Hermann Muthesius
1910/11	Admiralspalast, Friedrichstraße	Kyllmann / Heyden
1922/23	Gewerkschaftshaus, Wallstraße	Max Taut
1924–26	Funkturm, Messegelände	Heinrich Straumer
1927–31	Schaubühne, Lehniner Platz	Erich Mendelsohn

1930/31	Shell-Haus, Reichpietschufer	Emil Fahrenkamp
1930–34	Kirche am Hohenzollernplatz	Klarwein / Höger
1934–36	Olympiastadion, Olympischer Platz	Werner March
1936–41	Flughafen Tempelhof, Platz der Luftbrücke	Ernst Sagebiel
1951/52	Hochhaus, Weberwiese	Henselmann / Hopp / Paulick
1952–58	Amerika-Gedenkbibliothek, Hallesches Tor	Bornemann / Kreuer
1956/57	Kongresshalle Tiergarten, John-Foster-Dulles-Allee	Hugh Stubbins
1956–58	Unité d' Habitation, Flatowallee	Corbusier
1957–63	Kaiser-Wilhelm-Gedächtniskirche, Breitscheidplatz	Egon Eiermann
1955–57	Bikini-Haus, Breitscheidplatz	Schwebes / Schoszberger
1960–63	Philharmonie, Kulturforum	Hans Scharoun

1965–68	Neue Nationalgalerie, Potsdamer Straße	Mies van der Rohe
1965–69	Fernsehturm, Alexanderplatz	Hermann Henselmann
1961–64	Kongresshalle, Alexanderplatz	Hermann Henselmann
1965–71	Postgiroamt, Möckernbrücke	Prosper Lemoine
1972	»Rostlaube« FU	Candilis / Josic / Woods
1974–78	Tschechische Botschaft, Wilhelmstraße	Machonin / Pätzmann
1975–79	Internationales Congress Centrum	Schüler / Schüler-Witte
1976	Bierpinsel, Steglitz	Schüler / Schüler-Witte
1979–88	Wissenschaftszentrum, Reichpietschufer	Stirling / Wilford
1984	Wohnhaus, Fraenkelufer	Hinrich und Inken Baller
1992–97	Jüdisches Museum, Lindenstraße	Daniel Libeskind
1993–97	Max-Schmeling-Halle, Falkplatz	Joppien / Dietz

1994–99	Kollhoffturm, Potsdamer Platz	Hans Kollhoff
1995–98	Geschäfts- und Wohnhaus, Linkstraße	Richard-Rogers
1996	Galeries Lafayette, Friedrichstraße	Jean Nouvel
1996–2001	DZ-Bank, Pariser Platz	Frank Gehry
1997–2001	Bundeskanzleramt, Willy-Brandt-Straße	Schultes / Frank
1999/2000	Mexikanische Botschaft, Klingelhöferstraße	Serrano / De León
1998–2000	Berliner Wasserbetriebe, Molkenmarkt	Christoph Langhof
1998–2000	Sony-Center, Potsdamer Platz	Helmut Jahn
1999–2001	Tempodrom	Gerkan, Mark & Partner

Oft wurde für Neues rabiat Platz geschaffen, anderes war in Ungnade gefallen – ganz allgemein hat Berlin es mit seiner Bausubstanz oft nicht besonders gut gemeint. Manche dieser Gebäude sind bis heute ein Begriff, manche abzureißen waren Schandtaten, während sich bei anderen kein Protest regte – eine kleine Auswahl:

15 Abrissbirnenopfer

Objekt	erbaut	Abriss	Folgebau
Berliner Dom, Lustgarten	1747–50	1892?	Berliner Dom
Berliner Schloss, Schlossplatz	1695–1710?	1950	Palast der Republik
Palast der Republik, Schlossplatz	1973–76	2006–08	Humboldtforum
Schinkels Bauakademie, Werderscher Markt	1832–36	1961	DDR-Außenministerium
DDR-Außenministerium, Werderscher Markt	1965–67	1995	div. Neubauten
Palais Redern, Pariser Platz	1830–33	1906	Hotel Adlon
Mehrzweckhalle Ahornblatt, Fischerinsel	1971–73	2000	Hotelbau
Alter Friedrichstadtpalast, Am Circus	1867	1984	yoo Berlin

Anhalter Bahnhof, Askanischer Platz	1880	1959–62	Sport-anlagen
Lehrter Stadt-bahnhof, Invaliden-straße	1882	2002	Haupt-bahnhof
Deutschlandhalle, Messegelände	1935	2011	City Cube
Kudamm-Eck, Ecke Joachims-thaler Straße	1969–72	1999	Hotelbau
Versöhnungs-kirche, Bernauer Straße	1894	1985	Todes-streifen
Schloss Monbijou, Monbijoupark	1706	1958–60	Kinder-schwimm-bad
Gaswerk IV, Danziger Straße	1889–1900	1984	Thälmann-park

In einer Stadt, in der Geschichte und Politik mitbestimmen, wird auch an anderer Stelle geschleift, so sind auch Statuen am jeweiligen Standort nie völlig sicher. Abgeräumte Standbilder, die das Stadtbild nicht mehr auf- oder abwerten sollen, haben inzwischen ein eigenes Museum bekommen: die Spandauer Zitadelle. Mit Systemwechseln kam es zudem jedes Mal zu Straßen- und Platzumbenennungen, und auch ausgediente Straßen- und Platznamen sind mitunter recht aufschlussreich und manchmal gar völlig harmlos.

Zwölf Straßen- und Platznamen im Wandel

heute	vorher (Auswahl)
Theodor-Heuss-Platz	Reichskanzlerplatz (1906–33, 1947–63), Adolf-Hitler-Platz (1933–45)
Stresemannstraße	Saarlandstraße (1935–47), Königgrätzer Straße (1867–1930)
Rosa-Luxemburg-Platz	Bülowplatz (1910–33), Horst-Wessel-Platz (1933–45), Liebknechtplatz (1945–47)
Karl-Liebknecht-Straße	Brauhausstraße (1860–87), Kaiser-Wilhelm-Straße (1887–1947)
Landsberger Allee	Berliner Chaussee (ca. 1922), Leninallee (1973–92)
Karl-Marx-Allee	Frankfurter Allee / Gr. Frankfurter Straße (bis 1950), Stalinallee (1950–61)
Yitzhak-Rabin-Straße	Entlastungsstraße (1961–2006), Siegesallee (1901–45)

heute	vorher (Auswahl)
Platz der Republik	Königsplatz (1865–1926), Exerzierplatz (1730–1865)
Platz des 18. März	Platz vor dem Brandenburger Tor (bis 1934, 1958–2000), Hindenburgplatz (1934–58)
Ernst-Reuter-Platz	Umschweif (bis ca. 1830), Am Knie (ca. 1830–1953)
Straße des 17. Juni	Ost-West-Achse (1935–45), Allee nach Berlin (vor 1824), Charlottenburger Chaussee (1799–1935, 1945–1953)

Sehr nüchtern gedacht, sind Städte vor allem Ansammlungen von Gebäuden, Plätzen und Straßen. Von Letzteren hat Berlin natürlich eine Menge, laut Wikipedia rund 10 000. Die längste Straße ist mit über zwölf Kilometer das Adlergestell, dicht gefolgt von Landsberger Allee und Heerstraße mit je rund elf Kilometern. Die kürzeste Straße ist mit bescheidenen 16 Metern die Eiergasse im Nikolaiviertel. Sie ist zugleich eine der ältesten der Stadt, wurde aber nach Kriegszerstörung erst 1984 wiederbelebt.

Berlins je zehn bekannteste Straßen und Plätze

Unter den Linden	Alexanderplatz
Kurfürstendamm	Gendarmenmarkt
Friedrichstraße	Pariser Platz
Straße des 17. Juni	Hackescher Markt
Karl-Marx-Allee	Kollwitzplatz
Oranienburger Straße	Kottbusser Tor
Schönhauser Allee	Breitscheidplatz
Oranienstraße	Helmholtzplatz
Bergmannstraße	Ernst-Reuter-Platz

Natürlich wären viele andere kaum weniger erwähnenswert. Um 1900 taten sich die Berliner da einfacher: Drei wichtigste Straßen hatte man und nannte sie Lauf-, Kauf- und Saufstraße. Die Laufstraße war natürlich der Boulevard Unter den Linden, aber schon bei der Kaufstraße wird es schwierig: Das war damals die Leipziger Straße, an der sich die großen Kauf- und Warenhäuser aufreihten, mit dem Wertheim am Leipziger Platz als Flaggschiff. Als Saufstraße, also Amüsier- und Kneipenmeile, galt zumindest bis zum Ersten Weltkrieg die Friedrichstraße, die später von Potsdamer Platz und Kurfürstendamm Konkurrenz erhielt. Die Friedrichstraße ist heute eher eine Kaufstraße, und Saufstraßen sind sowieso alle Berliner Straßen.

Und dann gibt es da noch die ewigen Zweiten: **zehn wichtige Straßen, die im Schatten stehen,** zu sehr ab vom Schuss liegen oder ein bisschen zu schäbig daherkommen:

Straße	**Bezirk / Ortsteil**	**Eigenschaften**
Kantstraße	Charlottenburg	Berlins Chinatown
Karl-Marx-Straße	Neukölln	glanzlos, aber vielseitig und ehrlich
Pariser Straße	Wilmersdorf	entspannt, gediegen, viele kleine Läden
Leipziger Straße	Mitte	einst wichtigste Einkaufsmeile, heute Autopiste
Potsdamer Straße	Schöneberg	lange abgemeldet, wieder im Kommen
Bölschestraße	Friedrichshagen	Shoppingmeile mit Seeanschluss
Südwestkorso	Friedenau	gediegen, bürgerlich, fahrradfreundlich
Lietzenburger Straße	Wilmersdorf	ausgebaut zur Umfahrung des Kudamm
Müllerstraße	Wedding	als verkommen verrufen, von Jüngeren geliebt

Marzahner Promenade	Marzahn	weniger trist, als das Plattenbau-Image vermuten lässt

Und es gibt die Schönen, die Plätze, die einem Stadtquartier die nötige Aufenthaltsqualität verleihen. Die folgenden sind streng subjektiv ausgewählt:

Berlins zehn schönste Plätze

Gendarmenmarkt	Mitte
Pariser Platz	Mitte
Chamissoplatz	Kreuzberg
Arnimplatz	Prenzlauer Berg
Ludwigkirchplatz	Wilmersdorf
Savignyplatz	Charlottenburg
Zionskirchplatz	Mitte
Viktoria-Luise-Platz	Schöneberg
Mexikoplatz	Zehlendorf
Ludolfingerplatz	Frohnau

Schöne Orte gibt es aber auch im Verborgenen, hinter Mauern und Hofdurchfahrten, mal zugänglich, mal nur für Bewohner. Vor 100 Jahren noch konnte man in Berlin die Straßen meiden und sich von Hofkomplex zu Hofkomplex vorarbeiten, beispielsweise in der Spandauer Vorstadt. Dort gibt es noch immer sehenswerte Höfe, darunter Berlins bekannteste Anlage, die Hackeschen Höfe. Ebenso lohnt es in anderen Vierteln mit Altbauten, die Augen offen zu halten und hier und da hineinzuschnuppern, wenn ein Tor zur Straße noch nicht ganz zugefallen ist.

13 sehr verschiedene Hofanlagen

Riehmers Hofgarten
Kreuzberg, zwischen Mehringdamm und Hagelberger Straße mehr Park als Hof, Kontrast zum Mietskasernenhofklischee

Neue Schönhauser Straße 12
typische Altberliner Hofanlage mit Remise, Fachwerk und Ruhe

Kuglerstraße 2
kreisrunder Innenhof, nur für Bewohner

Quartier Schützenstraße
sehenswerte moderne Anlage mit vier Höfen von Aldo Rossi

Heckmann-Höfe
große Anlage mit Stallungen und Werkstätten, heute kommerziell genutzt

Chausseestraße 5
Werkstätten und Fabrikhalle auf einstiger Borsigschen Lokomotivfabrik

Marlene-Dietrich-Platz
gegenüber dem Musicaltheater, ein hübscher Hofgarten, nur für die Anwohner

Linienstraße 98 / Torstraße 164
Höfe des ehemaligen Königlichen Leihamts

Sophienstraße 20/21, Gipsstraße 12
Gewerbehöfe, Kaffeerösterei und allerlei Kunst

Bergstraße 22
ehemalige Brauerei Josty, heute Restaurant

Hackesche Höfe
berühmteste Hofanlage Berlins: Veranstaltungsräume, Gewerbe, Wohnen

Leuschnerdamm 13
klassischer Kreuzberger Gewerbehof mit Branchenmix

Kulturbrauerei Schönhauser Allee
liebevoll restaurierte Brauereianlage

Woher kommen nun die breiten Straßen, die noch dazu zumeist von Straßenbäumen gesäumt werden? Das liegt zunächst an Plänen, mit denen man Mitte des 19. Jahrhunderts den Ausbau der zunehmend auswuchernden Stadt gestalten wollte. Während der vor allem als prägende Figur preußischer Gartenbaukunst der Zeit bekannte Peter Joseph Lenné 1840 einen Plan zur Stadtentwicklung vorlegte, der eher zaghaft war, erstellte James Hobrecht zwei Jahrzehnte später einen ehrgeizigen zukunftsweisenden Plan. Großzügige Ausdehnung der Stadt, breite Straßen, Schmuckplätze, Blockrandbebauung. Dazu ein rasterförmiges Straßennetz mit Ringstraßen. Bis nach dem Ersten Weltkrieg blieb der Hobrecht-Plan in Kraft – selbst nach der Erfindung des Autos und einer viel rasanter als vermutet wachsenden Stadt blieb er eine solide Grundlage. Alt-Berlin gab es da längst und wurde von den Planungen nicht berührt, dafür gab es mehrere Maßnahmen, die dem Straßen- und Häusergewirr im alten Zentrum zu Leibe rückten:

1. In der Kaiserzeit wandelte sich die Innenstadt zum Geschäftsviertel, der Verkehr nahm zu und man baute die U-Bahn und schlug Straßenschneisen. Damals verlängerte beispielsweise die Kaiser-Wilhelm-Straße (Karl-Liebknecht-Straße) die Linden über den Lustgarten hinaus nach Osten.
2. In den 1920er Jahren wurde in Sachen Verkehr zwar mehr geplant als umgesetzt, aber der Ausbau von Potsdamer und Alexanderplatz als Verkehrsknoten schuf Tatsachen.
3. Auch von den Planungen der NS-Zeit für den Umbau des Zentrums wurde wenig umgesetzt. Damals wurde der beschauliche Molkenmarkt in einen riesigen Verkehrsplatz umgewandelt und

das Scheunenviertel rund um die Volksbühne radikal abgerissen.

4. Die Zerstörungen des Zweiten Weltkriegs nahmen Stadtplaner zum Anlass, Schneisen durch die Innenstadt zu schlagen. Das machte dem Petriplatz, Herz von Alt-Kölln, den Garaus, die Grunerstraße vom Molkenmarkt zum Alexanderplatz trennte ein altes Quartier in zwei Hälften. Die Frankfurter Allee (Karl-Marx-Allee) wurde über den Strausberger zum Alexanderplatz verlängert, für die Plattenbauviertel links und rechts wurde das alte Straßenraster weitgehend überbaut. Ein weiteres Quartier verschwand durch die Mollstraße, um vom Leninplatz (Platz der Vereinten Nationen) fix zur Wilhelm-Pieck-Straße (Torstraße) zu gelangen.

Vor allem die rabiaten Maßnahmen der DDR-Zeit wissen Autofahrer zu schätzen – vom alten Zentrum Berlins ließ das allerdings kaum etwas übrig, und die Innenstadt wurde zugig. Wie ein schäbiges Trostpflaster wurde in den 80er Jahren das Nikolaiviertel gebaut, das aber wenig mehr ist als eine touristische Attrappe inmitten der Straßenschneisen.

Das westliche Ende des Stadtzentrums, die City West, liegt vom historischen Zentrum immerhin rund sechs Kilometer Luftlinie entfernt. Das vormalige Stadtzentrum von Charlottenburg wurde mit der Teilung der Stadt zum Kern Westberlins und als

»Schaufenster des Westens« aufwendig ausgebaut. Nach der Wiedervereinigung der Stadt verschoben sich Gleichgewichte und Perspektiven, und für einige Jahre schien die City West im Niedergang. Am Kurfürstendamm tat sich nicht viel, Bahnhof Zoo und Breitscheidplatz verlotterten wieder mal, und manches verschwand, darunter der Großteil der einst Dutzenden Erstaufführungskinos am und um den Kudamm – ausgerechnet da, wo das Kino einmal groß geworden war. Verständlicherweise richtete sich die Aufmerksamkeit gen Osten, wohin wegen des großen Nachholbedarfs die Entwicklungsgelder flossen. Zudem entstand am Potsdamer Platz, als Symbol der Wiedervereinigung direkt an der Ost-West-Schnittstelle, ein neues, drittes Zentrum, das in modernem Gewand an Glanz und Glamour früherer Zeiten anknüpfen sollte. Inzwischen haben sich alle drei Zentrumszentren konsolidiert, und in der City West geht es wieder steil bergauf – auch was Hochhausbauten betrifft. In der Lust am Kahlschlag und der Abwertung des Alten, Gewachsenen stand Westberlin dem Osten übrigens in nichts nach. Auch hier war der Wiederaufbau eher eine grundlegende Erneuerung.

Architektur ist in Berlin wie anderswo ein vortreffliches Streitthema. In jedem Fall sind viele Bauten Berlins markant und prägen damit das Stadtbild, ihre Schöpfer haben die Stadt mitgeprägt. Trefflich streiten lässt sich daher ebenso über die wichtigsten, also die Stadt am meisten prägenden Architekten, aber eine solche Liste muss natürlich trotzdem gewagt sein.

20 Architekten, die Berlin geprägt haben

Johann Gregor Memhardt	Stadtausbau, Alte Kommandantur, Wohnhäuser (alles zerstört)
Andreas Schlüter	Berliner Schloss, Zeughaus
Georg Wenzeslaus von Knobelsdorff	Staatsoper, Erweiterung Schloss Charlottenburg, Hedwigskathedrale
Carl Gotthard Langhans	Brandenburger Tor, Schloss Bellevue, Mohrenkolonnaden
Friedrich Karl Schinkel	Friedrichswerdersche Kirche, Schauspielhaus, Neue Wache, Altes Museum
Ludwig Hoffmann	Märkisches Museum, Stadthaus, Märchenbrunnen, Stadtbad Oderberger Straße
Alfred Grenander	Berliner U-Bahn
Peter Behrens	Industriebauten (AEG, NAG), Alexander-+Berolinahaus, U8
Albert Speer	Ost-West-Achse
Hans Scharoun	Kulturforum

Hermann Henselmann	Stalinallee, Fernsehturm, Haus des Lehrers
Paul Baumgarten	Wiederaufbau Reichstag, Konzertsaal UdK, Eternithaus Hansaviertel
Paul Schwebes	Zentrum am Zoo, Haus Hardenberg, DEFAKA-Kaufhaus, Telefunken-Hochhaus
Hilmer+Sattler	Masterplan Potsdamer und Leipziger Platz
Renzo Piano	Masterplan Potsdamer Platz
Norman Foster	Reichstagskuppel, Bibliothek FU
Stephan Braunfels	Paul-Löbe-Haus, Elisabeth-Lüders-Haus
Daniel Libeskind	Jüdisches Museum, Wohnhaus Sapphire
David Chipperfield	Neues Museum, James-Simon-Galerie, Telekom-Akademie

Zum Berlin-Bashing, ob von außerhalb oder aus der Stadt selbst, gehört natürlich neben der Architektur das Beklagen von Bauskandalen, für die die Architekten meistens am allerwenigsten können. Dass sie in Berlin gehäuft vorzukommen scheinen, hat mehrere Gründe: Die Stadt baut viel und hat weiterhin großen Sanierungsbedarf, also ist die Aussicht auf Pannen, Pleiten und Verzögerungen größer als anderswo.

Hausgemacht sind aber die seit Jahrzehnten engen Verflechtungen zwischen Lokalpolitik und Bauwirtschaft, Baufilz genannt. Und wie anderswo rächt sich beim öffentlichen Bauen, dass Baukosten stets Thema sind und Projekte nicht zuletzt danach ausgesucht werden – mit dem Ergebnis, dass Kostenpläne selten auf reeller Grundlage stehen. Das gilt auch für Zeitpläne, denn welcher Politiker möchte schon seinem Nachfolger im Fernsehen dabei zusehen, wie er einweiht, was man selbst einst möglich machte? Der Großskandal um den neuen Flughafen hat außerdem gezeigt, dass es mit der öffentlichen Bauaufsicht nicht allzu gut bestellt ist. Außer an fachlicher Kompetenz fehlt es am nötigen Verwaltungspersonal, die vielen Projekte verantwortungsvoll zu begleiten.

Zehn Berliner Bauskandale und Pannenbauten

1. **Flughafen BBI:** Gewissermaßen das Flaggschiff der Berliner Bauskandale und weltweit ein Lacher. 2012 sollte der Flughafen ans Netz gehen – aber drei Wochen vorher, der Champagner war längst bestellt, wurde abgesagt. Seither versucht man mit wechselndem Erfolg, den Geisterflughafen nach und nach startbereit zu machen. Es gab viel Anlass für witzige Äußerungen, etwa in Anlehnung an den Satz Walter Ulbrichts kurz vor dem Mauerbau: »Niemand hat die Absicht, einen

Flughafen zu bauen«, oder an die Imagewerbung Baden-Württembergs: »Wir können alles – außer Flughafen«. Und was ist der Grund für das Desaster? Offenbar krasses Versagen der Aufsichtsorgane bis in die Spitze der Politik, in der mittleren Managementebene Nibelungengläubigkeit mit starrem Blick auf das Eröffnungsdatum und bei den ausführenden Firmen ein gewisses Maß an Ignoranz und Desinteresse für das Gesamtgelingen bis hin zu verantwortungsloser Pfuscherei. Letzter vor Drucklegung gemutmaßter Eröffnungstermin: irgendwann 2018.

2. **Tempelhofer Feld:** Angesichts wachsender Einwohnerzahlen plante der SPD / CDU-Senat unter Klaus Wowereit die Randbebauung des aufgelassenen Altflughafens Tempelhof. Er unterschätzte dabei, wie sehr viele Berliner den nach Ende des Flugbetriebs neugewonnenen Stadtraum liebgewonnen hatten, wie gering das Vertrauen in die Großprojektfähigkeit der Stadtregierung und wie groß der Ärger über das Verschwinden von Brachen und Freiräumen zugunsten von Projekten geschäftstüchtiger Investoren geworden war. Hinzu kam, dass der Senat etwa unter den Tisch fallen ließ, wie viel Steuergeld für die Erschließung der Baufelder nötig und wie klein der Sozialertrag der Wohnbauten am Ende sein würde, denn die Förderung zur Mietbegrenzung reichte weder weit

noch lang. Als die Bürgerinitiative 100 % Tempelhofer Feld einen Volksentscheid anstrengte, glaubte zunächst niemand, dass sich genügend Berliner für die Zukunft des Flughafengeländes interessieren würden. Umso größer war der Triumph, als eine breite Mehrheit dafür stimmte, das Tempelhofer Feld nicht zu bebauen. Eine Berliner Zeitung titelte: »Berlin zieht Wowereit das Feld über die Ohren«.

3. **Staatsoper:** 1955 wieder aufgebaut, war eine Instandsetzung bitter nötig und sollte zunächst 150 Millionen Euro kosten. Nach der Jahrtausendwende dann wuchsen die Ansprüche: neue Akustik, technisches Upgrade, vergrößerter Publikumsraum, Probenräume, Tunnel zum Magazingebäude. Zwei Wettbewerbe und viele Diskussionen folgten, dann machte die Politik derartigen Termindruck, dass die Grundsanierung, die 2010 begann, gar nicht recht vorbereitet werden konnte. Prompt stiegen die Kosten und verlängerte sich die Bauzeit: Eigentlich sollte 2013 eröffnet werden, die letzte Rechnung besagt Herbst 2017, bei dann 400 Millionen Euro. Ein Untersuchungsausschuss wurde eingesetzt, personelle Konsequenzen wurden nicht gezogen.
4. **Steglitzer Kreisel:** Der Büroturm am Rathaus Steglitz, einst höchstes Bürohaus Westberlins und Sitz der Bezirksverwaltung, steht seit 2007

leer, wird asbestsaniert. Allein der Gebäudeunterhalt kostet jährlich 700 000 Euro. Der geplante Verkauf des Komplexes ist immer wieder gescheitert. Skandalös war aber schon der Bau, als die Presse Pikantes berichtete: 1969 verbrachten ein Oberfinanzpräsident und eine Bauunternehmerin lauschige Wochenenden in diversen Luxushotels, die Unternehmerin baute bald darauf am Büroturm für 180 Millionen DM. Mehr als ein Drittel der Kosten steuerte der Senat bei, für 40 Millionen DM bürgte er zusätzlich. Man konnte doch nicht dem Ostberliner Fernsehturm die Lufthoheit über Berlin zugestehen! Dann explodierten die Baukosten, die Unternehmerin ging pleite, und Berlin blieb auf der Immobilie sitzen, für deren Büros der Bedarf weder bestand noch je geprüft worden war.

5. **Tempodrom:** 1980 kaufte die Krankenschwester Irene Moessinger mit einer Erbschaft ein altes Zirkuszelt, das sie am Potsdamer Platz, damals eine große Sandwüste, aufstellte. Es wurde zu einer festen Größe in der Berliner Veranstaltungslandschaft und zog 1985 in den Tiergarten, neben die Kongresshalle. Dann aber zog die Bundesregierung her, und das Zelt am Standort für das Kanzleramt musste aus Sicherheitsgründen weichen. Unter anderem mit öffentlichen Zuschüssen wurde auf dem Gelände des Anhalter Bahnhofs ein Neubau

errichtet, dessen geplante Kosten von 16 Millionen sich verdoppelten, was den damaligen Bausenator Peter Strieder (SPD) zum Rücktritt zwang. Das neue Tempodrom wurde 2001 eröffnet, ist aus Beton, soll an ein Zirkuszelt erinnern und sieht aus wie vom brasilianischen Architekten Niemeyer inspiriert. Neben dem Kanzleramt steht inzwischen wieder ein Veranstaltungszelt: das »Tipi am Kanzleramt«.

6. **BND:** Das größte Projekt im Zuge der Baumaßnahmen des Bundes mit einem Kostenrahmen von schließlich über 1 Milliarde Euro gerät in die Schlagzeilen, als Baupläne im Internet auftauchen. Hohn und Spott ergießen sich, dass der Geheimdienst seine Pläne nicht besser sichert – und die Baustelle auch nicht recht abzusichern vermag: 2015 werden im Rohbau Wasserhähne abmontiert, massive Wasserschäden in Millionenhöhe sind die Folge. Die Einweihung, ursprünglich für 2013 geplant, verschiebt sich auf 2017.
7. **Berlin Wheel:** Bis heute kündet in der Hertzallee am Bahnhof Zoo ein Schild vom Projekt eines Riesenrades. Es sollte 2010 eröffnen und Londons Millennium Wheel überragen. In zunächst 185, dann kostengeschrumpft 175 Metern Höhe sollte die Stadt vergnüglich von oben beschaut werden und der damaligen Krise der City West ein Ende gesetzt werden. Anleger investierten, der Wirt-

schaftshof des Zoos wurde umgesiedelt, doch das Konsortium geriet wegen der Finanzkrise 2008 ins Straucheln. Die City West kam auch so wieder auf die Beine.

8. **Friedrichwerdersche Kirche:** Um die Schinkel-Kirche, Baudenkmal erster Güte, werden das historische Straßenraster wiederbelebt und sehr teure Wohnungen gebaut. Als wäre nicht schlimm genug, dass den Investoren Gebäudehöhen genehmigt wurden, die über der historischen liegen und die Rückkehr zur Vergangenheit konterkarieren: Die Bauarbeiten haben außerdem zu irreparablen Schäden an der Kirche geführt, die daher geschlossen werden musste. Als die zweite Baugrube in Angriff genommen wurde, hielten Beobachter die Luft an. Mehr an Vorsichtsmaßnahmen wurde nicht beobachtet.
9. **Hauptbahnhof:** Nicht immer sorgt die öffentliche Hand für Bauskandale, auch Konzerne handeln sich Ärger ein. Als die Deutsche Bahn den neuen Hauptbahnhof in Angriff nahm, sollte er zur Fußballweltmeisterschaft 2006 fertig sein. Für dieses Ziel verzichtete man auf die Überdachung der Glashalle auf voller Länge, seither wird hämisch konstatiert, dass Passagiere erster Klasse gegebenenfalls im Regen aussteigen müssen. Eine Nachrüstung lehnt die Bahn ab, weil dafür die stark frequentierte Stadtbahnstrecke voll gesperrt werden

müsste. Das hat den Architekten Gerkan ebenso aufgebracht wie die Entscheidung der Bauherrin, die Decke der Halle im Tiefbahnhof entgegen dem Entwurf einfacher zu gestalten, damit sie sich besser reinigen lässt. Seine Klage gegen die Deutsche Bahn blieb erfolglos.

10. **Magnus-Haus:** Der Denkmalschutz kann in Berlin scharfe Zähne haben und laut brüllen – er gibt sich aber mitunter zahn- und mutlos, etwa wenn Politik oder wirtschaftliche Interessen – oder beides – im Spiel sind. Das Magnus-Haus gegenüber dem Pergamonmuseum ist das letzte verbliebene Barockpalais mit Garten – sie prägten einst die Stadt, denn vor 300 Jahren gab es davon viele. Grund genug also, das letzte intakte Ensemble zu bewahren. Das Magnus-Haus gehört der Firma Siemens, einst in Berlin gegründet. Als der Konzern beschloss, im Garten ein Gebäude zu errichten, erteilte Senatsbaudirektorin Lüscher auf Weisung des Regierenden Bürgermeisters Wowereit die Genehmigung. Schandhaft.

Senatsbaudirektoren sind auch ohne solche Hörigkeiten zuverlässig der Kritik ausgesetzt. Klar, denn Stadtplanung und Architektur werden stets kontrovers diskutiert, zumal seit der Wiedervereinigung, und die Aufgaben wuchsen an Umfang und Wirkung. Vordergründig ging es nach 1990 darum, die beiden Stadthälften wieder zusammenzufügen, was vor allem bei Infrastruktur und Verkehr eine teure Mammutaufgabe war. Gleichzeitig ging es aber um Weichenstellungen für die Zukunft, und darin wächst seit einigen Jahren der Zwang, nachzujustieren, denn Berlin wächst immer schneller.

Aus der öffentlichen Debatte der 90er Jahren stachen drei Begriffe immer wieder hervor: Traufhöhe, kritische Rekonstruktion und nachträgliche Verdichtung. Bei der Traufhöhe ging es um die Frage, wie hoch Berlin in den Himmel wachsen sollte. Man einigte sich schließlich darauf, die traditionelle Traufhöhe von 22 Metern beizubehalten, aber Ausnahmen zuzulassen: Zum einen wurden einige zusätzliche Stockwerke meist bewilligt, wenn sie von der Dachlinie zurückwichen, also den Eindruck der einheitlichen Traufhöhe nicht allzu sehr beeinträchtigten. An Alexanderplatz, Potsdamer Platz und Bahnhof Zoo darf höher gebaut werden. Für so manches Bauprojekt an anderer Stelle wurden außerdem Sondergenehmigungen erteilt, und in den nächsten Jahren wird so einiges an Hochbauten dazukommen.

Kritische Rekonstruktion bedeutet die Wiederherstellung zerstörter Quartiere in modernem Gewand – zu studieren beispielsweise am Pariser Platz, immerhin Berlins gute Stube. Während der Teilung stand das Brandenburger Tor frei im Grenzland, seit den 1990ern wurde der Platz in den alten Abmessungen und auf Quartieren der alten Größen neu bebaut, aber in moderner Architektur, die jedoch strengen Vorgaben, etwa beim Mauerwerk-Glas-Verhältnis, zu folgen hatte. Der damalige Senatsbaudirektor Stimmann wollte verhindern, dass angesichts des großen Verlusts historischer Bausubstanz in Berlin die historisierende Rekonstruktionslust um sich greift. Über das Ergebnis lässt sich, natürlich, streiten: Einige Gebäude gerieten überaus langweilig, das Hotel Adlon historisierte unverzagt, während die Architekten dreier Gebäude mit Auf- und Vorgaben umzugehen verstanden.

Gebäude / Bauzeit	**Architekt**
Akademie der Künste (1993–2005)	Günter Behnisch, ignorierte die strengen Vorgaben zugunsten einer die Platzgestaltung erfrischenden Glasfront
DZ-Bank (1996–2001)	Frank Gehry, außen brav und trotzdem interessant, innen expressiv
Französische Botschaft (2001/02)	Portzamparc / Lehmann, gekonnte moderne Interpretation eines Pariser Stadtpalais

Nachträgliche Verdichtung schließlich ist eine Rückbesinnung auf die gewachsene, kleinteilige Stadt, die Berlin in seinem Zentrum einmal war, um eine verlorene Urbanität wiederherzustellen und mit Wohnbauten der Entwicklung zu einer abends verwaisenden Geschäftscity entgegenzuwirken. An verschiedenen Stellen sollte das alte Straßenraster wiederbelebt und mit Blockrandbebauung versehen werden. Ergebnis dessen ist etwa die derzeit betriebene Belebung des Altköllner Petriplatzes, die weitgehend abgeschlossene Entwicklung des Quartiers zwischen Hausvogteiplatz und Auswärtigem Amt – oder dort gegenüber, rund um die jahrzehntelang freistehende Friedrichswerdersche Kirche, die Bebauung längst vergessener schmaler Gassen nach altem Stadtgrundriss. Diskutiert wird zudem, das derzeitige Marx-Engels-Forum gegenüber dem Humboldtforum mit moderner Architektur, aber kleinteilig, auf dem nach dem Krieg überbauten Straßenraster wieder zu einem Innenstadtquartier zu machen. Autofahrern schon im Voraus verhasst ist die noch ausstehende nachträgliche Verdichtung zwischen Molkenmarkt und Alexanderplatz. Dort soll die Betonschneise Grunerstraße zurückgebaut, somit Platz für vier neue Stadtquartiere gewonnen und früher bestehende Zusammenhänge wiederhergestellt werden. Beginnen sollen die Maßnahmen im Jahr 2021.

Kritiker beklagen, dass Politiker zwar gerne vom Zukunftslabor Berlin schwärmen, vor allem bei der Stadtentwicklung aber viel zu sehr auf Althergebrachtes setzen, mal bewährt, mal längst gescheitert. In der Tat bietet die Situation Berlins mit all ihrem Entwicklungspotential und Gestaltungsräumen eigentlich die Möglichkeit, auch Neues auszuprobieren – die Forschung über Urbanität, Stadtentwicklung, Perspektiven im Wohnungsbau und naturnaher Großstadt geht nämlich weit hinaus über vieles, was die Stadt ihren Bürgern anbietet. Immerhin hat die Senatspleite ums Tempelhofer Feld ein Umdenken erzwungen, so dass die Stadt nun häufiger die Berliner fragt, bevor sie Projekte anstößt. Dadurch kam es in der Frage, wie das Rathausforum, der einst altstädtische Bereich zwischen Spree und Fernsehturm, gestaltet werden sollte, zur Bürgerbeteiligung. Nach der wird das Areal nicht privatisiert und wirtschaftlich oder kommerziell genutzt, sondern als offener, grüner, gemeinschaftlicher Stadtort entwickelt. Schon früher ist der Senat von seiner Politik abgerückt, Bebauungsgrundstücke stets meistbietend zu vergeben – allzu gering wurde damit der Einfluss der Stadt auf das, was am Ende gebaut wurde.

Das gilt insbesondere für den Wohnungsbau, denn die größte Herausforderung für den Städtebau ist zweifellos das Bevölkerungswachstum. Überall in Deutschland spüren die wachsenden Großstädte die

Konsequenzen aus der verfrühten Abkehr vom sozialen Wohnungsbau. Wenn in Berlin eine Einwohnerzahl von 4 Millionen schon für 2020 gehandelt wird, bedeutet das natürlich einen immensen Bedarf an Wohnraum. Das Phänomen der Gentrifizierung hat dabei zwei Aspekte: neben der Verdrängung aus angesagten Wohngegenden auch die aus dem Innenstadtraum generell – eine Entwicklung, die fatal an die Zeit vor 120 bis 150 Jahren erinnert, als Berlin unkontrolliert wucherte und die Verantwortlichen beim städtischen Verdrängungskampf untätig und teilnahmslos zusahen.

Schon nach dem Zweiten Weltkrieg standen beide Halbstädte vor allem vor der Aufgabe, der massiven Wohnungsnot abzuhelfen. Das erste große städtebauliche Projekt Ostberlins war die nach sowjetischem Vorbild errichtete Stalinallee (Karl-Marx-Allee), die allen zeigen sollte, wozu der deutsche Sozialismus fähig sei. Allerdings war das Projekt ziemlich teuer und noch dazu Brutstätte der Proteste, die zum Volksaufstand 1953 führten. Als in den 1960er Jahren das Zentrum zur modernen Hauptstadt und sozialistischen Metropole werden sollte, entstanden rund um das Regierungsviertel und nach Osten bis Mollstraße, Leninallee (Landsberger Allee) und Ostbahnhof große Plattenbauviertel. Im Westen war das vergleichbare Großprojekt der Bau des Hansaviertels im Rahmen der Internationalen Bauausstellung (IBA) 1957. Beide

Stadthälften errichteten in den folgenden Jahrzehnten große Neubausiedlungen und Wohnungsbauprojekte.

Großprojekte im Wohnungsbau Ost / West

Ost	Jahr	Anzahl Wohnungen
Stalinallee	1951–54	5000
Hans-Loch-Viertel (Sewanviertel)	1961–66	5000
Leninallee	1972–1980	16 000
Wohngebiet am Tierpark	1968–82	13 500
Karl-Marx-Allee	1959–64	4700
Wohnkomplex Leipziger Straße	1969–79	2100
Wohnkomplex Frankfurter Allee-Süd	1969–	4400
Leninplatz	1968–70	1200
Fischerinsel	1965–73	1500
Salvador-Allende-Viertel	1971–73	2700
Fennpfuhl	1972–86	16 000
Marzahn	1975–90	68 000

Ost	Jahr	Anzahl Wohnungen
Hohenschönhausen	1982–89	34 000
Hellersdorf	1975	40 000

West	Jahr	Anzahl Wohnungen
Ernst-Reuter-Siedlung	1953/54	422
Hansaviertel	1955–60	1300
Falkenhagener Feld	1962–1990	23 000
Gropiusstadt	1962–75	19 000
Märkisches Viertel	1963–74	17 000
Thermometersiedlung	1968–70	2700
IBA 1987	1979–87	über 3000

Da mutet es im Rückblick komisch an, dass der Zuzugsboom, den Berlin seit einigen Jahren verbucht, nach der Wiedervereinigung bereits erwartet worden war. Damals rechneten verschiedene Prognosen für 2010 mit bis zu 3,8 Millionen Einwohnern, und der Senat startete 1992–94 fünf Entwicklungsprogramme für über 30 000 Wohnungen und Einfamilienhäuser. Als der Bevölkerungsboom jedoch erst einmal ausblieb, wurden die Planzahlen halbiert.

Projekt	Bezirk	Bauzeit
Biesdorf-Süd	Marzahn-Hellersdorf	seit 1997
Rummelsburger Bucht	Friedrichshain	seit 1994
Alter Schlachthof	Prenzlauer Berg	seit 1995
Johannisthal / Adlershof	Treptow-Köpenick	seit 1995
Wasserstadt Berlin-Oberhavel	Spandau	1999–2007

Auch anderswo wurde wegen des ausbleibenden Bevölkerungswachstums umgeplant, in einigen östlichen Außenbezirken baute man Plattenbauten um einige Stockwerke zurück. Das würde man heute gerne ungeschehen machen. In den Innenstadtbezirken finden sich unter den zahlreichen hochpreisigen Einzelprojekten drei Projekte für Wohntürme: Für einen Turm von 150 Meter Höhe an der östlichen Ecke des Alexanderplatzes gibt es immerhin bereits einen Entwurf für einen kühnen Solitärbau des kalifornischen Architekten Frank Gehry. Die beiden anderen Projekte planen mit dem Bestand zweier Bürotürme. Das Postbankgebäude an der Kreuzberger Möckernstraße soll zum Vertical Village werden, und auch der Steglitzer Kreisel soll in Wohnraum umgewandelt werden. Außerdem wird weiter draußen auf verschiedenen Freiflächen für ganz neue Stadtviertel geplant:

- Nachnutzung Flughafen Tegel
- Berliner Tor / Güterbahnhof Pankow
- Güterbahnhof Grunewald
- Lichterfelde-Süd / Stadtgrenze
- Buckower Felder, Neukölln

Die Stadt muss eine Menge Geld in die Hand nehmen, um den wachsenden Bedarf an bezahlbarem Wohnraum wenigstens teilweise abzudecken. Die 2016 gewählte Regierung plant den Bau Tausender Sozialwohnungen. Über das so eingesetzte Geld wird mehr gestritten als über die stattlichen Summen, die der Bund in den 1990er Jahren in seine Berliner Regierungsbauten investierte: in das Parlaments- und Regierungsviertel im Spreebogen, aber auch in weitere eigene Bauprojekte. Aber auch dieses Geld war gut eingesetzt, denn es gab Berlin Perspektiven und Potential, das andernfalls gefehlt hätte – der Berlin-Boom von heute wäre wohl ausgeblieben. Die Entscheidung für den Regierungsumzug zog nämlich weitere Umzüge nach sich, weil viele andere Institutionen herzogen: Botschaften, Kulturinstitute, Wirtschaftsvertretungen und Lobbyistenverbände, Firmenrepräsentanzen und Medienunternehmen und anderes mehr. Dieser Impuls für Berlin lässt sich kaum unterschätzen und war Grundlage des Booms, den die Stadt gegenwärtig erfährt.

Bauten im Rahmen des Hauptstadtumzugs

- Bundespräsidialamt
- Bundestag
- Abgeordnetenbüros
- Bundesrat
- Bundeskanzleramt
- Ministerien
- Bundesregierung:
- Bundesnachrichtendienst
- Bundesämter
- 15 Landesvertretungen in 13 Gebäuden, davon 9 Neubauten
- Parteizentralen

Außerdem unterhalten über 150 Staaten Botschaften in Berlin, deren Gebäude zum überwiegenden Teil neu gebaut wurden, über 30 Kulturinstitute verschiedener Länder haben Niederlassungen.

In der noch kurzen Zeit des 21. Jahrhunderts wurde in Berlin zuhauf gebaut, allerdings ist darunter eine ganze Menge investorenkompatible Einheitsware. In den letzten fünf bis zehn Jahren werden vor allem sehr viele Wohn- und Bürohäuser erstellt, und die geraten häufig zur Stangenware, wie man im Stadtbild ständig sehen kann. Die berechtigte Kritik an der Mehrzahl der Neubauten lässt allerdings gerne mal außer Acht, dass nicht jedes Gebäude ein Unikat sein kann. Aus dem Einheitsbrei sticht aber auch so manches heraus:

13 neuere Gebäude, nicht von der Stange

2000–02	Landesvertretung NRW, Hiroshimastraße	Karl-Heinz Petzinka
2000–04	Niederländische Botschaft, Klosterstraße	Rem Kolhaas
2001/02	Französische Botschaft, Pariser Platz	Portzamparc / Lehmann
2006–09	Johann-und-Jacob-Grimm-Zentrum, Geschwister-Scholl-Straße	Max Dudler
2008/09	Science Center Otto Bock, Ebertstraße	Gnädinger
2008–12	Zoofenster, Bahnhof Zoo	Christoph Mäckler
2006–16	Bundesnachrichtendienst, Chausseestraße	Kleihues+Kleihues
2010–12	Tour Total Berlin, Europacity	Barkow / Leibinger
2012–14	Wohnhaus LUX, Neustädter Kirchplatz	Axthelm / Rolvien
2013–15	Living Levels, East-Side-Gallery	Sergej Tchoban

2013–18	James-Simon-Galerie, Museumsinsel	David Chipperfield
2013–19	Humboldt-Forum, Schlossplatz	Franco Stella
2014–16	Wohnhaus Sapphire, Chausseestraße	Daniel Libeskind

Daneben gibt es natürlich Bauprojekte, die nie verwirklicht wurden – ihnen und nie umgesetzten Stadtplanungen werden immer mal wieder Ausstellungen gewidmet, die in Berlin meist sehr geschätzt werden. Hier einige solche Projekte aus über 100 Jahren:

15 nie verwirklichte Projekte

Projekt	Architekt	Zeit
Neues Schloss, Unter den Linden	Knobelsdorff	1740er
Denkmal Friedrich der Große, Leipziger Platz	Friedrich Gilly	1797
Glashochhaus, Bhf. Friedrichstraße	Mies van der Rohe	1922
Überbauung Potsdamer Platz	Martin Wagner	1929
Scheibenhochhäuser, Friedrichstadt	Ludwig Hilbersheimer	1929

Projekt	Architekt	Zeit
Triumphbogen, Höhe Kolonnenbrücke	Albert Speer	NS-Zeit
Große Halle, heutiges Regierungsviertel	Albert Speer	NS-Zeit
»Kollektivplan«, Gesamtentwicklung	Hans Scharoun u. a.	1946
DDR-Regierungshochhaus, Standort Fernsehturm	div.	1950er
Deutsches Historisches Museum, heutiges Regierungsviertel	Aldo Rossi	1980er
Hybridbau Schloss / Palast der Republik	Peter Schatz	1990
Neubau Plenarsaal Bundestag, vor dem Reichstagsgebäude	Pi de Bruijn	1993
Olympiahalle, heutige BND-Zentrale		1990er
Riesenrad am Zoo, Hertzallee		2000er
Revolutionsdenkmal, Schlossfreiheit		2016 abgesagt

Und schließlich sind da noch die spektakulären Ideen, die hoch gehandelt werden, aber nicht recht zum Zuge kommen. Einige davon sind ebenso eigenwillig wie zukunftsweisend, und ihre Befürworter beschwören, dass auch mit ihrer Hilfe Berlin in der internationalen Städtekonkurrenz wird bestehen können.

1. **Freibad Spreekanal:** Zwischen Fischerinselbrücke und Bodemuseum sollen Pflanzenfilter für sauberes Wasser sorgen und der Kanal als Schwimmbad frei zugänglich werden. Widerstand u.a. von der Stiftung Preußischer Kulturbesitz (Museumsinsel).
2. **Radweg auf alter Bahntrasse zwischen Gleisdreieck und Steglitz:** Idee für einen Radschnellweg in Richtung Süden, die wahrscheinlich zugunsten der Wiederbelebung der Bahnstrecke unverwirklicht bleiben wird.
3. **Radweg unter dem Hochbahnviadukt der Linie 1 nach Kreuzberg:** schlüssige Idee für eine wichtige Ost-West-Verbindung für Radfahrer, aber Abwehr bei den Behörden.
4. **Hochhaus Hardenbergplatz:** statt Parkplatz ein Leuchtturm für die City West, vorerst abgelehnt.

Als *work in progress* sind in Berlin unzählige Bauvorhaben in Planung oder Bau, davon einige bemerkenswerte:

Zehn Berliner Projekte

Projekt	Standort	Status
Landesbibliothek	umstritten	unklar
Hochhäuser am Alex	Alexanderplatz	Investoren gesucht
Umbau Flughafen Tegel		in Planung
Europacity	Lehrter Straße	in Bau
Wissenschaftscampus	Adlershof/ Johannisthal	in Entwicklung
Neuentwicklung Alt-Kölln	Petriplatz	in Bau
Museum des 20. Jahrhunderts	Kulturforum	in Planung
Erweiterung Bauhausarchiv	Klingelhöfer-straße	in Planung
Schauspielschule Ernst Busch	Chausseestraße	in Fertig-stellung
Entwicklung Rathaus-forum	Mitte	in der Diskussion

Leider wird auch manches von dem, was nicht von der Stange ist, ein Reinfall, was in Berlin wie anderswo mal zu genüsslichen, mal zu wütenden Kommentaren führt. Eine Auswahl solcher Bauten ist natürlich ebenso subjektiv wie die gelungener. Zankapfel Humboldtforum oder die neue Zentrale des Bundesnachrichtendienstes werden gern als Bausünden gehandelt, das Hotel Adlon oder die Mall of Berlin als gelungen gerühmt. Gemeinsamer Negativnenner ist fast immer das Einkaufszentrum Alexa, auch Roter Bunker oder Reichskaufhalle genannt, am Alexanderplatz. Es ist einfach zu scheußlich, aber gleichwohl höchst erfolgreich.

Zehn architektonische Sünden seit 2000

Alexa	Alexanderplatz
Mall of Berlin	Leipziger Platz
Mercedes-Benz-Arena	Mühlenstraße
Hotel Adlon	Pariser Platz
Park-Kolonnaden	Potsdamer Platz
Kommandantur	Unter den Linden
US-Botschaft	Pariser Platz
Spreedreieck	Bahnhof Friedrichstraße
Britische Botschaft	Wilhelmstraße
Rosenhöfe	Rosenthaler Straße

Wo neue Stadtviertel entstehen, verschwinden Natur- oder Brachflächen – wenig verwunderlich, dass stets Diskussionen beginnen, ob das alles denn sein muss. Vorherrschend ist dabei oft die Haltung: Nicht vor meiner Haustür, die in Berlin zwar vom vielbeschworenen Kiezgefühl zusätzlich befördert wird, aber doch überall auf der Welt Konjunktur hat. Aber auch wer die Kiezromantik hintanstellt, wer Berlins Wohnraumbedarf anerkennt und sich an der sich entwickelnden Stadt erfreuen kann, mag erkennen, dass Berlin dabei ist, ein vordergründig ziemlich schäbig wirkendes Tafelsilber zu veräußern: die Brachen, Stadtraum für Zwischennutzung, für alternative Zwecke, für ein Stadtgefühl des Unfertigen, das die Stadt international so anziehend macht. Zu studieren ist dies besonders gut auf einem Spaziergang über das Tempelhofer Feld, einem Ort, den keine andere Stadt vorzuweisen hat. Zum Abschluss also Beispiele für verschwundene Brachen und solche, die es werden sollen – oder könnten:

Potsdamer Platz	Tiergarten, Mitte
Regierungsviertel	Tiergarten, Mitte
Europacity	Tiergarten
RAW-Gelände	Friedrichshain
Gleisdreieck	Schöneberg, Kreuzberg
Tempelhofer Feld	Tempelhof
Spreepark Plänterwald	Treptow
East-Side-Gallery	Friedrichshain
Cuvrybrache Kreuzberg	Kreuzberg
Yaam-Brache	Friedrichshain
Bar 29-Brache	Friedrichshain
Teepee-Land	Friedrichshain

Die Vertikale reicht natürlich unter dem Boden tief ins Erdreich, und selbst da hat Berlin, trotz des meist morastigen Untergrunds, eine Menge zu bieten. Zunächst natürlich die Tunnel der zehn U-Bahnlinien sowie den Nord-Süd-Tunnel der S-Bahn, die Auto- und Eisenbahntunnel. Kaum bekannt ist außerdem ein begehbarer Tunnel von drei Metern Durchmesser, der in bis zu 35 Meter Tiefe unter Berlin verläuft, um eine 380-kV-Leitung unter der Stadt durchzuführen. Er führt von Spandau über Charlottenburg nach Mitte, von dort weiter über Friedrichshain und Marzahn nach Brandenburg. Neben den betriebenen gibt es aber zahlreiche ausgediente oder nie genutzte Tunnelanlagen – und mit dem Berliner Unterwelten e. V. sogar einen höchst verdienstvollen Verein, der sich um Erhalt und Dokumentation kümmert und spannende Führungen anbietet. Hier einige der Tunnel, von denen allerdings nicht mehr alle existieren:

1. **Spreetunnel Stralau:** U-Bahn-Versuchstunnel zwischen der Spitze von Stralau und Plänterwald.
2. **Unter den Linden:** einstiger Straßenbahntunnel zur Querung der Linden.
3. **Straße des 17. Juni:** Vorarbeiten zur Untertunnelung im Zuge der NS-Hauptstadtplanung. Hier sollten sich Nord-Süd- und Ost-West-Achse am Adolf-Hitler-Platz treffen.
4. **Palast der Republik:** Ein kurzer Tunnel verband

die DDR-Renommierbude mit dem Marstall; als die Staatsführung am Abend des 7. Oktober 1989 den 40. Republikgeburtstag feierte und draußen wütende Menschen demonstrierten, nutzten Sicherheitskräfte den Tunnel, um schnell vor Ort zu sein.

5. **Excelsiortunnel:** Seit den 1920er Jahren war das Luxushotel Excelsior durch einen Tunnel direkt mit dem Anhalter Bahnhof verbunden. In den 1980ern abgerissen.
6. **Kloster- und Waisentunnel:** Zwei nur zu Betriebszwecken genutzte Verbindungstunnel der Linien U8 und U2 zwischen Alexanderplatz und Jannowitzbrücke nutzte 1980 ein Ostberliner mit seiner Familie zur Flucht in den Westen.
7. **Flughafen Tempelhof:** Unter dem größten Gebäude der Stadt gibt es einen Eisenbahntunnel, aber keinen Fluchttunnel zu Hitlers Reichskanzlei, wie manchmal behauptet wird.
8. **Tunnel vom Reichstagsgebäude zum Palais des Reichstagspräsidenten**, dessen Reste erhalten wurden. Er spielt eine Rolle beim nie ganz geklärten Fall des Reichstagsbrands 1933.
9. Einen ganzen U-Bahnhof gibt es unter dem **Kreuzberger Oranienplatz:** Er wurde nie genutzt, weil während des Baus die Streckenführung verändert wurde. Vor einigen Jahren wurde er mit Sand verfüllt, die Instandhaltung war zu teuer.

10. **Zehlendorfer Bankräubertunnel**, mit dem ganz in Tradition der berühmten Gebrüder Saß 1995 eine sechsköpfige Bande nach einem Bankraub floh: rund 200 Meter lang!

Zum Bauen ist Berlins morastiger Untergrund ausgesprochen schwierig. Mit etwas Glück finden sich Sandinseln – häufiger aber erreichen die Bagger alsbald wasserreichen Untergrund. Die Probleme sind reichlich dokumentiert und gut bekannt, und trotzdem scheinen Bauherren noch heute mitunter aus allen Wolken zu fallen, wenn der Morast Probleme bereitet und zu Verzögerungen und erhöhten Baukosten führt.

Schon im Mittelalter war Kölln gegenüber Berlin im Nachteil, denn während rechts der Spree die Stadt vergleichsweise problemlos erweitert werden konnte, war Kölln hindernd von Sumpfgebieten umgeben. Anfang des 18. Jahrhunderts wollte Schlossarchitekt Andreas Schlüter bei der heutigen Schlossbrücke einen 91 Meter hohen Münzturm errichten, der 1705 einstürzte und Schlüter beim König in Ungnade fallen ließ. Als 2012 einen Steinwurf entfernt neben der Friedrichswerderschen Kirche der Bau der exklusiven Kronprinzengärten begann, führte das wie erwähnt zu massiven Schäden an der Kirche – aber zweistöckige Tiefgaragen müssen eben sein (siehe unten). Man könnte boshaft anmerken, dass die

Gefährdung historischer Bausubstanz heute vom marktwirtschaftlichen Gewinnstreben der Immobilieninvestoren gefährdet wird, während es noch vor dreißig Jahren der Sozialismus war – Ignoranz und Inkompetenz in Politik und Verwaltung kommen erschwerend hinzu.

Beim Bau der Museumsinsel im 19. Jahrhundert gründete man die Bauten auf Tausende Holzpfähle im Untersumpf, wie man das schon um 1700 beim Bau des Barockschlosses getan hatte. Als für den Bau des Humboldtforums diese alten Pfähle aus dem Boden gezogen wurden, konnte man über 300 Jahre altes Holz mit ruhmvoller Geschichte kaufen. Der Neubau steht auf Betonpfählen. Beim Bau der James-Simon-Galerie rechnete man von vornherein mit Bauproblemen, zumal direkt am Kupfergraben; die Fertigstellung verzögerte sich auch prompt um mehrere Jahre. Der Untergrund ist aber keineswegs nur im Zentrum ein Problem. Bevor das heutige Berlin zusammenwuchs, gab es zwischen den Siedlungsgebieten nicht nur Äcker und Wälder, sondern auch viel Sumpf. Etwa beidseits des Kurfürstendamm oder am Lietzensee, aber auch in Dahlem. Seit dem 18. Jahrhundert wurden auf dem heutigen Stadtgebiet verstärkt Entwässerungsmaßnahmen eingeleitet. Überall in Berlin steigt der ohnehin hohe Grundwasserspiegel weiter an, was nicht nur die öffentliche Hand in Nöte gebracht hat, sondern auch

Eigenheimbesitzer am Stadtrand, deren Keller nass werden.

Bevor irgendwo im Zentrum ein Neubau errichtete wird, kommen Archäologen, die nach Hinweisen auf das tatsächliche Alter Berlins und andere Reste aus der Stadtvergangenheit suchen. Wegen der regen Bautätigkeit ist in den letzten Jahrzehnten vieles zutage gefördert worden, etwa (beim Bau der U5) Reste des mittelalterlichen Rathauses, beim Hotelbau in der Stralauer Straße alte Holzpfosten aus dem 12. Jahrhundert oder auf dem Petriplatz die Fundamente des mittelalterlichen Rathauses und mittelalterlicher Bürgerhäuser.

Tja, die Baustellen. Die Stadt kann sich darüber eigentlich nicht beklagen, denn sie illustrieren Berlins Entwicklung. Aber für den Verkehr wirken sich die chronische Schwäche der Berliner Verwaltung in zwei Aspekten übermäßig behindernd aus: Zur schieren Masse an Bauvorhaben kommt das Unvermögen der Bauverwaltung, Arbeiten zu beschleunigen, damit Baustellen zügig wieder verschwinden, sowie der Verkehrsleitung, Projekte so zu koordinieren, dass Umfahrungen nicht ebenfalls blockiert sind. In den 1990ern herrschte eine gewisse Lust an der Baustelle, mochte die Vorfreude auf Neues dennoch allmählich getrübt werden, weil es dauerte, bis das neue Berlin Konturen erhielt, nämlich erst ab dem Jahr 2000. Touristenbusse fuhren erklärend von Baustelle zu

Baustelle, am Potsdamer Platz informierte die legendäre knallrote Infobox, und die entstehende Daimlercity setzte sich durch ein musikalisch untermaltes Ballett der Kräne in Szene.

Berlin gefällt mir und meiner Frau besser, als wir erwarteten. Es ist dort große persönliche Freiheit und eine Ungezwungenheit im bürgerlichen Leben.
Friedrich Schiller, 1804

Die gelebte Stadt: Bevölkerung

Wie kann man aber von einer Stadt erzählen, wo die Leute um sechs Uhr morgens aufstehen, um zwei zu Mittag essen und lange vor den Hühnern ins Bett gehen? Wo um zehn Uhr abends nur noch bierschwere Nachtwächter melancholisch durch die leeren Straßen schleichen, höchstens mal ein radaulustiger, angesäuselter Bürger vom Tiergarten her heimwärts wandelt und am Brandenburger Tor gewissenhaft seine Zigarette auslöscht, in stummer Ehrfurcht vor dem Gesetz? Und doch fühlt man sich nach kurzem Aufenthalt hier in einem Zentrum, in einem Brennpunkt des europäischen Lebens.
Iwan Turgenjew, 1847

Wer sind die Berliner? Au weia, schon wieder ist die Stadt von großer Vielfalt geprägt, beginnen wir also mal beim statistischen Mittelmaß: Der Durchschnittsberliner ist 1,72 groß (damit einen Zentimeter größer als der Durchschnittsbrandenburger) und wiegt 74,8 Kilo. Statistisch gesehen ist knapp jeder zweite übergewichtig: Besonders viele in Spandau und Marzahn-Hellersdorf, während Kreuzberger und Friedrichshainer mit einigem Abstand am schlanksten sind. Im Unterschied zu früher gilt Berlin heute wieder als sehr junge Stadt, aber das ist von Bezirk zu Bezirk recht unterschiedlich: In den Zentrumsbezirken Mitte und Friedrichshain-Kreuzberg ist der Anteil der über 65-Jährigen stadtweit am geringsten, während in Steglitz-Zehlendorf jeder Vierte älter ist als 65. Dafür wird dort am wenigsten geraucht, nur gut jeder Fünfte frönt dem Tabakgenuss. Die meisten Raucher wohnen im jungen Friedrichshain-Kreuzberg, wo der Anteil mit 35,9 Prozent weit über dem Stadtmittel liegt (28,9 Prozent). Von drei Berlinern raucht also einer. Weit über dem Bundesdurchschnitt (41 Prozent) liegt mit 54 Prozent die Zahl der Singlehaushalte, weit darunter die Zahl der Pkw pro Einwohner.

Die Wahrheit der Zahlen

	1996	2004	2010	2014
Eheschließungen	15 800	15 600	12 400	13 400
Geburten	29 900	29 500	33 400	37 400
alleinerziehende Mütter	155 000	169 000	201 500	214 400
alleinerziehende Väter	28 400	37 700	201 500	214 400
Sozialhilfeempfänger	149 000	173 000	346 000	350 000
Besuche Kino	9,36 Mio.	11,49 Mio.	9,52 Mio.	9,18 Mio.
Besuche Museen	6,51 Mio.	9,31 Mio.	15,97 Mio.	16.03 Mio.
Besuche Zoos / Aquarium	3,76 Mio.	3,06 Mio.	3,85 Mio.	4,42 Mio.
Ausleihen Bibliotheken	25,88 Mio.	20,30 Mio.	23,58 Mio.	24,35 Mio.
Zahnärzte	2850	3120	3790	4000
Krankenhausbetten	28 800	21 000	19 800	20 000
Kita-Plätze	154 600	149 100	135 000	154 600
Personal Polizei	20 200	17 000	16 000	16 500
Aufklärungsquote Straftaten	44,4 %	48,5 %	46,1 %	44,9 %
Strafgefangene	3234	4391	4422	3564
Stromverbrauch	7,85 Mrd. MJ	7,42 Mrd. MJ	7,14 Mrd. MJ	6,29 Mrd. MJ
Trinkwasser	238 Mio. m^3	206 Mio. m^3	193 Mio. m^3	189 Mio. m^3
pro Einwohner und Tag	127 l	117 l	113 l	114 l
Hausmüll	1,08 Mio. t	905 000 t	893 000 t	867 000 t

Die vielleicht meistbemühte Berlin-Statistik neben der des Wohnungsbaus ist die der Bevölkerungszahl. Es ist nichts Neues, dass Berlins Einwohnerzahl rapide wächst – das war in der Stadtgeschichte zuzeiten immer wieder so. Interessant für die jüngste Zeit ist, dass unmittelbar nach der Wiedervereinigung bereits mit einer raschen Zunahme der Bevölkerungszahl gerechnet und auch geplant wurde. Moderate Schätzungen erwarteten einen Zuwachs um 30 000 jährlich und im Jahr 2000 eine Einwohnerzahl von 3,5 Millionen – die jedoch erst anderthalb Jahrzehnte später erreicht wurde. Stattdessen ging ab Mitte der 1990er Jahre die Einwohnerzahl sogar zurück, unter anderem weil viele Berlin vor die Stadtgrenzen zogen, was Westberlinern vorher gar nicht und auch Ostberlinern nur bedingt möglich gewesen war. Mit dem neuen Jahrtausend setzte das Bevölkerungswachstum wieder ein, allerdings musste die Einwohnerzahl 2011 nach dem Zensus zwischenzeitlich nach unten korrigiert werden, offenbar gab es in den Dateien der Einwohnerämter zu viele Karteileichen. Die Bevölkerungsstatistik Berlins zeigt recht klar, wie sehr die Entwicklung der Stadt von politischen Gegebenheiten abhing.

	Alt-Berlin	Groß-Berlin
1600	9000	
1648	6000	
1709	57 000	
1750	113 000	
1800	172 000	
1850	419 000	
1860	493 000	564 000
1871	827 000	932 000
1890	1,58 Mio.	1,95 Mio.
1900	1,89 Mio.	2,71 Mio.
1910	2,08 Mio.	3,73 Mio.
1919	1,91 Mio.	4,02 Mio.
1939	1,78 Mio.	4,34 Mio.
1942	4,48 Mio.	
1945	1,08 Mio.	3,02 Mio.
	Westberlin	**Ostberlin**
1950	2,15 Mio.	1,19 Mio.
1960	2,20 Mio.	1,07 Mio.
1975	2,09 Mio.	1,10 Mio.
1985	1,96 Mio.	1,22 Mio.
1990	2,16 Mio.	1,27 Mio.
	Land Berlin	
1990	3,43 Mio.	
1991	3,45 Mio.	
1993	3,48 Mio.	
1995	3,47 Mio.	
1997	3,43 Mio.	

2000	3,38 Mio.
2005	3,40 Mio.
2011	3,33 Mio.
2016	3,6 Mio.

Inzwischen ist eingetroffen, was Planer und Rechner schon viel früher erwarteten: Die Einwohnerzahl nimmt jährlich um rund 40 000 zu – worin Zehntausende Flüchtlinge, die die Stadt seit 2015 aufnimmt, nicht berücksichtigt sind. Seit anderthalb Jahrzehnten ist es außerdem so, dass die Zahl der Zuzüge aus dem Bundesgebiet zwar abnimmt, dafür aber die der Zuwanderer aus dem Ausland, vor allem der EU, stark zugenommen hat und die Zuwächse aus dem Bundesgebiet längst um ein Mehrfaches überschreitet. Inzwischen kann Berlin auch wieder einen Geburtenüberschuss verzeichnen, es werden also mehr Babys geboren, als Berliner sterben.

Statistik und Durchschnittswerte bringen wenig weiter, wenn es darum geht, wie denn der Berliner so tickt. Und doch geht es mit Zahlen weiter, denn der Berliner kann ja alles Mögliche sein, wie ein neugieriges Studium von Klingelschildern im Nu ergibt. Da gibt es Herrn Nowak, dessen Vorfahren vor vielen Generationen aus Polen zugewandert sind, und Frau Meier, deren Stammbaum deutsche Einflüsse aus allen möglichen Regionen versammelt. Da ist Familie Smirnow, die nach der russischen Oktoberrevolution herkam, und Frau Damaschke, die auf eine lange Ahnenreihe lupenreiner Berliner zurückblickt. Frau Yilmaz kam in den 1970er Jahren aus der Türkei nach Westberlin, während Familie Nguyen zum Arbeiten aus Vietnam in die DDR geschickt wurde. Frau Levi ist Nachfahrin Berliner Juden, aber erst vor wenigen Jahren aus Israel nach Berlin gezogen; Herr Dubois kam als Soldat der französischen Besatzungstruppen und blieb, Frau Gschwertner aus Bayern brachte als Bundesbeamtin der Hauptstadtumzug vom Rhein an die Spree.

Abgesehen vom babylonischen Sprachmix auf Berlins Straßen lassen sich alle möglichen deutschen Dialekte hören, und das nicht nur bei Touristen. Man kann den Eindruck haben, Berlinisch sei da längst ein Dialekt unter vielen, aber selbst wenn das so erscheinen kann, ist er immer noch der hiesige Dialekt. Nach weiterhin verbreiteter Ansicht muss sich der Berlinbesucher gewissenhaft aufs Berlinische vorbereiten, um nicht in die Bredouille zu kommen. Städtischen Mundarten wird oft abgesprochen, eigenständige Dialekte zu sein, und vielen gilt Berlinisch als nichts weiter denn ein vulgärer Großstadtjargon. Aber es kann aufweisen, was einen ordentlichen Dialekt auszeichnet: eigene Regeln, schlüssige Entwicklung, dokumentierte Geschichte.

Berlinisch entwickelte sich aus dem Plattdeutschen *(ick, det, kleenet)*, weil ein Großteil der Siedler der neugegründeten Stadt aus Gegenden kamen, in denen Platt gesprochen wurde, vor allem vom Niederrhein und aus dem Vorharzgebiet. Da die Region bis Mitte des 12. Jahrhunderts slawisch war, sind slawische Elemente eingeflossen, noch heute erhalten sind die Begriffe Kiez, Plautze, Plötze und Lanke, ebenso Niederländisch, weil die Region im 12. Jahrhundert niederländische Zuwanderung erlebte. Die niederdeutsche Prägung blieb durch die wirtschaftliche Ausrichtung der Handelsstadt Berlin mit der Hanse erhalten. Als sich aber die Handelskontakte im 16. Jahrhundert auf Mitteldeutschland verlagerten, nahm das Berlinische immer mehr Einflüsse aus dem Obersächsischen auf. Daher stammt die Aussprache des geschriebenen *g* als *j (jut jebratene Jans)*. Dieses Berlinisch wurde zunächst in oberen Schichten gesprochen, verdrängte aber bis zum 18. Jahrhunderts das Plattdeutsche fast völlig. Als später ein dialektfreies Hochdeutsch in Mode kam, sank der Status der lokalen Mundart, so wie überall. Im Berlinischen traten plattdeutsche Elemente wieder stärker hervor, außerdem machten sich soziale Abstufungen in der Sprache bemerkbar. Irgendwann galt Berlinisch als umso vulgärer, je ausgeprägter es gesprochen wurde; wer etwas auf sich hielt, sprach Hochdeutsch.

Neben dem berühmten *ick* oder *icke* und der *jebratenen Jans* ist Berlinisch bekannt für *Beene* und *loofen*. Die Mundart hat jedoch Lautregeln, und nicht jedes *ei* oder *au* wird zu *ee* oder *oo*. Wie auf Plattdeutsch sagt man also *ick loofe*, aber auch: *mein Wein*. Man *kooft* im Kaufhaus und *erloobt* sich, Urlaub zu machen. Sich anzubiedern und munter drauflosberlinern kann also gründlich schiefjehen. Zumal das längst nicht *allet* war: Umlaute werden oft umgewandelt, so bei *scheen* für schön oder *jrien* für grün. Andererseits trifft sich der Berliner gern um *ölwe* unterm *Schürm*. Andere Vokale werden verkürzt: *ville* statt viel oder *siste* statt siehst du. *-er-* wird verschluckt, und es heißt dann *Vata* und *Mutta* oder *vamisst* – das gilt allerdings nicht für *Berlin*. Auch mit Konsonanten geht man lässig um, am häufigsten erweist sich das am Berliner *wa'?* für: nicht wahr?

Bei der meist obligatorischen Umwandlung des *g* zeigt sich der echte Berliner, denn die Regeln sind kompliziert: Als erster Buchstabe eines Wortes und mit *e* oder *i* wird es zu *j*: *Jib mal dem Flieja Wind*. Tritt das *g* aber in einem Wort mit einem langen *a*, *o* oder *u*, dann wird es zu einem stimmlosen *-ch-*, das eher einem verschluckten *-r-* ähnelt: *Ick frahre ma nach dem Wahren* – Ich frage mal nach dem Wagen). Steht es aber am Ende des Wortes, wird es meistens zu *-ch-*: *Wehch, Kriehch, Tach, jenuch*. Das Deklinieren ist nicht minder kompliziert, wenn man es nicht in der Muttermilch hatte. So kennt das Berlinisch kein mich oder dich, es heißt: *Ick habe mir jewundert* oder *Mach dir mal keen Kopp*. Auch den Genitiv gibt es nicht wirklich, man sagt: *von Muttern* oder *Muttern ihr*, *von det Kind* oder *von die Kinder*.

Was den Wortschatz betrifft, so sammeln sich im Berliner Dialekt Wörter aus den Einflusssprachen insbesondere bedeutender Zuwanderungsgruppen, aber auch von langjährigen Besatzern wie den napoleonischen Truppen. Gängige Wörter sind also niederdeutsch *(kieken, knutschen)*, obersächsisch *(Strippe, Stulle)*, französisch (*Botten*=Stiefel, *Budike*=Boutique, *pussieren*, *propper* oder *dusemang*=doucement), polnisch *(dalli)*, aber auch jiddisch *(meschugge)*, englisch *(schau)* oder gar lateinisch *(Pulle)*.

Stadtsprachen sind ähnlich dynamisch wie die Städte selbst. Ob Hugenotten oder Polen, Juden oder französische Soldaten, alle beeinflussten das Berlinische. Ebenso wirkte sich die Teilung der Stadt wie auf alles andere auch auf die Sprache aus: Während im Westen Berlinisch ins Hintertreffen geriet und sich die Westorientierung auswirkte, wurde es im Osten eher noch kultiviert – nicht zuletzt in Abgrenzung von den ungeliebten Sachsen, die den DDR-Staatsapparat dominierten. Im Arbeiter- und Bauernstaat spielten sprachliche Statuszwänge zudem eine geringere Rolle als im Westen, wo Dialekte ganz insgesamt auf dem Rückzug waren. In den 1980er Jahren ergab eine vergleichende Studie der historisch und soziologisch vergleichbaren, noch dazu benachbarten Bezirke Wedding (West) und Prenzlauer Berg

(Ost), dass im Osten bedeutend mehr Berlinisch gesprochen wurde als auf der Westseite der Mauer. Dabei war Wedding noch ein Westbezirk, in dem man Berlinisch häufig hören konnte, während im feineren Zehlendorf der Dialekt als proletenhaft regelrecht verpönt war.

In manchen Details unterschieden sich das Berlinisch in Ost- von dem in Westberlin: Während der Einfluss des Englischen wie anderswo in Westeuropa durchschlug, gab es im Osten Wörter wie *schau* oder *urst*, die im Westen unbekannt waren – obwohl *schau* wiederum dem Englischen entstammt. Umfragen aus der Zeit kurz nach Mauerfall zufolge empfanden viele Westberliner das Berlinisch im Osten als antiquiert, Ostberliner verstanden hingegen ihre Sprache als echter.

Ein gewisses östliches Beharren auf dem Berlinischen lässt sich noch heute beobachten; und insgesamt kultiviert mancher, der auf seine linke oder proletarische Gesinnung Wert legt, den Dialekt. Daneben dient angesichts umfassender Zuwanderung seit der Wiedervereinigung Berlinisch den Altberlinern zur Identifikation und Abgrenzung. Weil aber der echte Berliner eine rar gewordene Spezies ist, trifft man auf die sortenreine Berliner Mundart nicht mehr so oft, am wenigsten in der Innenstadt.

Wie die Stadt, so entwickelt sich auch, wie in

ihr gesprochen wird. Nicht nur für Berlin bekannt ist Kiezdeutsch, auch Kanak Sprak genannt, das in Migrantenvierteln gepflegt wird und über jugendliche Kontakte beispielsweise in der Schule weiterverbreitet wird. Wer in Bus oder U-Bahn aufmerksam zuhört, wenn Jugendliche miteinander sprechen, kann feststellen: Migrantenkinder wechseln häufig ganz selbstverständlich und mühelos mitten im Satz die Sprache, und: Auch rein deutsch sozialisierte Jugendliche sprechen mitunter Kiezsprache, jedenfalls innerhalb ihrer *peer group*. Kiezsprache ist weder ein Berliner noch ein deutsches Phänomen, aber in Berlin durchaus bedeutend: Sätze wie »Wohn isch Kreuzberg« oder »Ey, gehst du auch Schule, Alter?« sind gängig. Kiezsprache zeichnet sich durch allerlei Vereinfachungen und den Einfluss von Herkunftssprachen größerer Migrantengruppen aus und ist im Berliner / deutschen Fall eine Varietät von Türkendeutsch, Ethnolekt der Türkendeutschen, und wird von der Jugendsprache stark beeinflusst. Es ist auch keineswegs so, dass ein Kreuzberger Deutschtürke, der viel Kiezdeutsch spricht, das übliche Verkehrsdeutsch nicht beherrscht. Daneben beschränkt sich die Sprachpraxis auch längst nicht mehr nur auf Jugendliche mit Migrationshintergrund. Linguisten weisen darauf hin, dass Kiezdeutsch nicht einfach als degeneriertes, also gebrochenes Deutsch abgetan werden kann, sondern systematisch, produktiv und beispielsweise in Satzbau, Wortwahl und Begriffsbildung kreativ von den Herkunftssprachen durchdrungen.

All das klingt kompliziert, aber Berlinisch hat (je nach eigener Herkunft) im Unterschied zu Dialekten wie Sächsisch, Schwäbisch oder Bayrisch den Vorteil, recht gut verständlich zu sein, wenn es nicht allzu sehr genuschelt wird. Aber das Knödeln der Sätze ist eine andere Berliner Eigen- oder Unart. Und doch: Ich stand einmal auf der Leitung und wähnte mich gehörig auf den Arm genommen, als eine erzgebirgische Reisegruppe nach einer Stadtrundfahrt mir ihren Dank aussprach dafür, nicht berlinert zu haben. Man habe im Vorhinein Bedenken gehabt, einem Berliner Stadtführer nicht gut folgen zu können. Der Dank erging in breitestem Erzgebirgisch und war absolut aufrichtig gemeint – und nicht ganz leicht zu verstehen.

Städte haben einen eigenen Klangteppich, der natürlich nicht allein aus Sprache gebildet wird, sondern dazu aus vielen weiteren Geräuschen. Sieht man Verkehrsgeräusche als Grundierung an, so macht das Gesprochene die Farbe aus – und da ist Berlin in zwei Jahrzehnten ungemein bunt geworden. Das Berliner Klangbild ist ein babylonisches Sprachgewirr, so vielfältig und verwirrend wie die Herkunftssprachen der Berliner zusammengerührt nun einmal sind. Im Unterschied zu früher hört man auf den

Straßen Sprachen aus aller Welt, geprägt je nach Viertel von Touristen oder bestimmten Zuwanderungsgruppen.

Städte sind Verdichtungen von Lebensraum und Menschen, ihre Bedeutung und Dynamik steht und fällt mit dem Zustrom von Menschen, die Teil einer Stadtgesellschaft werden. Ein schöner Vergleich lautet, eine Stadt ohne Einwanderung sei wie ein stehendes Gewässer, nämlich modrig. Da schwingt mit, dass ein stehendes Gewässer jede Bewegung vermissen lässt, wie sie für eine vitale Großstadt so wichtig ist. Für Berlin gilt das in besonderem Maße, schließlich wurde die Stadt einst in einer ziemlich abgelegenen und dünn besiedelten Gegend gegründet, wurde Hauptstadt eines randseitigen und armen Kurfürstentums. Die beständige Expansion dieses Landes unter den Hohenzollern brachte allmählich immer mehr Menschen in die Stadt: mal Niederländer, die wegen ihrer handwerklichen oder technischen Expertise gefragt waren; mal Franken, die bei Hofe arbeiteten; mal Glaubensflüchtlinge aus Frankreich oder dem Salzburger Land; mal gedungene oder gezwungene Söldner aus Pommern oder der Pfalz. Im 19. Jahrhundert kamen die Zuwanderer aus ländlichen Gegenden, weil die aufstrebende Industriemetropole Arbeit verhieß, in den zwanziger Jahren Künstler von überallher, weil Berlin eine so grandiose Bühne abgab und regelrecht magnetisch anzog. In Ostberlin sammelten sich nach 1945 Kommunisten aus ganz Deutschland, die den besseren deutschen Staat aufbauen wollten; nach Westberlin strömten später Wehrdienstflüchtlinge und linke Studenten aus der Bundesrepublik sowie türkische Arbeitsmigranten. Seit der Wiedervereinigung erlebt die Stadt abermals viel Zuwanderung, mithin viele neue Einflüsse, gewinnt unschätzbares Potential und wertvolle Impulse, mit denen Berlin wieder zu einer Weltmetropole wird. Diese Neuberliner sind vor allem jung und kommen zum Beispiel aus Spanien oder Griechenland in der Hoffnung auf bessere Berufschancen, aus Tel Aviv oder London auf der Flucht vor unbezahlbaren Lebenshaltungskosten, aus Paris und New York, weil Berlin diesen Städten wieder ebenbürtig wird und als hip und cool gilt, aus Syrien und Afghanistan, Eritrea und Sudan in der Hoffnung auf ein Leben, das überhaupt eine Chance bietet. Es gibt wenige Städte in Europa, die ein solches Zukunftspotential wie Berlin haben, und der Zustrom an Menschen ist dafür unverzichtbare Bedingung. Berlin profitiert von dieser Fülle an Zuwanderung, sosehr die Stadt auch unter dem schnellen Wachstum ächzt. Wenn Berliner auf den ungebrochenen Zustrom an Menschen schimpfen, hilft nicht selten die harmlose Frage, wie lange sie denn schon hier leben. Der Berliner der x-ten Generation ist nämlich hoffnungslos in der Minderheit – und verfügt außerdem häufig über zu viel Langmut, als dass er in Wutergüsse ausbräche.

Zwölf wichtige Zuwanderungsgruppen in acht Jahrhunderten

Juden	seit 1671, 1881–1914 (Ostjuden), seit 1990
Hugenotten	1685–1700
Salzburger	1731–34
Böhmen	1732/37
preußische Nachbar- und Ostprovinzen	1850–1914
Polen	1850–1914
Russen	1917–23, seit 1990
Spätaussiedler	seit 1950
Türken	seit 1964
Vietnamesen	1966–90
Jugoslawen / Exjugoslawen	seit 1968, nach 1991
arabische Migranten	seit 1975

Über die Zeit sind die Abkömmlinge der Einwanderer kaum noch auszumachen, mitunter am Namen. Aktuelle Zahlen zur Berliner Zuwanderung sind jedoch vorhanden und durchaus interessant.

Daten zur Zuwanderung (2014)

Zuzüge	175 000
davon Ausländer	97 000
Berliner mit ausländischem Pass	573 000
davon EU-Bürger	235 000
Türken	99 000
US-Amerikaner	16 000
Vietnamesen	15 000
Afrikaner	24 000

185 Nationen der Welt sind in Berlin vertreten. Als Magnet für Menschen aus aller Welt gibt es daneben eine ganze Menge Zaungäste, die für eine Weile in Berlin leben, hier tätig sind und einen gewissen Eindruck hinterlassen.

Zwölf Berliner Zaungäste

Johann Sebastian Bach: Der Komponist war dreimal in Berlin, 1719, 1741 und 1747, und jedes Mal entstand daraus Musik, darunter die Brandenburgischen Konzerte für Markgraf Christian Ludwig von Brandenburg-Schwedt. Einmal wollte er ein Cembalo kaufen, zweimal besuchte er seinen Sohn Carl Philipp Emanuel, damals Hofcembalist Friedrichs des Großen.

Gottlieb Ephraim Lessing: Der Dramatiker verbrachte zwischen 1748 und 1760 immer wieder mehrere Jahre in Berlin, wo er journalistisch arbeitete und Voltaire begegnete, der gerade in Potsdam bei Hofe lebte. Lessing traf zahlreiche deutsche Geistesgrößen der Zeit und schloss Freundschaft mit Moses Mendelssohn, dem er mit »Nathan der Weise« ein bleibendes Denkmal setzte.

Napoleon: 1806 zog er in Berlin als Sieger ein, was er die Berliner spüren ließ. Umso triumphierender nannten die Berliner nach dem Sieg über Napoleon den Platz am Brandenburger Tor Pariser Platz und die zurückgekehrte Quadriga auf dem Tor Retourkutsche. Die hatte der Kaiser als Kriegsbeute nach Paris bringen lassen, nun stand sie Pate für einen Begriff, der sich bis heute im deutschen Sprachgebrauch hält.

Lenin: Zu DDR-Zeiten hielt man viel darauf, dass der spätere Staatsgründer der Sowjetunion 1895 Berlin einen kurzen Besuch abgestattet hatte. Seit Ende der 1960er Jahre erinnert daran ein Rundbogenfenster in der Bibliothek der »Kommode« am Bebelplatz, heute Juristische Fakultät der Humboldt-Universität. Ein zweites Mal kam Lenin auf der berühmten, vom Deutschen Reich aus politisch-militärischem Kalkül gesponserten Transitfahrt aus dem Schweizer Exil nach Russland im April 1917 für einen Kurzstopp nach Berlin.

Josephine Baker: Der freizügigen Tänzerin im Bananenröckchen lag Berlin in den 20er Jahren zu

Füßen, wie sie selbst in ihren Memoiren vermerkte: »Berlin, das ist schon toll! Ein Triumphzug. Man trägt mich auf Händen. Wenn ich ein großes Tanzlokal betrete, hört die Musik auf zu spielen, alle stehen auf und begrüßen mich.« Sie gefiel, was ihr gefiel.

John F. Kennedy: Der Besuch des US-Präsidenten 1963 beruhigte die aufgewühlten Gemüter der Berliner mitten im Kalten Krieg und kurz nach dem Mauerbau, sein »Ick bin ein Bearleener« ging um die Welt und bedeutete eine Schutzgarantie für Westberlins Existenz. Berlin galt damals als die Stadt, in der ein dritter Weltkrieg ausbrechen könnte.

Elizabeth II.: Ein stets willkommener Gast, zumal 1965 ihr erster Besuch eine große Versöhnungsgeste nach dem Krieg war. Bereits siebenmal war die Queen hier, und aus der kleinen Amerikanischen Roteiche, die sie als junge Königin bei ihrem ersten Berlin-Besuch im Tiergarten pflanzte, ist beim letzten Besuch 2015 ein recht ansehnliches Exemplar geworden.

David Bowie: Als Bowie 2016 starb, trug Berlin Trauer. Bowie lebte in den 1970ern einige Jahre in der Schöneberger Hauptstraße, schrieb die Berlinhymne »Heroes« und sagte über seine Berliner Zeit, er habe sich nie so frei gefühlt wie hier.

Michael Jackson: Er gab in Berlin häufiger Konzerte – noch heute gehört zum Berliner Klatsch, wie er sein Baby aus dem Fenster des Adlon hielt. Das ist bei erstaunlich vielen Berlinbesuchern die erste Assoziation, wenn sie das Hotel sehen.

Tom Cruise: Er verbrachte 2007 während der Dreharbeiten zu »Operation Walküre« einige Monate in der Stadt und genoss, recht unbehelligt zu bleiben. Sogar ein Familienpicknick im Tiergarten war drin, ganz ohne hysterische Fans oder Anti-Scientology-Protestler.

Brangelina: Die Presse stand Kopf, wenn Brad Pitt und Angelina Jolie nach Berlin kamen, da wird ein Spaziergang mit den Kindern zum Stadtgespräch. Die beiden beehrten die Stadt häufiger, zumal sie Freunde hier haben – nicht nur Fans.

Tom Hanks: Als Hanks 2014 in Berlin und Potsdam »Bridge of Spies« drehte, wurde die Glienicker Brücke extra gesperrt, und Kanzlerin Merkel kam eigens zu den Dreharbeiten auf einen Kurzbesuch vorbei. Ansonsten hielt sich der Rummel in Grenzen, schon weil Hanks kumpelhaft und unprätentiös auftrat. Als er einmal eine Neuköllner Arztpraxis aufsuchte, erkannte ihn kaum jemand.

Vor einigen Jahren ging der angebliche Berliner Schwabenhass durch die Medien und wurde immer mal wieder hochgejazzt, weil es so ein schöner Aufreger war: Entweder der undankbaren Berliner wegen oder weil die reichen Schwaben angeblich der Inbegriff der geschmähten Gentrifizierung seien: Reich, wie sie sind, kaufen sie Berliner Immobilien und treiben die Preise in die Höhe, oder sie zahlen bereitwillig Höchstmieten – so eine verbreitete Klage. Zur Ehrenrettung der und gleichzeitig Kritik an den Berliner(n) dazu Folgendes: Zum einen liegt Berlin, historisch betrachtet, mitten im angestammten Siedlungsgebiet der Sueben, einer der germanischen Stämme, die sich in der Völkerwanderungszeit auf Wanderschaft begaben. Sieht man die Sueben nicht nur als Namensgeber, sondern auch als Vorfahren der Schwaben an, könnte man im Württembergischen also Ansprüche auf die Stadt erheben, mag es sie auch noch lange nicht gegeben haben, nachdem die Sueben die Gegend verließen, um Richtung Südwesten zu wandern (sie landeten am Ende übrigens auf der Iberischen Halbinsel). Ebenso sei angemerkt, dass es gar nicht so sehr um die Schwaben im Besonderen geht, sondern um die Zuwanderung allgemein, die vielen Berlinern als Ausdruck der enormen Veränderungen gilt, die sie zu bewältigen haben. Vor allem wer im Zentrum wohnt, spürt die stürmische Entwicklung in Form von steigenden Mieten und äußerlicher Veränderung des Wohnumfeldes am eigenen Leib. Etwas böse sei hinzugefügt, dass bei den Berlinern so einiges als Schwabe durchgeht, was weder schwäbelt noch Spätzle als Kulturgut ansieht: Die meisten auswärts klingenden Idiome, wenn es nicht gerade Bayrisch oder Sächsisch ist, erhalten das Schandetikett »schwäbisch«, mögen Pfälzer und Badener, Südhessen und Franken alles andere als schwäbisch sein. Die Berliner gehen damit großzügig über ihre doch recht weitgehende Ignoranz der deutschen Dialektlandkarte hinweg.

Und da wären wir wieder beim »echten« Berliner, den es so nicht gibt, weil die Summe der Vielfalt die Stadt ausmacht. Und doch kann man die Einheimischen treffen, die von Natur aus berlinern, die ihr gesamtes Leben in Berlin verbracht haben, die zugleich das Klischee erfüllen und doch ein eigener Menschenschlag sind. Über den ist viel geschrieben worden, Max Frisch beispielsweise meinte sehr zutreffend, der Berliner streiche das Gemüt nicht aufs Brot. Das liegt Berlinern in der Tat nicht, denn: Der Berliner liebt *keen Jetue nich*, sondern eher das Bodenständige. Daneben ist er, wie die Bewohner anderer Großstädte, beim Erstkontakt zurückhaltend bis skeptisch. Zusammen mit einer oft ruppigen, jedenfalls robusten Art kommt das, zumal beim latent ehrfürchtigen Provinzler, als abweisend an. So ist es aber meist gar nicht gemeint, nur muss der Nichtberliner sich ein bisschen anstrengen, um die Gunst des Einheimischen zu gewinnen. Der sieht sich da durchaus im Recht, schließlich ist er Berliner, und der andere kam ja nicht ohne Grund nach Berlin, will also was von der Stadt und somit von ihm, dem Berliner. Natürlich entstehen daraus Missverständnisse, zu denen leicht weitere treten können, wenn zwei weitere grundlegende Berliner Charakterzüge ins Spiel kommen: der Hang zum Spott und die Schlagfertigkeit, was zusammen den berühmten Berliner Mutterwitz ausmacht. Wer da auf dem falschen Fuß erwischt wird, hat schnell das Nachsehen.

Zur Berliner Gemütsart gehört eine gewisse Distanz der eigenen Befindlichkeit gegenüber, die ihn auch über sich selbst spotten lässt. Sensibel kann er aber sehr wohl sein, weshalb das Gewinnen berlinischer Gunst eine heikle Sache ist, die mit diplomatischem Geschick unternommen sein will. Hat man das aber geschafft, entpuppt sich der Berliner als ebenso gemütlich wie gutmütig und überaus hilfsbereit – eben sobald er nicht mehr das Gefühl hat, benutzt zu werden, sondern einem anständigen Menschen unter die Arme zu greifen.

Die Autorin Ursula von Kardoff schrieb einmal über den Berliner: »Er hat nicht den Charme der Italiener, den Esprit der Pariser, die Gelassenheit der Londoner, die kühle Kessheit der New Yorker – ist aber immer noch weltstädtischer (wenn auch mit einem Hauch Stadtviertel-Provinzialismus) als alle anderen Deutschen!« Die Sache mit dem Provinzialismus ist nicht ganz von der Hand zu weisen, macht aber das Liebenswerte der Berliner aus – so wie die (ebenfalls selten gewordenen) alteingesessenen Münchner die Großstadt im allerbesten Sinne zum

Dorf machen können. Beim Klischeeberliner kommt hinzu, dass man ihn im Zentrum am wenigsten antrifft, am ehesten als Busfahrer oder Ladenbesitzer. Weiter draußen hat man eher Gelegenheit, den Berliner vom alten Schlag zu erleben, nicht von ungefähr da, wo es durchaus provinziell-gemütlich zugehen kann.

Wenn Berliner alle möglichen »-stämmigkeiten« haben können, müssen auch Berliner Originale keineswegs hier geboren sein. In der unvollständigen Liste finden sich denn auch einige, die zugezogen sind, aber die Stadt in sich aufgesogen haben – manchmal bis hin zum Berlinern.

15 Berliner Originale

Harald Juhnke, 1929 in Charlottenburg geboren, schnoddrig, liebenswert, bodenständig – und ein echter Volksschauspieler, der die Kudammbühnen füllte. Mit zunehmendem Alter wirkte sich der Alkohol auf Arbeit und Gesundheit aus. Berlin verzieh ihm seine Alkoholsucht immer wieder, spottete aber unverdrossen: Die Henry-Moore-Plastik vor der Kongresshalle im Tiergarten rangierte auch unter »Leber von Harald Juhnke«. Starb 2005.

Marlene Dietrich, geboren in Schöneberg, ist der Weltstar aus Berlin schlechthin. Sie war so schön wie unnahbar, ihre preußische Disziplin war so legendär wie ihre Prinzipien. In der NS-Zeit kehrte sie aus Hollywood nicht nach Berlin zurück, sondern bekämpfte die Nazis aus der Ferne, ging nach dem Krieg nach Paris. Als die Mauer fiel, meldete sie sich sehr bewegt aus ihrer Zurückgezogenheit, später wurde sie in Berlin beigesetzt. Die Berliner, die ihr lange gegrollt hatten, warfen Blumen auf den Leichenwagen.

Marlenes jüngere Freundin **Hildegard Knef** war gebürtige Ulmerin, kam aber als Baby nach Berlin, wo sie 1946 im ersten deutschen Nachkriegsfilm spielte, international bekannt wurde und in die USA ging. Zurückgekehrt, wandte sie sich in den 1960ern dem Chanson zu, das sie irgendwie sehr gekonnt berlinisierte – oder verschnodderte. Stets eine Berliner Größe, Weltstar und doch ohne große Allüren, wurde sie in der Stadt sehr verehrt.

Der gebürtige Sachse **Heinrich Zille** kam mit neun Jahren nach Berlin und wuchs in ärmlichen Verhältnissen im »Verbrecherviertel« auf, nahe dem heutigen Ostbahnhof. Er arbeitete zunächst als Berufszeichner für verschiedene Branchen und war einer der frühen Fotografen. Um 1900 wandte er sich verstärkt dem Milljöh zu, wurde zum stadtbekannten »Pinselheinrich«. Schließlich hatte er Erfolg, aber zu Kaisers Zeiten sah die Nationalgalerie davon ab, seine Werke aufzukaufen.

Max Liebermann, ein Freund von Zille, war schon von Geburt an Urberliner, er stammte aus einer alteingesessenen jüdischen Familie. Er legte sich schon auch mal mit Kaiser Wilhelm II. an, der seine moderne Kunst als »Rinnsteinkunst« abtat. In der Weimarer Republik wurde er Präsident der Akademie der Künste und soll zur »Machtergreifung« der Nazis gesagt haben: »Ich kann gar nicht so viel essen, wie ich kotzen möchte.« Er wohnte gleich neben dem Brandenburger Tor, sein Sommerhaus am Wannsee ist heute Museum und der Garten, den er so oft malte, rekonstruiert.

Rolf Eden ist nicht nur echter Berliner (dessen jüdische Familie emigrieren musste) und als solcher ein Original, er ist als »letzter Playboy« im weißen Anzug auch eine Art Faktotum. Wenn sein Rolls mal wieder vor der Paris Bar in der Kantstraße in zweiter Reihe parkt und die Lokalpresse das prompt vermerkt, schmunzeln die Berliner eher, als dass sie sich aufregen. Als er Mitte der 50er Jahre nach Berlin zurückkehrte, baute er nach und nach ein Nachtclubimperium auf. Den letzten Nachtclub, das Big Eden am Kurfürstendamm, veräußerte er 2002.

Kollegin **Romy Haag**, gebürtig aus den Niederlanden, ist aus Berlin ebenfalls nicht wegzudenken. 1974 eröffnete sie in Schöneberg das Chez Romy Haag, wo sich die Promiwelt die Klinke in die Hand gab. Außerdem sang und schauspielerte sie und ist als Society-Lady noch immer fester Bestandteil im (West-) Berliner Lokalglamourbetrieb.

Désirée Nick kommt entschieden vulgärer daher, das ist Teil ihres Images – eine Art schrille Diva mit derben Sprüchen. Die gebürtige Charlottenburgerin eroberte in den 1990ern mit Shows wie »Titten de luxe« erst die lokale Entertainmentszene und expandierte dann bis in die Realityshows. Als Quasselstrippe auf Berlinisch vertritt sie auf vielen Privatsendern immer mal wieder Berlin, zum Leidwesen der einen, zur Freude der anderen.

Das galt auf der Comedy-Bühne ähnlich für Ilka Bessin alias **Cindy aus Marzahn**, die weder aus dem Ostberliner Plattenbaubezirk (sondern aus dem brandenburgischen Luckenwalde) stammt noch dort wohnt (sondern in Wilmersdorf). Als dralle Endlos-Arbeitslose in quietschigen Outfits stand sie für das prollige Berlin, das sich der Schickimickisierung der Stadt trotzig bis sarkastisch und vor allem ungerührt entgegenstemmte.

Oft kopiert, selten erreicht gilt für viele singende Lokalmatadorinnen, wenn der Name **Claire Waldoff** fällt. Die Gelsenkirchenerin kam mit Anfang 20 nach Berlin, debütierte in kleinen Komödienrollen am Kurfürstendamm und wurde bald zum gefeierten Star. Berühmt ist sie bis heute für ihre Gassenhauer und Chansons auf Berlinisch, das sie sich in Berliner Kneipen angeeignet hatte. Dazu trug sie Krawatte und Bubikopf, fluchte und rauchte auf der Bühne. Zille zeichnete sie, Tucholsky schrieb ihr Texte, die größten Revuetheater Berlins rissen sich um sie, und der Schriftsteller Joseph Roth schrieb: »Eine derbe Frau mit rauer Kehle und aggressivem Gemüt: unter ›Großstadtpflanzen‹ ein Prachtexemplar der Asphalt-Botanik.«

Von ähnlichem Kaliber, wenn auch nicht so derb, aber mindestens ebenso lustig, war die 1937 in Berlin geborene **Helga Hahnemann**, die Ende der 70er Jahre ansetzte, die bekannteste Berliner Schnauze des DDR-Fernsehens zu werden. Sie sang und moderierte, trat oft im Friedrichstadtpalast auf und erhielt sogar mehrmals die Ehrung eigener Shows im Palast der Republik. Nach ihr wurde die Goldene Henne benannt, der ostdeutsche Publikumspreis, der seit 1995 verliehen wird.

Ein Berliner Original der anderen Art ist **Wladimir Kaminer**. Der gebürtige Moskowiter lebt seit 1990 in Berlin und wurde durch die Bücher »Russendisko« und »Militärmusik« bekannt. Der Publizist schreibt besser Deutsch, als er es zu sprechen vorgibt, liefert eine Art Comedy-Fusion mit Elementen russischer Folklore und ist Veranstalter von Tanzveranstaltungen mit schrägem Mix russischer Popmusik.

Allem Anschein dieser Liste zum Trotz ist Berlin eine sehr politische Stadt und **Hans-Christian Ströbele** einer ihrer bekanntesten Protagonisten. In seinem Wahlkreis in Kreuzberg, das er als erster Grünen-Kandidat für ein Direktmandat im Bundestag gewann, sieht man ihn häufig mit dem Fahrrad fahren, viel gegrüßt von allen Seiten. Viermal seit 2002 zog er für seinen Wahlkreis 38 in den Bundestag ein. Er ist als bunter Hund ein Berliner Original und ein engagierter Verfechter linker Politik, so im Bundestags-Kontrollausschuss für die Geheimdienste.

Unvergessen als politische Kodderschnauze mit viel Herz ist außerdem **Regine Hildebrandt**, die noch vor dem Mauerfall der DDR-SPD beitrat und als engagierte Politikerin nach der Wiedervereinigung dem Osten eine Stimme gab. Die gebürtige Berlinerin wurde Sozialministerin im neugegründeten Bundesland Brandenburg und wurde wegen ihrer unerschrockenen Art und direkten Sprache zur »Mutter Courage des Ostens« und erfrischenden Figur im politischen Establishment.

Und schließlich das Berliner Original der Berliner Originale: der **Hauptmann von Köpenick** alias Wilhelm Voigt. Als der 1906 für anderthalb Stunden Berlin zum Narren hielt, lachte das gesamte Reich – und selbst der Kaiser. Voigt, mittellos und ohne festen Wohnsitz, investierte in eine preußische Uniform, fuhr nach Köpenick, verpflichtete mit strammem Gehabe eine Einheit Soldaten und zog ins Rathaus. Dort ließ er den Bürgermeister verhaften, nahm die Stadtkasse mit und machte sich aus dem Staub – nur mit der Autorität einer preußischen Uniform.

Sie alle sind oder waren vorzügliche Botschafter für Berlin. Daneben gibt es einige wichtige Persönlichkeiten, die direkte Wohltäter für die Stadt selbst waren oder sind und einen besonderen Beitrag für die Stadt und ihre Bewohner geleistet haben.

Elf verdiente Wohltäter

James Simon: Als Unesco-Welterbe ist die Museumsinsel der ganze Stolz der Berliner Museumslandschaft. Ihrem Mäzen James Simon verdanken die Museen einige ihrer bedeutendsten Exponate, darunter die berühmte Büste der Nofretete. Auch sonst war der Berliner Jude Simon ein Wohltäter, gab ein Drittel seines Einkommens für soziale Zwecke aus. Seine Ehrung tilgte die NS-Zeit, aber nun erinnert die James-Simon-Galerie der Museumsinsel an ihn.

Ebenfalls Berliner, Kunstliebhaber und Jude war **Heinz Berggruen**, den die NS-Zeit in die Emigration zwang. In Paris baute er nach dem Krieg eine Sammlung der Klassischen Moderne auf – Picasso, Matisse, Klee und andere, im Ganzen rund 200 Meisterstücke. In den 90er Jahren verkaufte er die Sammlung zu einem sehr günstigen Preis an seine Heimatstadt, die ihm einst so übel mitgespielt hatte. Das Museum Berggruen residiert im Stülerbau des Charlottenburger Schlosses.

Otto Weidt leistete einen bescheidenen, aber

gleichwohl höchst verdienstvollen Beitrag gegen den millionenfachen Mord an den europäischen Juden. Er eröffnete im Zweiten Weltkrieg nahe dem Hackeschen Markt eine Bürstenwerkstatt, in der er Blinde beschäftigte, darunter viele Juden. Er erreichte, dass sein Betrieb als kriegswichtig eingestuft wurde, und konnte so seine jüdischen Mitarbeiter vor der Ermordung bewahren. Auch anderswo versuchte er, Juden zu retten, und wird heute als »Gerechter unter den Völkern« geehrt, seine Werkstatt ist Museum.

Charlotte von Mahlsdorf machte sich ohne viel Geld zu DDR-Zeiten um Berlins Kulturerbe verdient. Die Transsexuelle rettete Gründerzeit-Interieurs aus Abbruchhäusern, darunter die Inneneinrichtung der legendären Mulackritze im Scheunenviertel, bevor diese der Abrissbirne zum Opfer fiel. Auch das Gutshaus Mahlsdorf rettete sie nach eigener Aussage vor dem Abriss und erreichte, dort 1960 das Gründerzeitmuseum eröffnen zu dürfen. Als die Gründerin nach der Wiedervereinigung vor Neonazis nach Schweden floh, wurde das Museum von der Stadt übernommen.

Bei steigendem Mietendruck und weil die anonyme Großstadt Möglichkeiten bietet, wächst die Obdachlosigkeit immer weiter. Die Ärztin **Jenny de la Torre**, gebürtige Peruanerin und zum Studium in die DDR gekommen, führt seit 1994 eine Praxis für Wohnungslose und gründete später eine Stiftung.

Für ihr Engagement wurde sie mit zahlreichen Ehrungen ausgezeichnet.

Sozial verdienstvoll war ein weiterer Arzt, **Rudolf Virchow**. Im 19. Jahrhundert war er auch politisch engagiert und musste nach der Niederschlagung der 1848er Revolution Berlin für einige Jahre verlassen. Zurückgekehrt, engagierte er sich in der rasch wachsen Industriestadt für Sozialmedizin und sorgte unter anderem dafür, dass Berlin seine ersten kommunalen Krankenhäuser erhielt. Berlins erste Kanalisation wurde auf sein Betreiben hochmodern, was der Stadt Epidemien ersparte. Einzelne Pumpstationen sind noch heute vorhanden, darunter der Veranstaltungsort Radialsystem in der Holzmarktstraße.

Virchow arbeitete mit **James Hobrecht** zusammen, dem Berlin außerdem einen Entwicklungsplan verdankt, der fast ein Jahrhundert galt. Um die Stadt gut zu durchlüften, wurden breite, baumgesäumte Straßen konzipiert, daneben zur Auflockerung grüne Plätze. Seit 1858 Regierungsbaumeister, war Hobrecht für diese Zeit visionär, denn er plante für eine Größe Berlins, die sich damals noch kaum jemand vorstellen konnte.

Eine einfache Frage, die Weltgeschichte schrieb und aus einer nichtssagenden Pressekonferenz die berühmteste der Weltgeschichte machte. **Riccardo Ehrman** fragte am 9. November 1989 um 18.52 Uhr

DDR-Pressesprecher Schabowski, wie es denn mit einer neuen Reiseregelung für DDR-Bürger stehe. Spontan las Schabowski diese vor – zu früh und lückenhaft, so dass völlig ungeplant nur Stunden später die Menschen nach 28 Jahren die Öffnung der Mauer erzwangen. Der italienische Korrespondent ist heute Ehrenbürger der Stadt Berlin.

Durchaus ebenfalls von größter Bedeutung für die Stadt war die Entscheidung des Bundestages am 20. Juni 1991, nach Berlin umzuziehen. Vor der Schlussdebatte rechnete kaum jemand damit, dass Berlin Bonn würde ausstechen können, denn die Lobby der altgedienten Bundeshauptstadt am Rhein war groß, und es gab große Vorbehalte gegen Berlin. Aber dann hielt der spätere Bundesfinanzminister **Wolfgang Schäuble** eine leidenschaftliche Rede für Berlin, nach der der Bundestag wider Erwarten knapp, aber eindeutig für Berlin als Sitz von Regierung und Parlament votierte. Schäuble wurde deshalb 2016 Ehrenbürger der Stadt.

Stadtentwicklung ist meistens kontrovers, zumal seit der Wiedervereinigung. Deshalb würde nicht jeder **Wilhelm von Boddien** als Berliner Wohltäter ansehen. In den 90er Jahren verschaffte der Geschäftsmann aus Schleswig-Holstein dem weithin aus dem Stadtgedächtnis getilgten Hohenzollernschloss wieder Aufmerksamkeit und arbeitete beharrlich an einem Projekt, das zunächst fast niemand für umsetzbar hielt: den Wiederaufbau. Der ist mittlerweile weit vorangeschritten, 2019 soll das Humboldtforum eröffnen.

Ein weiterer Unternehmer-Wohltäter und Schlosswiederaufbaubefürworter ist der gebürtige Schwabe **Hans Wall**, der sich mit zahlreichen Spenden und viel Engagement im Verein Denk mal an Berlin e. V. für den Erhalt von Baudenkmälern einsetzte. Dazu gehört beispielsweise der Wiederaufbau der Turmspitze der Parochialkirche in der Klosterstraße oder das Vorhaben, Schinkels Bauakademie gegenüber dem Schloss wiederaufzubauen, aber auch zahlreiche kleinere Projekte.

Wohltäter haben naturgemäß etwas übrig für die Stadt, der sie Gutes tun, eine Spezies für sich sind dagegen die ausgemachten **Berlin-Hasser**. Von denen wir aus reinster Ermangelung nur drei nennen können (kleiner Scherz):

Friedrich der Große: Der wichtigste Preußenkönig schleppte zeitlebens überaus schlechte Kindheitserinnerungen an Berlin mit sich herum und verachtete den höfischen Betrieb einer königlichen Residenz. Deshalb verlegte er seinen Lebensmittelpunkt nach Potsdam und verbrachte in der Hauptstadt so wenig Zeit wie möglich. Immerhin ließ er dort trotzdem eifrig bauen.

Otto von Bismarck: Dem Landjunker von der Elbe war der Großstadtmoloch mit seinen politischen Aufrührern höchst suspekt. Immer wieder zog sich der preußische Ministerpräsident und schließlich deutsche Reichskanzler auf seine Landgüter zurück und kehrte dem politischen Betrieb und der aufsässigen Hauptstadt den Rücken zu.

Konrad Adenauer: Der Kanzler aus dem Rheinland vermisste die verlorene Hauptstadt in der Altbundesrepublik kein bisschen. Die Berliner verziehen ihm nicht, dass er nach dem Mauerbau 1961 zehn Tage brauchte, bis er widerwillig die Stadt besuchte. Sie fühlten sich von der Bundesregierung im Stich gelassen.

Die Berliner mögen auch nicht jeden, das versteht sich. Das Stadtmagazin Tip begann 1999, alljährlich eine Liste der **100 peinlichsten Berliner** zu erstellen, die in der Stadt große Aufmerksamkeit genießt. Hier die »Preisträger«:

1999	Dr. Motte	Gründer der Loveparade
2000	Ariane Sommer	stadtbekannte Partymaus
2001	Frank Steffel	CDU-Spitzenkandidat ohne Fortüne
2002	Shawne Fielding-Borer	glamouröse US-amerikanische Gattin des Schweizer Botschafters

2003	Lea Rosh	langjährige Streiterin für das Holocaust-Mahnmal
2004	Alexandra Hildebrandt	Leiterin des Museums »Haus am Checkpoint Charlie«
2005	Hartmut Mehdorn	Chef der Deutschen Bahn AG
2006	Hartmut Mehdorn	Chef der Deutschen Bahn AG
2007	keine Wahl	
2008	Mario Barth	Berliner und Witzebarde
2009	Thilo Sarrazin	umstrittener SPD-Politiker
2010	Harald Ehlert	Leiter der Treberhilfe mit Maserati-Dienstwagen
2011	Michael Braun	CDU-Senator, der nach nur zwölf Tagen hinschmiss
2012	Klaus Wowereit	langjähriger SPD-Regierender trat nach Flughafen-Pleite zurück
2013	Bushido	Rapper mit zweifelhaften Texten
2014	Monika Herrmann	ziemlich spröde grüne Bezirksbürgermeisterin von Friedrichshain-Kreuzberg

2015	Mario Czaja	als CDU-Sozialsenator und Chef des LaGeSo, das in der Flüchtlingswelle 2015 schlichtweg versagte

Die verlebte Stadt: Geschichte

Berlin ist zu einem Dorf geworden.
Es gibt kaum Wagen,
man geht an Hof zu Fuß im Frack,
bei Diners und Soupers brennt man Talg.
Wilhelm von Humboldt, 1809

Westberlin ist das Hühnerauge der Westmächte,
auf das man von Zeit zu Zeit kräftig treten muss.
Nikolai Chruschtschow, sowjetischer Staatschef

Natürlich kann man Berlin besuchen und sich um Stadtgeschichte einen Dreck scheren – schließlich ist Geschichte angestaubt, lange her und komplett irrelevant für eine Stadt, die sich so stürmisch entwickelt, so viele junge Leute anzieht und so auf Gegenwart geeicht ist wie Berlin. Oder?

Könnte man meinen, ist aber nicht so. Warum Berlin wie tickt, lässt sich ohne ein wenig Wissen über die wechselhafte Geschichte der Stadt allenfalls zur Hälfte begreifen – außerdem beweist sich daran, dass Geschichte weder langweilig noch angestaubt ist, weil sie die Gegenwart verstehen hilft. Wer wollte zum Beispiel bestreiten, dass Teilung und ihre Überwindung die Stadt bis heute prägen?

Ein paar Leitmotive haben Berlin durch seine Geschichte begleitet und sind bis heute bedeutsam: Freiheit und Unfreiheit, Behauptungswille und Unerschütterlichkeit sowie die Fähigkeit, sich immer wieder neu zu erfinden. Nicht vollends unwichtig außerdem: Die erst brandenburgische, dann preußische und schließlich deutsche Geschichte hat sich der Stadt regelrecht eingebrannt.

20 Ankerdaten der Stadtgeschichte:

12. Jh.	Stadtgründung
1417	Machtübernahme der Hohenzollern
1448	Berliner begehren auf

1539	Reformation
1701	Berlin wird königliche Residenzstadt
1806	Napoleon erobert Berlin
1848	Revolution
1871	Berlin wird deutsche Hauptstadt
1918	Revolution / Ende der Monarchie
1920	Groß-Berlin wird gegründet
1936	Olympische Spiele
1938	Reichspogromnacht
1945	Schlacht um Berlin / Kriegsende
1948/49	Berlin-Blockade / Luftbrücke / politische Teilung
1953	Aufstand in Ostberlin
1961	Mauerbau
1972	Viermächteabkommen
1989	friedliche Revolution / Maueröffnung
1990	Wiedervereinigung: Berlin wieder *eine* Stadt und deutsche Hauptstadt
1999	der Bundestag zieht nach Berlin

Mit einem Gründungsdatum kann die Stadt nicht aufwarten, Historiker und Archäologen sind inzwischen sogar wieder vorsichtiger als früher in ihren Angaben dazu. Dass es vor 1237 gewesen sein muss, dem Datum des ältesten urkundlichen Hinweises, ist klar, aber wie früh? Inzwischen wird sogar wieder diskutiert, ob es nicht doch bereits zu slawischer Zeit, also vor 1157, eine Siedlung gab. Lange Zeit war man davon ausgegangen, dass zwar das Gebiet des heutigen Berlin, nicht aber das der mittelalterlichen Stadt slawisch besiedelt worden war. Wie auch immer, Berlins Gründung fällt in die Zeit eines allgemeinen Städtebooms, weil die Bevölkerung wuchs. Die Mehrzahl der deutschen Städte wurde damals gegründet. Und dann war es nicht nur eine Stadt, die gegründet wurde, sondern zwei: Berlin rund um die Nikolaikirche, Kölln am anderen Spreeufer, mit dem Petriplatz als Kern.

Ebenso wenig ist die Herkunft der Stadtnamen gesichert. Während für Kölln häufig das ältere Köln am Rhein als namensgebend angenommen wird, dürfte Berlin wie bereits erwähnt eine Ableitung aus dem slawischen Wort für Sumpf, Morast sein, auf den chronisch wässrigen Untergrund verweisend. Eine slawische Siedlung muss deswegen aber nicht bestanden haben, dafür reichte die Ortsbezeichnung für ein Jagd- oder Fischgebiet.

An wichtigen Handelswegen gelegen, florierten Berlin und Kölln, schlossen sich 1307 zusammen und behaupteten sich, auch nachdem das kurfürstliche Herrschergeschlecht der Askanier ausgestorben war und rundherum die Mark Brandenburg in Anarchie abglitt. Berlin profitierte davon sogar, weil es über seine Geschicke selbst entscheiden und an keinen Landesherrn Abgaben abführen musste. Deshalb stießen die Hohenzollern, als der Kaiser sie

Anfang des 15. Jahrhunderts zu neuen Landesherren machte, bei den Berlinern auf Ablehnung. Die brach sich Bahn im »Berliner Unwillen« 1448: Der Kurfürst wollte seiner Herrschaft mit einem Schlossbau Ausdruck verleihen und ließ einen Platz an der Spree vorbereiten – da, wo heute das Humboldtforum steht. Die Berliner setzten den Bauplatz unter Wasser, aber der Kurfürst ließ sich nicht beirren, sondern zwang die Berliner unter seine Herrschaft. Ganz gewieft nutzte er dafür die Zwietracht zwischen Berlin und Kölln. Dieser Kurfürst hieß, wie so viele Hohenzollern, Friedrich, und man gab ihm wegen seiner machtorientierten und unbeirrten Regierung den Beinamen Eisenzahn. Aus der langen Reihe von Hohenzollern-Kurfürsten hier die wichtigsten:

- **Friedrich I. (1425–1440):** der erste Hohenzoller in Berlin, zuvor Burggraf von Nürnberg
- **Friedrich II. Eisenzahn (1440–1471):** stärkt seine Herrschaft in Berlin und Brandenburg
- **Albrecht Achilles (1471–1486):** verfügt die Unteilbarkeit der Mark Brandenburg
- **Johann Cicero (1486–1499):** macht Berlin zur kurfürstlichen Residenz
- **Joachim II. Hector (1535–1571):** führt die Reformation ein
- **Johann Sigismund (1608–1640):** erwirbt das Herzogtum Preußen

- **Friedrich Wilhelm »Großer Kurfürst« (1640–1688):** baut nach dem Dreißigjährigen Krieg wieder auf
- **Friedrich III. (1688–1713):** krönt sich 1701 zum »König in Preußen«

Die Hohenzollern betrieben eine kluge und vorausschauende Heirats- und Erbschaftspolitik und konnten ihr Herrschaftsgebiet Stück für Stück vergrößern, was Umfang, Einwohnerzahl und Bedeutung Berlins wachsen ließ. Dies war stets ablesbar am Sitz der Hohenzollern, dem Berliner Schloss an der Spree: Wo heute das Humboldtforum steht, befindet sich seither die maßgebliche Herrschaftsbaustelle, auf der die jeweiligen Machthaber ihrer Herrschaft baulichen Ausdruck verliehen. Die Abfolge des Baugeschehens dort:

ab 1443: 1. Schloss	Kurfürst Friedrich II., Herrschaftsübernahme der Hohenzollern
ab ca. 1540: 2. Schloss	Kurfürst Joachim II., Machtausbau
1699–1716: 3. Schloss	Kurfürst Friedrich III., der Kurfürst erwirbt die Königswürde
1845–1853: Schlosskuppel	König Friedrich Wilhelm IV.

1944/45: schwer getroffen durch Bomben	
1950: Sprengung	DDR-Staatschef Walter Ulbricht, Symbol des sozialistischen Neubeginns
1973–1976: Palast der Republik	DDR-Staatschef Erich Honecker, zentraler Pracht- und Propagandabau der DDR
2006–2008: Abriss	Deutscher Bundestag, Asbestbelastung
2013–2019: Neubau	Humboldtforum, Beschluss Deutscher Bundestag

Parallel zum Landesaufstieg wuchs und gedieh die Zwillingsstadt rund ums Schloss – Berlin, das sich noch im Mittelalter mehrmals vergrößerte, rascher als Kölln, das mit morastigem Untergrund zu kämpfen hatte. Ein Zeugnis davon ist die Marienkirche. Im 13. Jahrhundert wurde eine erste Stadtmauer errichtet, die Berlin und Kölln umschloss: in einer Linie ungefähr von Hackescher Markt über Fernsehturm, Märkisches Museum zum Spittelmarkt, von dort entlang des Spreekanals und wieder zum Hackeschen Markt.

Als im nahen Wittenberg Luther mit seinen 95 Thesen die Reformation in Gang setzte, begeisterte er die Berliner, aber der Kurfürst beharrte auf der katholischen Lehre – nicht zuletzt aus politischen

Gründen. Als aber seine Frau heimlich lutherisch wurde, war die Ehekrise ein politischer Skandal. Beider Sohn führte schließlich 1539 die Reformation ein, bevor es deshalb blutig wurde. Der Dreißigjährige Krieg (1618–48) bedeutete einen harten Einschnitt. Militärisch schwach und ungünstig gelegen, war die Hauptstadt kaum zu schützen. Noch dazu setzte der Kurfürst immer wieder aufs falsche Pferd, wenn er im wechselhaften Kriegsverlauf vermeintlich schützende Bündnisse einging. Zwar entging Berlin der Zerstörung, aber Besatzung, Schutzgelder, Pest und Hunger trafen die Stadt schwer. Nach Kriegsende waren die Einwohnerzahl stark dezimiert, die Wirtschaft schwer angeschlagen, viele Häuser zerstört und das Umland verwüstet. Wiederaufbau und Zuwanderung förderte der »Große Kurfürst« Friedrich Wilhelm bravourös, schuf eine leistungsfähige Verwaltung, kurbelte die Wirtschaft an. Erstmals gab es jetzt eine öffentliche Straßenbeleuchtung, Regelungen für Abwasser und Feuerschutz, Verkehrsregeln, Sänften als erste Taxen. Auch kulturell setzte die Stadt zum Aufstieg an: Der Kurfürst förderte Wissenschaft und Architektur, richtete Kunstsammlungen, eine Bibliothek und einen botanischen Garten ein; Verlage und Zeitungen wurden gegründet, die Kirchenmusik erblühte.

Aufschwung und Zuwanderung insbesondere von Juden und Hugenotten ließen Berlin vor allem nach Westen wachsen, auch außerhalb der nunmehr gebauten Stadtbefestigung, die nie zum Einsatz kommen sollte und die mittelalterliche Stadt nur unwesentlich erweiterte. Um 1700 konnte man rund um den Gendarmenmarkt, wo die Hugenotten wohnten, vor allem Französisch hören. Die Einwohnerzahl schnellte in die Höhe, stieg in einem halben Jahrhundert um das Achtfache auf rund 50 000. Das war 1709, als fünf zuvor eigentlich unabhängige Städte vereinigt wurden: Berlin, Kölln, Friedrichswerder, Dorotheenstadt und Friedrichstadt.

Buchstäblich gekrönt wurde der auch im deutschen Vergleich bemerkenswerte Wiederaufstieg durch die Rangerhöhung des folgenden Kurfürsten zum ersten preußischen König. Damit wurde Berlin königliche Residenzstadt, was der Stadt nicht nur mehr Prestige, sondern auch zahlreiche Neubauten verschaffte – darunter das barock ausgebaute Schloss, das Zeughaus Unter den Linden und Schloss Charlottenburg für die Königin. Als Emporkömmling musste der König seine neue Stellung unterfüttern, wozu in barocker Zeit Prachtbauten und aufwendige Hofhaltung nötig waren. Die verschwenderische Politik fand ihr Ende unter dem nächsten, knausrigen König, der auf Verzierungen jeglicher Art keinen Wert legte, aber den Ausbau der Stadt gleichwohl betrieb. Dieser »Soldatenkönig« machte Berlin zur Garnison und ließ eine weitere Mauer errichten: eine Zoll- und Akzisemauer, zunächst aus Holzpalisaden oder dünnem Stein, die um 1800 dann solider gebaut wurde. Ihr Verlauf ist mit anfangs 14 Toren noch heute gut nachvollziehbar, zumal in Friedrichshain-Kreuzberg die U-Bahnlinie 1 zwischen Warschauer Straße und Hallesches Tor ihrem Verlauf folgt.

Berliner Stadttore

- Brandenburger Tor
- Oranienburger Tor
- Hamburger Tor
- Rosenthaler Tor
- Schönhauser Tor
- Prenzlauer Tor
- Königstor
- Landsberger Tor
- Frankfurter Tor
- Stralauer Tor
- Schlesisches Tor
- Hallesches Tor
- Kottbusser Tor
- Potsdamer Tor

Im 19. Jahrhundert kamen noch Neues Tor (nahe Charité), Anhalter Tor (Stresemannstraße), Köpenicker Tor (Neue Roßstraße) und Wassertor (Wassertorplatz) hinzu. Von den verschiedenen Berliner Stadtmauern ist eher wenig übrig geblieben:

Erhaltene Reste oder wieder aufgebaute Stücke Berliner Mauern

mittelalterliche Stadtmauer, 13./14. Jh.	Waisenstraße
barocke Stadtbefestigung, 17. Jh.	13 Bastionen, z. B. am vieleckigen Hackeschen Markt oder Hausvogteiplatz nachvollziehbar, Straßennamen »Am Festungsgraben«, Wall-, Niederwallstraße etc.
Zoll- und Akzisemauer, 18. Jh.	Brandenburger Tor, Reste in der Hannoverschen Straße, Nachbau auf dem Mittelstreifen der Stresemannstraße, diverse U-Bahnhöfe mit Namen der Stadttore, Torstraße auf dem Mauerverlauf

Die preußischen Könige und schließlich deutschen Kaiser betrieben sehr unterschiedliche Politik und unterschieden sich auch charakterlich enorm. Da ihr Wirken für Berlin meist Folgen hatte, seien sie kurz gewürdigt. Verwirrenderweise heißen sie entweder Friedrich, Wilhelm oder Friedrich Wilhelm:

- Friedrich I. (1688/1701–1713), politisches Wirken: Aufstieg zum Königtum; Wirken für Berlin: Schlossneubau, Zeughaus
- Friedrich Wilhelm I. (1713–1740), politisches Wirken: Sparkurs, Ausbau der Armee; Wirken für Berlin: Kirchen + Plätze (Pariser Platz, Leipziger Platz, Mehringplatz), Berlin wird Militärstadt
- Friedrich II. (1740–1786), politisches Wirken: Preußen wird Großmacht; Wirken für Berlin: Forum Fridericianum, Gendarmenmarkt, Tiergarten wird Park
- Friedrich Wilhelm II. (1786–1797), Wirken für Berlin: Brandenburger Tor, Schloss Bellevue, Pfaueninsel
- Friedrich Wilhelm III. (1797–1840), politisches Wirken: Krieg gegen Napoleon, preußische Reformen; Wirken für Berlin: Altes Museum, Gründung Universität
- Friedrich Wilhelm IV. (1840–1861), politisches Wirken: unterdrückt die Revolution von 1848; Wirken für Berlin: Museumsinsel, Schlosskuppel
- Wilhelm I. (1861/71–1888), politisches Wirken: begründet deutsches Kaiserreich; Wirken für Berlin: Alte Nationalgalerie, Kaiserpalais
- Wilhelm II. (1888–1918), politisches Wirken: führt Deutschland in den Ersten Weltkrieg; Wirken für Berlin: Berliner Dom, Gedächtniskirche, Staatsbibliothek, wilhelminische Prachtbauten

Vor allem ausländische Besucher verwundert die geringe Anzahl von Königsstatuen. Natürlich gab es davon früher mehr, aber politische Veränderungen und Kriege dezimierten sie. Alle Hohenzollernfürste waren auf der einstigen Siegesallee im Tiergarten vertreten, deren kümmerliche Reste in der Spandauer Zitadelle zu besichtigen sind.

Name	**Standort**	**Schicksal**
Großer Kurfürst	Rathausbrücke	heute Ehrenhof Schloss Charlottenburg
Friedrich Wilhelm I.	Kirchgasse / Altrixdorf	
Friedrich II.	Forum Fridericianum	
Friedrich Wilhelm III.	Lustgarten	Kriegsverlust
Friedrich Wilhelm III.	Tiergarten, Luiseninsel	
Friedrich Wilhelm IV.	Alte Nationalgalerie	
Wilhelm I.	vor dem Schloss	nach 1945 eingeschmolzen
Friedrich III.	vor Bodemuseum	nach 1945 eingeschmolzen

Name	Standort	Schicksal
	Luisenplatz / Schloss Charlottenburg	Kriegsverlust
	Platz v. d. Brandenburger Tor	Kriegsverlust

Friedrich II. (der Große), der bekannteste und wichtigste preußische König, hatte für Berlin wenig übrig – ließ aber trotzdem bauen, denn die Hauptstadt sollte beeindrucken, mochte er dort auch möglichst wenig Zeit verbringen. Ebenso förderte er Wirtschaft und Banken, verbesserte die Verkehrswege und warb weitere Neusiedler an. Damals entstanden Neuvoigtland (zwischen Torstraße und Nordbahnhof), wo Vogtländer Sachsen Gärtnereien betrieben, außerhalb der Stadt Grünau und Müggelheim (Pfälzer), Neu Schöneberg und Friedrichshagen (Böhmen). Bei aller Förderung und dem Aufstieg zur europäischen Großmacht litt die Stadt unter Friedrichs drei Kriegen. Im letzten, dem Siebenjährigen, konnte die Besetzung der Stadt durch russische Truppen nur knapp abgewendet werden. Der Stillstand am Ende von Friedrichs langer Regierungszeit war in Berlin mit Händen zu greifen, aber politisch und wirtschaftlich bewegte sich auch unter Friedrich Wilhelm II. nicht allzu viel. Dafür erblühte das kulturelle Leben, so am Nationaltheater am Gendarmenmarkt (heute Konzerthaus), in den literarischen Salons von Henriette Herz oder Rahel Levin oder in den Berliner Schreibstuben der Romantiker Achim von Arnim, Clemens Brentano, der Brüder Schlegel oder Ludwig Tieck, von Chamisso oder Arndt. Als dann die Wucht der napoleonischen Eroberungen Preußen traf, fiel das morsche Staatsgebilde Preußen in sich zusammen, kampflos ergab sich Berlin den Franzosen. Napoleon nahm am 27. Oktober 1806 feierlichen Einzug durch das Brandenburger Tor, dessen Programmatik als Friedenstor seither von Siegestriumph verdrängt wurde. Fortan zogen immer wieder Truppen hindurch.

Einige Siegesparaden und Märsche durchs Brandenburger Tor

1806	Napoleon	Eroberung Berlins
1814	Friedrich Wilhelm III.	Sieg über Napoleon
1848	General Wrangel	Armee beendet die Revolution
1864	–	Sieg über Dänemark
1866	König Wilhelm I.	Sieg über Österreich
1871	Kaiser Wilhelm I.	Sieg über Frankreich, Gründung des deutschen Kaiserreichs
1888	Trauerzug Wilhelm I.	

1889	Besuch König Umberto von Italien	
1900	Besuch Kaiser Franz Joseph II. von Österreich	
1901	200 Jahre Königskrönung der Hohenzollern	
1902	Besuch König Viktor Emanuel III. von Italien	
1901	(Boxeraufstand)	
1904	(Herero-Massaker)	
1905	Besuch König Alfons XIII. von Spanien	
	Hochzeit des Kronprinzen Wilhelm	
1908	Besuch des schwedischen Königs Gustav V.	
1909	Besuch des britischen Königs Eduard VII.	
1913	Hochzeit Prinzessin Viktoria Luise	
	25-jähriges Regierungsjubiläum Wilhems II.	
1918	Volksmarinedivision	Novemberrevolution
	Gardekorps	Ende 1. Weltkrieg (»Im Felde unbesiegt«)
1919	Regierungstruppen	Niederschlagung Januarkämpfe

	Kolonialtruppen	Rückkehr aus Deutsch-Ostafrika
1920	Kapp-Putschisten	
1925	Trauerzug Friedrich Ebert	
1928	Besuch Aman Ullah von Afghanistan	
	Rückkehr des »Eisernen Gustav« aus Paris	
1929	Trauerzug Gustav Stresemann	
1933	Fackelzug der NSDAP zur »Machtergreifung«	
1934	Hitler wird Staatsoberhaupt	
1937	Besuch Mussolini	
1939	Adolf Hitler	Militärparade zum 50. »Führergeburtstag« (stadtauswärts!)
1939	Wehrmacht	Abschluss Polenfeldzug
1940	Wehrmacht	Abschluss Frankreichfeldzug
1944	Volkssturm	Vereidigung des Letzten Aufgebots
1953	Aufständische des 17. Juni	

Napoleon blieb nur einen Monat, die französischen Soldaten aber zwei Jahre, was die Stadt auf Jahrzehnte tief verschuldete, ihre Wirtschaft vollends ruinierte und zu Armut und Abwanderung führte. Die Zahl der Bettler wuchs, unerbittlich presste die Besatzung die Stadt aus. Berlin allein sollte 2,7 Millionen Taler Kontributionen aufbringen, und die Sachleistungen zum Unterhalt der französischen Truppen beliefen sich auf fast 4,5 Millionen Taler, wofür Steuern und Abgaben erhoben werden mussten.

Versorgung der französischen Besatzungstruppen in Berlin (größte Posten)

Heu, Stroh, Hafer	1,467 Mio. Taler
Ochsen, Fleisch	713 000 Taler
Lazarettkosten	566 000 Taler
Getreide	331 000 Taler
Alkoholika	145 500 Taler

So komplett war der Zusammenbruch, dass der 1809 zurückkehrende König seine Minister Stein und Hardenberg nachhaltige, vor allem wirtschaftlich wirksame Reformen durchführen ließ, die Preußen und seine Hauptstadt schließlich nicht nur gesunden ließen, sondern es für das Industriezeitalter fitmachten: die Grundlage des Aufstiegs Preußen zum modernsten und wirtschaftsstärksten deutschen Staat. Berlin erhielt eine (allerdings nur von wenigen Wahlberechtigten) frei gewählte Stadtverordnetenversammlung, die den Magistrat bestimmte. Die gewährte Freizügigkeit schwemmte Arbeitswillige in die Stadt, Juden wurden weitgehend gleichberechtigt, das Bildungssystem erneuert – und die Berliner wurden erstmals wehrpflichtig. Die 1810 gegründete Universität wurde bald zur größten in Deutschland.

Niederlage und Besatzung schürten den Berliner Widerstandsgeist, für deren gelehrten Teil die Vorlesungen der Philosophen Fichte und Schleiermacher stehen. Die einfache Bevölkerung bis zu den Kindern brachte den Besatzern ihre Abneigung ziemlich unverhohlen entgegen, wie empörte Polizeiberichte der Franzosen vermerkten. Als die Franzosen auf dem Feldzug nach Russland erneut in Berlin Quartier nahmen, führten sich die nunmehrigen Verbündeten erneut wie Besatzer auf, was für die Berliner das Maß endgültig vollmachte. Aber auch nach der französischen Niederlage zögerte der König noch, bis er endlich Frankreich den Krieg erklärte und die Befreiungskriege Napoleon stoppten. Als im Sommer 1814 die geraubte Quadriga des Brandenburger Tors aus Paris zurückkehrte, wurde sie mit dem Eisernen Kreuz und dem preußischen Adler zur Siegestrophäe.

Erinnerung an die Befreiungskriege

- Quadriga
- Nationaldenkmal auf dem Kreuzberg
- Neue Wache Unter den Linden
- Friedenssäule (Mehringplatz)
- Pariser Platz, Leipziger Platz, Waterloo-Ufer sowie zahlreiche Straßennamen rund um den Kreuzberg

Deutschlandweit wurden demokratische und nationale Erwartungen im Volk enttäuscht. Die autoritäre Restauration der vornapoleonischen Verhältnisse auf dem Wiener Kongress führten zum biedermeierlichen Rückzug ins Privatleben, während der König gegen liberale und nationale Kräfte rigoros einschreiten ließ, was ab 1830 immer wieder Proteste provozierte. Gleichzeitig erlebte die Stadt eine kulturelle Blüte, von der sie bis heute zehrt – mit den Gebäuden des Architekten Schinkel, den Parkanlagen Peter Joseph Lennés, den Plastiken von Schadow, Rauch oder Tieck, den Kompositionen Felix Mendelssohns und Giacomo Meyerbeers, mit den Schriften von E. T. A. Hoffmann, Heinrich Heine und Adelbert von Chamisso. Daneben setzte ein wirtschaftlicher Aufschwung ein, zahlreiche Unternehmen wurden gegründet und machten Berlin zu einem Zentrum der Frühindustrialisierung. Vor dem Oranienburger Tor bildete sich das erste Industrieviertel »Feuerland«, so genannt wegen der neuartigen Fabrikschlote. Dort wurden bei Borsig die ersten preußischen Lokomotiven gebaut, denn seit 1838 (Berlin–Potsdam) entstanden in rascher Folge Eisenbahnverbindungen von und nach Berlin, das bald preußischer Verkehrsknoten war. Rundherum wurden am Stadtrand Bahnhöfe gebaut:

Berliner Fernbahnhöfe

Potsdamer Bahnhof	Potsdamer Platz	1838
Anhalter Bahnhof	Askanischer Platz	1841
Stettiner Bahnhof	Nordbahnhof	1842
Frankfurter Bahnhof	Ostbahnhof	1842
Hamburger Bahnhof	Invalidenstraße	1846
Görlitzer Bahnhof	Görlitzer Park	1867
Lehrter Bahnhof	Hauptbahnhof	1871
Dresdener Bahnhof	Gleisdreieck	1875

Die Eisenbahn erleichterte den Zuzug nach Berlin abermals – zwischen dem Wiener Kongress (1814) und der Revolution von 1848 verdoppelte sich die Einwohnerzahl auf nunmehr 400 000, an den Stadträndern wucherte Berlin aus und den umliegenden Städten immer mehr entgegen. Bald lagen zwischen Berlin, Charlottenburg und dem rasch wachsenden Dorf Schöneberg nur mehr der Tiergarten und ein paar Felder. Rund um die Fabriken entstanden Arbeiterwohnviertel, da der Weg zur Arbeit noch zu Fuß bestritten werden musste. Das behinderte die Expansion der Fabriken, die Stück für Stück aus der Stadt heraus- und neue Wohnviertel nach sich zogen. Die rapide Entwicklung führte zu Immobilienspekulation und untragbaren Wohnverhältnissen der ärmeren Schichten: Traurige Berühmtheit erlangte ein Komplex Garten-/Ecke Torstraße: Auf drei Geschossen plus Keller und Dach 426 Stuben à 14 Quadratmeter, bewohnt von 2108 Menschen, denen im Hof zwei Brunnen und 48 Toiletten zur Verfügung standen. Bis zu 15 Menschen mussten sich eine Stube teilen, man schlief umschichtig.

Wie in Paris oder London bildete sich in Berlin die elende Seite der ungestümen und unkontrollierten Industrialisierung unübersehbar ab, ein Großteil der Berliner musste unendlich lange Arbeitszeiten bei Hungerlöhnen auf sich nehmen, zumal ohne jede sozialen Sicherungssysteme. Die jüngsten Fabrikarbeiter waren gerade mal fünf Jahre alt.

Die sozialen und politischen Verhältnisse empörten, aber der Staat hielt mit Einzelmaßnahmen, Repression und Überwachung dagegen, statt politische und soziale Zugeständnisse zu machen. Die Berliner wurden politischer, lasen die vielen Zeitungen, die in den rund einhundert Berliner Kaffeehäusern auslagen. Cafés und Konditoreien kamen damals groß in Mode:

Zehn Altberliner Kaffeehäuser

Café Giovanoli	1818	Charlottenstr. 21
Café Stehely	1820	Gendarmenmarkt
Café Spargnapani	1820er	Unter den Linden 50
Konditorei Fuchs	ca. 1820	Unter den Linden 8
Roussetsche Conditorei	1824	Leipziger Str. 42
Café de l'Europe		Taubenstr. 16
Café Josty	1793	An der Stechbahn 1 (Schlossplatz)
Café Kranzler	1825	Unter den Linden / Friedrichstraße
Café Bauer	1867	Unter den Linden / Friedrichstraße
Courtinsche Konditorei		Königstr. 61 (Rathausstraße)
Koblanksche Konditorei		Friedrichstr. 150

Aber nicht nur diskussionsfreudige Bürger und Intellektuelle wurden radikaler, auch im einfachen Volk stiegen Wut und Verzweiflung. Die erbärmlichen sozialen Verhältnisse wurden verschärft durch Wirtschaftskrise, Missernte und einen strengen Winter 1847/48 und führten zu Hungeraufständen. Jeder vierte Berliner lebte im Elend, das Protestpotential wuchs. Im Stadtgebiet galt ein strenges Versammlungsverbot, also traf man sich gleich vor den Toren der Stadt. Im März 1848 brach schließlich, ermutigt durch die Entwicklungen in Paris und Wien, die

Revolution los, größer und blutiger als sonstwo in Deutschland. Im Tiergarten fand Anfang März eine zehntägige Volksversammlung statt und forderte, was heute freiheitliche Selbstverständlichkeiten sind: Rede-, Presse- und Versammlungsfreiheit, politische Teilhabe aller, unabhängige Justiz, parlamentarische Vertretung. Die Weigerung des Königs, die Forderungen auch nur entgegenzunehmen, und der Obrigkeit, zwischen Monarch und Volk zu vermitteln, radikalisierte die breite Masse ebenso wie der Einsatz des Militärs gegen das Volk. Als am 18. März eine Delegation mitsamt großer Volksmenge zum Schloss zog, um den unwilligen König zur Annahme der Forderungen zu zwingen, verkündete der König Reformen, aber die Menschen waren nicht ohne weiteres zufriedenzustellen. Sie verlangten »Militär zurück!«, die Soldaten zogen ihre Säbel, zwei Schüsse fielen – die Revolution begann. Die große Mehrheit der Berliner aus allen Schichten errichtete Barrikaden und wehrte sich gegen das Militär. Wem die Revolution unheimlich oder bedrohlich schien, wich ins ruhige Potsdam aus. Schließlich lenkte der König ein, ehrte die im Schlosshof aufgebahrten 183 Märzgefallenen, zog das Militär zurück und ritt, ganz versöhnlich, durch Berlin, am Arm eine schwarzrotgoldene Binde. Über der neuen Schlosskuppel wehte die schwarzrotgoldene Fahne – unerhört angesichts des königlichen Widerstands gegen die Einheitsbewegung. Als die Märzgefallenen (insgesamt kamen bis zu 300 Zivilisten um) im Friedrichshain zu Grabe getragen wurden, gaben ihnen rund 20 000 Berliner das letzte Geleit.

Wichtige Orte der Revolution von 1848

Tiergarten	Volksversammlungen
Brandenburger Tor	Zusammenstöße zwischen Militär und Protestierenden
Unter den Linden, Schlossplatz, Petriplatz	Demonstrationen mit Toten
Friedrichstraße, Alexanderplatz	Barrikaden
Zeughaus	Erstürmung durch Aufständische
Schlossplatz, Schlosshof	Forderungen an den König, Schüsse
Gendarmenmarkt	Aufbahrung der Märzgefallenen
Friedrichshain	Friedhof der Märzgefallenen
Singakademie (Maxim-Gorki-Theater)	1. Preußische Nationalversammlung

Friedrich Wilhelm schien sich im Handumdrehen zum Bürgerkönig gewandelt zu haben und eröffnete feierlich die erste preußische Nationalversammlung. Doch der Schein trog, bei der ersten Gelegenheit schlug das alte System zurück: Das Militär rückte wieder in Berlin ein, und im verhängten Belagerungszustand wurden alle eben gewährten Freiheiten wieder unterdrückt. Die Berliner resignierten: Weder wurde Deutschland vereinigt, noch erhielt Preußen eine demokratische Verfassung. Auch die wirtschaftliche Lage vieler Berliner verbesserte sich nicht, aber wenigstens führte die staatliche Angst vor neuen Unruhen zu besserer Armenfürsorge und Arbeitsbeschaffung – so wurde damals der Landwehrkanal gebaut. Doch kehrten weitgehend die Verhältnisse von vor 1848 wieder ein, die Polizei schien allgegenwärtig – man spöttelte, die letzte verbliebene Errungenschaft der Revolution sei das öffentliche Rauchen, das im Zuge der Revolution erlaubt wurde und blieb.

Ein Attentat auf den König am Potsdamer Bahnhof diente als Anlass weiterer Verschärfungen. Eine neue Stadtverfassung brachte zwar Verbesserungen, machte Berlin aber nicht demokratischer – nur rund fünf Prozent der Berliner waren wahlberechtigt, weil weiterhin Stand und Einkommen entschieden. Noch dazu war der erste nachrevolutionäre Bürgermeister ebenjener, der 1848 seinen Hut hatte nehmen müssen.

Mächtiger Mann und Symbol der reaktionären Zeit wurde der Berliner Polizeipräsident Hinckeldey, der die Stadt stramm unter Kontrolle brachte:

mit dem Ausbau der Polizei, Spitzelwesen, Ausweisungen, Unterdrückung der Presse, Festnahmen, Hausdurchsuchungen. Damals begann in Berlin die Ära der Litfaßsäule, die seit 1854 dem kontrollierten Anschlag von Plakaten diente, was privaterseits verboten wurde. Daneben führte Hinckeldey eine Berufsfeuerwehr ein und Berlins erste Trinkwasserversorgung.

Zu dieser Zeit begann der zunächst zögerliche, dann immer stürmischere, oft ungeplante Ausbau der Stadt zur Industriemetropole, die gleichzeitig ins Umland wucherte. Der Anteil der Industrieplätze stieg nicht nur nominell, sondern auch prozentual immens. Die Zugpferdbranchen der Industrialisierung, Maschinenbau, Elektro und Chemie, waren in Berlin besonders stark vertreten, und mit einem wachsenden Bankensektor verfügten sie über das nötige Kapital für innovatives Wachstum. Auf der Suche nach Arbeit strömten die Menschen in die Stadt, die Männer verdingten sich in den expandierenden Fabriken, die Frauen als Kindermädchen. Zwischen 1849 und 1871 verdoppelte sich die Einwohnerzahl. In der Stadt entwickelten sich Gewerbezentren: Nördlich des Oranienburger Tors und in Moabit die Metallindustrie, in der südlichen Vorstadt Textil- und Bekleidungsgewerbe, während das alte Zentrum zur Geschäfts-City wurde und südlich der Linden ein Bankenviertel entstand. Die wachsende

Stadt brauchte aber eine moderne Infrastruktur, die ihrerseits auf Wachstum angelegt war, dazu gehörten Eingemeindungen ebenso wie Verkehrsangebot oder eine Entwässerung. In vielem war Berlin deutscher Vorreiter, anderes wie die Entwässerung wurde erst nach langen Jahren kontroverser Debatte eingeführt.

Entwicklung der Infrastruktur

1618	erste Feuerordnung
1679	öffentliche Straßenbeleuchtung
ca. 1683	Sänftentaxen
1706	erstes Spritzenhaus
1739	Pferdetaxen
1789	Baubeginn einer ersten befestigten Straße nach Potsdam
1826	Gaslaternen
1827	Postzustellbezirke
1829	Hundesteuer
1830er	städt. Armenfürsorge
1838	Eisenbahn
1839	erster Linienverkehr (Alexanderplatz–Potsdamer Bahnhof)
1846	erster Omnibus (Alexanderplatz–Tiergarten)
1847	Straßenreinigung
1851	Feuerwehr
1856	Trinkwasserversorgung

1863	erstes städtisches Krankenhaus (Friedrichshain)
1865	Pferdebahn
	Rohrpost
1867	erste Markthalle
	erster Linienpendelverkehr für Arbeiter Berlin – Spandau
1871	S-Bahn (Ringverkehr, Stadtbahn 1882)
1876	Abwasserentsorgung
	Beginn der Straßenpflasterung
1878	erste Asphaltstraße
1881	elektr. Straßenbahn
	Schlachthof
1885	erstes elektrisches Kraftwerk (Gendarmenmarkt)
1886	Dampfstraßenbahn
	Zentrale Markthalle (Alexanderplatz)
1888	elektrische Straßenbeleuchtung
1888	Vorortbahn (Berlin – Steglitz)
1899	erste Benzindroschke
1902	U-Bahn
1905	erster Berliner Kraftomnibus
1924	erste Verkehrsampel (Potsdamer Platz)

Die Kanalisation, die die Abwässer nicht einfach in die Spree entsorgte, sondern außerhalb der Stadt auf Felder ausbrachte, war hochmodern und ersparte

Berlin künftige Epidemien. Sie geht auf James Hobrecht zurück, der 1862 einen Bebauungsplan für die wachsende Stadt vorlegte, das Umland einfach miteinbezog und so kühn vorausdachte, dass der Hobrecht-Plan auf lange Zeit Grundlage der Stadtentwicklung blieb. Nicht beabsichtigte Konsequenz des Plans waren allerdings die berüchtigten Berliner Mietskasernen, die im Norden, Osten und Süden der Stadt entstanden. Ungenügende Bauvorschriften und Profitstreben der Investoren machten die boomende Stadt zur größten Mietskasernenstadt mit skandalösen Bedingungen:

Mindestgröße Hinterhof	5,34 mal 5,34 Meter (ab 1887: 60 qm)
Anteil Einzimmerwohnungen	35 Prozent
Anteil Kellerwohnungen	10 Prozent

Im Unterschied zu heute wohnten in den Einzimmerwohnungen Familien, die auch in die Küche Betten stellen und nicht selten Schlafplätze vermieten mussten. Dass die Stadt über den Wohnungsbau weder umfassend mitbestimmte noch selbst tätig wurde, rächte sich auf lange Zeit.

Mochte Berlin zur Industriemetropole reifen – nicht nur politisch, auch kulturell waren die Jahrzehnte nach der Revolution die eines Niedergangs. Angesichts repressiver Verhältnisse verkümmerte die Zeitungsszene, ließ die einst gerühmte Universität merklich nach und machte wie Oper und Theater wenig von sich reden. In Bewegung geriet die politische Lage in der Stadt, als die nationale Frage drängender wurde und sich abzeichnete, dass Berlin in einem kommenden deutschen Nationalstaat Hauptstadt werden würde. Unter einer Reihe liberaler Bürgermeister war wieder mehr politische Betätigung möglich, und die Stadt wehrte sich nicht vollends vergeblich gegen die konservative Politik des preußischen Ministerpräsidenten Bismarck. Schließlich wurde Berlin zur Zeitungsmetropole, und rund um die Kreuzberger Kochstraße entwickelte sich ein quirliges Zeitungsviertel.

Mit der Gründung des Deutschen Reiches, dessen Hauptstadt Berlin wurde, beschleunigte sich die städtische Entwicklung auf ein nunmehr schwindelerregendes Maß. Sie nahm schon vorweg, was später mit der Gründung Groß-Berlin amtlich vollzogen wurde, nämlich die Bildung eines großstädtischen Raums, der längst das Umland erfasst hatte – also das heutige Stadtgebiet – und sich in den Einwohnerzahlen widerspiegelt:

Bevölkerungsentwicklung Berlin

Jahr	(späteres) Groß-Berlin	Altberlin
1860	564 000	493 000
1871	932 000	827 000
1900	2,7 Mio.	1,9 Mio.
1910	3.7 Mio.	2,1 Mio.
1919	4,0 Mio.	1,9 Mio.
1939	4,3 Mio.	1,78 Mio.
1945	3,0 Mio.	1,1 Mio.

Aus dem einst beschaulichen Städtchen Charlottenburg, 1705 gegründet, wurde eine Großstadt, ebenso aus dem Dorf Rixdorf, wo der Bürgermeister eine Blitzkarriere vom Dorfschulzen zum Bürgermeister einer Großstadt hinlegte, ohne den Schreibtisch wechseln zu müssen. Die Einwohnerentwicklung rund um Berlin ist ebenso beeindruckend:

Jahr	Charlottenburg	Spandau	Rixdorf / Neukölln
1871	20 000	20 000	8100
1905	240 000	70 000	154 000
1919	323 000	96 000	262 000

Da das alte Stadtgebiet Berlins längst überbelegt war, der Umbau zur Geschäftsstadt viele Einwohner verdrängte und die Industriegebiete immer weiter stadtauswärts wanderten, ging das Wachstum des Berliner Raums nach 1900 vor allem auf das Konto der umliegenden Städte und Gemeinden. Inzwischen waren die gebürtigen Berliner in die Minderheit geraten: 1875 waren nur noch 41 Prozent der Stadtbewohner dort geboren. Die Neuberliner kamen überwiegend aus Brandenburg und den östlichen Provinzen: Westpreußen, Ostpreußen, Pommern, Schlesien. Sie fanden Arbeit in der expandierenden Wirtschaft, die sich strukturell veränderte: Waren noch bis in die 1870er Jahre Bekleidung, Warenhandel und Baubranche die größten Arbeitgeber, wuchs der Anteil der Arbeitnehmer vor allem in den Branchen Maschinen- und Waggonbau, Elektroindustrie, Nahrungsmittelbranche, Handel- und Versicherungsbetriebe, Verkehrswesen, gleichzeitig stieg insgesamt die Größe der Unternehmen. Das städtische Wachstum machte den Betrieben die Expansion schwer, denn rundherum hatten sich längst Wohnbezirke gebildet. In mehreren Schüben zogen sie aus der Stadt heraus:

1. Schub	seit 1820	aus Altberlin vor die Stadttore
2. Schub	um 1882	nach Moabit und andere Gebiete innerhalb der Ringbahn
3. Schub	1890er	bis an die heutigen Stadtgrenzen (Siemensstadt, Niederschöneweide, Wedding, Tegel, Spindlersfeld)

Trotz erheblicher Schwankungen war die Zeit zwischen Reichsgründung und Erstem Weltkrieg für Berlin eine Zeit des Aufschwungs und der Expansion. Wichtig für das Wirtschaftswachstum waren die Banken, die die Stadt zur deutschen Finanzmetropole machten. Um 1860 expandierte die Berliner Börse in der Burgstraße, südlich der Linden entwickelte sich zwischen Wilhelmstraße und Friedrichswerder das Bankenviertel:

Zehn einstige Berliner Bankenzentralen

Bank	**Niederlassung**
Reichsbank	Kurstraße
Preußische Staatsbank	Gendarmenmarkt
Deutsche Bank	Mauerstraße
Berliner Handels-Gesellschaft	Französische Straße
Dresdener Bank	Opernplatz (Bebelplatz)
Diskonto-Gesellschaft	Behrenstraße
Boden-Credit-Actien-Bank	Werderscher Markt
Central-Boden-Credit-Bank	Unter den Linden
Bankhaus Mendelssohn	Jägerstraße
Bleichröder	Behrenstraße

Schon vor dem Ersten Weltkrieg wurde 1912 der Zweckverband Groß-Berlin gegründet, um den großen Ballungsraum mit seinen vielen selbständigen Verwaltungseinheiten besser verwalten und entwickeln zu können: Konkurrenzkampf um Industrieansiedlungen, Umwandlung von Wäldern in profitables Bauland, unabgestimmte Verkehrsplanung und unkoordinierter Wohnungsbau sowie, zwischen Städten, Kommunen, Landkreisen und Staatsbehörden, die mangelnde Abgrenzung von Zuständigkeiten und Abstimmung führten zu Fehlplanungen und Mängeln. Nachdem Berlin selbst lange Zeit wenig geneigt war, weiteres Umland einzugemeinden, weil das Entwicklungskosten nach sich zog, veränderte sich das Bild, je mehr das Umland prosperierte und vor allem Wohlhabende anzog, während in Berlin selbst die Steuerkraft gering blieb. Jetzt war Berlin an einer Vergrößerung interessiert, während vor allem die Städte rundherum eigenständig bleiben wollten – Ausdruck dessen und ihres neugewonnenen Wohlstands sind die Anfang des 20. Jahrhunderts gebauten Rathäuser in Charlottenburg, Spandau oder Schöneberg. Sichtbares Verdienst dieses Zweckverbands war etwa die Erhaltung des Grunewalds, der bereits von allen Seiten beschnitten wurde, um profitables Bauland zu gewinnen. Symbol der Missstände waren die insgesamt 15 Straßenbahnbetriebe auf dem heutigen Stadtgebiet.

Wachstum Berlins bis 1920

bis Ende 16. Jh.	Berlin: 47 ha, Kölln 23 ha
1710	560 ha
1740	1300 ha
1840	1415 ha
1871	5918 ha
1915	6570 ha
1920	87 800 ha (878 qkm)

Schon als Landjunker von Herkunft und Gesinnung war Berlin Reichskanzler Bismarck weder geheuer noch angenehm, noch dazu angesichts des rasch wachsenden Proletariats und dem politischen Einfluss von Liberalen und Sozialdemokraten. In der Berliner Kommunalpolitik waren bis Mitte der 1880er die liberalen Parteien, dann die SPD am stärksten, die aber das Dreiklassenwahlrecht und bis 1890 das Sozialistengesetz behinderte. Von der Gesinnung her war Berlin rot, politisch umgesetzt wurde dies allerdings nicht, denn die dritte Klasse mit über 80 Prozent der Bevölkerung zählte dasselbe wie die erste mit drei Prozent, mithin war die große Mehrheit der Berliner politisch weiterhin krass unterrepräsentiert.

Die Oberbürgermeister stammten damals allesamt aus den liberalen Parteien oder standen ihnen nahe, aber das Kaiserreich drückte Berlin seinen Stempel trotzdem auf. Protzige Regierungs- und Repräsentationsbauten ließ vor allem Wilhelm II. errichten: Dom und Kaiser-Wilhelm-Gedächtniskirche, Reichstag und Herrenhaus (Bundesrat), aber auch die fast vergessene Siegesallee im Tiergarten und das Kaiser-Friedrich-(Bode-)Museum oder Postmuseum (Museum für Kommunikation). Zudem ließ der Kaiser viele Stadtteilkirchen bauen, weil ihm die Berliner nicht fromm genug schienen.

Als den Berlinern 1918 klarwurde, dass der Krieg verloren war, schlugen politische Radikalisierung und kriegsbedingte Entbehrungen in revolutionäre Wut um. Die Novemberrevolution erfasste ganz Deutschland, aber der Berliner Schauplatz war der wichtigste, mochte der Kaiser die Stadt auch längst verlassen haben und vom belgischen Spa aus die Reise ins niederländische Exil antreten. Am 9. November zogen Großdemonstrationen aus allen Richtungen zum Regierungsviertel, vom Berliner Reichstag verkündete der Sozialdemokrat Philipp Scheidemann das Ende der Monarchie und rief die erste deutsche Republik aus, sein Parteigenosse Friedrich Ebert wurde neuer Regierungschef. Am Brandenburger Tor wurde der mittlere, bisher dem Monarchen reservierte Durchgang für alle geöffnet, und am Nachmittag proklamierte der Spartakist Karl Liebknecht unterm Schlossbalkon, den der Kaiser gern für markige Reden genutzt hatte, die sozialistische Republik. Die Stadt war in Aufruhr, aber dass es keine Revolution außer Kontrolle war, zeigt der Aufruf eines Volksausschusses noch am Abend des 9. November: »Zur wirksamen Durchführung der revolutionären Bewegung ist Ordnung und Ruhe nötig.«

Das Ausmaß von Ruhe und Ordnung in Berlin und Umland richtete sich nicht zuletzt am Grad von Wohlstand und Bürgerlichkeit aus. Überall bildeten sich Arbeiter- und Soldatenräte, bald aber ließ sich die Kluft innerhalb der Linken, die seit langem ein Zusammengehen der Arbeiterbewegung verhinderte, nicht mehr überbrücken. Über die Frage, ob Deutschland parlamentarisch oder sozialistisch werden sollte, entbrannte ein Bürgerkrieg, der das im Krieg grau und trist gewordene Berlin bis 1920 erschütterte.

Revolution, Aufstand, Krawall

1448	Berliner Unwille
1848	Märzrevolution
1918	Novemberrevolution
1953	Aufstand des 17. Juni (Ostberlin)
1968	Studentenrevolte
1980er	Hausbesetzungen und Kreuzberger Krawalle
1989	Friedliche Revolution (DDR)

Streiks, Kämpfe, Demonstrationen waren an der Tagesordnung. Schauplätze waren die zahlreichen Kasernen, Regierungsviertel und Schlossbezirk, daneben das Polizeipräsidium am Alexanderplatz, als wichtigster Versammlungsort der Circus Busch (heute James-Simon-Park), und nicht zuletzt das Zeitungsviertel rund um die Kochstraße, wo linke und rechte Verbände hinter Papierrollen verschanzt aufeinander schossen. Der Kampf war auch ein Kampf um Meinungen, mithin waren Redaktionen und Druckereien wichtig. Beobachter wunderten sich, wie Normalität und Bürgerkrieg zusammengingen: So fuhren S-, U- und Straßenbahnen weiter, bei Gefechten hielten Letztere mit einigem Abstand und fuhren in einer Feuerpause weiter.

Mit Hilfe des Militärs beendete die SPD-geführte Regierung die Kämpfe vorübergehend im Januar, aber Anfang März 1919 rief die Linke zum Generalstreik auf, die preußische Regierung verkündete den Belagerungszustand. Nun kam das öffentliche Leben doch zum Erliegen, die Straßenbahn stellte den Verkehr ein. Dieses Mal dauerten die Kämpfe mehr als eine Woche, und mehr als 500 Menschen kamen ums Leben. Nachdem der Aufstand niedergeschlagen war, blieb der Ausnahmezustand in Kraft. Blutig wurde es wieder im Januar 1920, als Demonstranten den Reichstag stürmen wollten und die Polizei das Feuer eröffnete. Die Bürgerkriegsphase endete mit dem vereitelten Kapp-Putsch im März 1920 und nachfolgenden Kämpfen zwischen Freikorps und Arbeitern, bei denen noch einmal Hunderte starben.

In dieser Bürgerkriegsphase war Berlin als Hauptstadt gesamtdeutscher Schauplatz, während es dem Oberbürgermeister gelang, die Kommune aus den Konflikten leidlich herauszuhalten, indem er alle politischen Richtungen einband. Das zeigt sich eindrucksvoll an den langwierigen Verhandlungen, die 1919 über die Gründung Groß-Berlins geführt wurden und ohne die politischen Umwälzungen vielleicht nicht erfolgreich gewesen wären. Der Widerstand der noch unabhängigen Städte, der umliegenden Landkreise, aber auch der konservativen preußischen Staatsverwaltung der Kaiserzeit waren immens. Als wieder Ruhe eingekehrt war, Ende April 1920, wurde Berlin mit sieben umliegenden Städten und 86 Dörfern, Gutsbezirken und Gemeinden vergrößert und in zwanzig Bezirke aufgeteilt, die Einwohnerzahl stieg auf 3,8 Millionen, die Fläche auf mehr als das Vierzehnfache. Damit war Berlin über Nacht die weltweit zweitgrößte Stadt, denn nur Los Angeles hatte noch mehr Fläche, beziehungsweise die drittgrößte Stadt der Welt, was die Einwohnerzahl betraf – nach New York und London.

Zehn wegweisende Entscheidungen für Berlin

1443 Kurfürst Friedrich II. lässt das erste Schloss errichten

1701 Kaiser Leopold I. billigt die Rangerhöhung des Kurfürsten zum König

1848 König Friedrich Wilhelm IV. lässt die Revolution niederschlagen

1871 König Wilhelm I. lässt sich zum deutschen Kaiser proklamieren

1920 Gründung von Groß-Berlin

1945 Berlin wird Viersektorenstadt

1948 Die Westalliierten installieren die Luftbrücke

1949 Die Gründung von DDR und BRD verfestigt die Teilung der Stadt

1961 Die DDR errichtet die Mauer

1989 Die DDR-Bürger erzwingen die Maueröffnung

1991 Der Bundestag beschließt seinen Umzug nach Berlin

Die 20er Jahre gelten gerade für Berlin als schillernd und vergnügungsreich, aber das galt zum einen nur für diejenigen, die sich das »*Amüsemang*« auch leisten konnten, und es fand nur im späteren Teil des Jahrzehnts statt. Als Folge des Krieges, des Umbruchs und schließlich der krisenhaften frühen 20er Jahre wurde Berlin zum Zentrum von Schiebern, Raffkes und Kriegsgewinnlern, die umso mehr Hass auf sich zogen, je ungenierter sie ihren blitzartig erlangten Reichtum zur Schau stellten – noch dazu in einer oft als skandalös empfundenen Atmosphäre, als die junge Republik die Fesseln strenger Sittsamkeit der Kaiserzeit im Handumdrehen abstreifte. Man war froh, dem Krieg entronnen zu sein, und befriedigte einen gewissen Nachholbedarf. Dass Glanz und Elend nebeneinander existierten, illustriert die »Lustbarkeitssteuer«, von der Stadt neben einer Biersteuer 1920 eingeführt, um den klammen Stadtsäckel aufzufüllen. Je mehr Berlin zum Sündenbabel wurde, desto reichhaltiger waren die Einnahmen aus diesen Steuern.

Doch zunächst kamen die harten Nachkriegsjahre, die Zeit von Arbeitslosigkeit, die in Berlin Extremwerte erreichte (zeitweise wohnte jeder dritte deutsche Arbeitslose in Berlin, während auf dem Land Arbeitskräfte fehlten), und verschärfter Inflation 1920–23, in deren Hochphase im Spätsommer 1923 die Frauen der Arbeiter, die täglich bezahlt wurden, mittags vor den Fabriktoren warteten, um Lebensmittel zu kaufen, bevor das Geld nichts mehr wert war.

Die Polizei bewachte viele Läden, und bald gab es eine eigene Wucherpolizei. Die Verarmung griff immer mehr um sich, Unterernährung wurde häufiger, Versorgungsengpässe traten auf. Zwischen Mitte Juli und Ende August stieg der Preis für eine Straßenbahnfahrt von 3000 auf 100 000 Mark, bald darauf stellte die Straßenbahn ihren Betrieb ein. Als im Oktober die Brotpreise tief in die Milliarden vorgestoßen waren, kam es zu Lebensmittelunruhen und vor allem im Scheunenviertel rund um die Volksbühne zu Plünderungen. Die AEG ließ kurzerhand selbst Brot backen, um damit ihre Belegschaft zu bezahlen. Mit dem Jahr 1923 aber ging auch die Inflationszeit zu Ende.

Nun begannen die Jahre, die man mit größerer Berechtigung als die »Goldenen Zwanziger« bezeichnen kann, die in Berlin besonders schillernd waren. Theater und Kabarett, das noch junge Kino und Boxkämpfe oder das Sechstagerennen wurden Massenunterhaltungen, als mondänes Zentrum des Nachtlebens etablierte sich neben dem Potsdamer Platz der Charlottenburger Kurfürstendamm. Symbole dieser Jahre sind kokette Frauen mit Bubikopf, die neuartigen riesigen Lichtreklamen am Potsdamer Platz oder die erste Berliner Verkehrsampel, die ebendort 1924 aufgestellt wurde.

Für den Stadtverkehr war noch bedeutsamer, dass 1929 erstmals einheitliche Verkehrsbetriebe gegründet wurden, die bis auf die S-Bahn die bisher gegeneinander konkurrierenden Verkehrsträger zusammenfügten. Bis 1930 wurde das Netz auf mehr als das Doppelte erweitert. Auch im Wohnungsbau standen die Zeichen auf Wachstum, was angesichts dramatischer Wohnungsnot und einer steigenden Einwohnerzahl von damals 80 000 bis 100 000 jährlich dringend geboten war. Im Unterschied zur Kaiserzeit setzte man nunmehr aber auf Wohnungsbau in staatlicher Regie und errichtete zwischen 1924 und 1931 bis zu 200.000 Wohnungen, zumeist in heute als vorbildlich geltenden Siedlungen.

Wohnsiedlungen der 1920er Jahre

Siedlung Schillerpark	Wedding	1924–1930
Hufeisensiedlung	Britz	1925–30
Siedlung Onkel-Toms-Hütte	Zehlendorf	1926–32
Siedlung Zeppelinstraße	Spandau	1926/27
Weiße Stadt	Reinickendorf	1929–31
Schillerparksiedlung	Reinickendorf	1924–30
Friedrich-Ebert-Siedlung	Wedding	1928–39
Wohnsiedlung Carl Legien	Prenzlauer Berg	1928–30
Splanemann-Siedlung	Friedrichsfelde	1926–30
Siedlung Am Fischtal	Zehlendorf	1929
Wohnanlage Blanke Helle	Tempelhof	1929–31
Ringsiedlung Siemensstadt	Charlottenburg	1929–34

Kurz bevor 1929 die Weltwirtschaftskrise Berlin mit voller Wucht traf, erreichte die Stadt ihre bislang größte Einwohnerzahl: 4,3 Millionen, denn die Anziehungskraft der Stadt war ungebrochen. Im Wirtschaftseinbruch aber bedeutete das enorme Arbeitslosenzahlen, und das war angesichts hoher Schulden in Berlin wie in ganz Deutschland fatal. Von knapp 200 000 im Jahr 1930 wuchs die Zahl der Arbeitslosen in zwei Jahren auf das Dreifache. Der Staat erließ Notverordnungen, die auch die Städte zum Sparen zwangen, die Stadt stoppte die Investitionen, was die Arbeitslosigkeit weiter steigerte. Das und die hohen Schuldzinsen strangulierten Berlin vollends.

Davon profitierte die Berliner NSDAP, in Preußen bis 1925 verboten, weniger als die KPD. Beide Parteien bekämpften sich buchstäblich bis aufs Messer: Seit Joseph Goebbels 1926 NSDAP-Gauleiter in Berlin wurde, um der hier marginalen Partei Auftrieb zu verschaffen, waren Straßenkämpfe und Lokalschlachten der uniformierten Parteitrupps beider Lager an der Tagesordnung. Manche Beobachter glaubten, die Weimarer Republik würde am Ende dadurch gerettet, dass sich ihre Gegner von rechts und links gegenseitig erledigten. Aber Hitlers Partei setzte sich durch. Zwar verlief der Aufstieg der NSDAP in der Arbeiterstadt Berlin nicht so rasant wie anderswo; in bürgerlichen Bezirken wie Steglitz, Wilmersdorf oder Charlottenburg aber war die Unterstützung groß, während Wedding, Friedrichshain oder Neukölln mehrheitlich SPD und KPD wählten.

Seit 1932 war die Fraktion der NSDAP die größte im Reichstag, und als Hitler 1933 inmitten von Putschgerüchten Reichskanzler wurde, jubelte vor allem seine Partei, und Goebbels inszenierte einen Fackelmarsch durchs Brandenburger Tor zur Reichskanzlei in der Wilhelmstraße. Die Bilder davon sind allerdings nachgestellt, weil sich den Parteitrupps eine kleine Baustelle auf dem Pariser Platz in den Weg stellte.

Das Establishment wollte Hitler in einer Koalition kontrollieren, aber diese Rechnung ging nicht auf. Als Ende Februar der Reichstag brannte, war der Vorwand da, politische Gegner von Staats wegen zu verfolgen und Notstandsgesetze zu erlassen, mit denen Deutschland bis zum Zusammenbruch 1945 regiert wurde. Bis heute konnte nicht zweifelsfrei geklärt werden, ob die Nazis beim Reichstagsbrand ihre Hand im Spiel hatten oder nicht.

Wie München oder Nürnberg als Parteistädte lebt Berlin seither mit dem Ruf der Nazihauptstadt, die dem Alltag ihren Stempel aufdrückte. Boykottaufrufe gegen jüdische Läden mochten zunächst wenig Beachtung finden, und doch wurden das politische wie öffentliche und schließlich auch private Leben rücksichtslos gleichgeschaltet. Aus »wilden« KZ wurden institutionalisierte, Redaktionen wurden gleichgeschaltet, Zeitungen verboten, der Kulturbetrieb zensiert, jegliche Gegnerschaft unerbittlich unterdrückt und beseitigt. Das fiebrig-kreativ-vergnügliche Berlin der 20er Jahre gab es bald nicht mehr, und wer befürchten musste, auf schwarzen Listen zu stehen, oder sich der verbreiteten Illusion, der »Spuk« werde doch rasch vorübergehen, nicht hingab, ging ins Exil. Die breite Mehrheit arrangierte sich: Spöttisch als »Märzgefallene« bezeichnete Opportunisten traten noch schnell in die NSDAP ein, und als im März noch einmal Kommunalwahlen stattfanden, erhielt die NSDAP fast 40 Prozent, bei den Reichstagswahlen 31.

Auch Kirchen und die Berliner Presse ließen sich zu großen Teilen bereitwillig gleichschalten und begleiteten unterstützend den Gang in die Diktatur. Vor allem die Olympischen Spiele 1936 waren eine glänzende Gelegenheit, NS-Deutschland zu bewerben, und später im Krieg jubelten die Berliner den NS-Politikern zu, solange die Siege reichten. Wie anderswo ignorierten die meisten, dass Nachbarn verschwanden, voll eingerichtete Wohnungen plötzlich verfügbar waren, dass Läden und Kneipen schlossen und das kulturelle Leben verödete. Und wie anderswo sind die Fälle, in denen Berliner verfolgte Mitbürger unter großer Gefahr schützten, versteckten oder finanzierten, ebenso beeindruckend wie selten. Die Verfolgung der Berliner Juden wurde schrittweise verschärft: Aus Schikanen und Krawallen wurden Diskriminierung, Entrechtung, Verfolgung und schließlich Ermordung.

1941 begannen die Deportationen in die Vernichtungslager, in denen die meisten der rund 170 000 Berliner Juden ermordet wurden, die nicht mehr hatten emigrieren können.

Wichtige Mahnmale zu Verfolgung, Widerstand und Zweitem Weltkrieg

Zentrale Gedenkstätte	Neue Wache Unter den Linden	1993
Holocaust-Mahnmal	Ebertstraße	2005
Stolpersteine	stadtweit	seit 1996
Mahnmal Jüdische Gemeinde	Fasanenstraße	1986
Gedenkstätte Plötzensee	Hüttigpfad	1952
Mahnmal »Gleis 17«	Bahnhof Grunewald	1998
Sowjetisches Ehrenmal	Straße des 17. Juni	1945
Sowjetisches Ehrenmal	Treptower Park	1949
Sowjetisches Ehrenmal	Schönholzer Heide	1947–49
Mahnmal Bücherverbrennung	Bebelplatz	1995

»Der verlassene Raum«	Koppenplatz	1996
»Block der Frauen«	Rosenstraße	1995
Mahnmal Jüdisches Altersheim	Große Hamburger Straße	1985/87
Centrum Judaicum	Oranienburger Straße	1995
The Missing House	Große Hamburger Straße 15/16	1990
Topographie des Terrors	Niederkirchner-straße	1987
Jüdisches Museum	Lindenstraße	2001
Haus der Wannsee-konferenz	Wannsee	1992
Gedenkstätte Deutscher Widerstand	Stauffenbergstraße	1952/53
Mahnmal Euthanasie	Tiergartenstraße / Kulturforum	2014
Mahnmal Homosexuelle	Ebertstraße	2008
Denkmal Magnus Hirschfeld	Magnus-Hirschfeld-Ufer	Projekt-phase
Mahnmal Sinti und Roma	Simsonweg	2012
Mahnmal Reichstags-abgeordnete	Scheidemannstraße	1992

Mahnmal polnischer Widerstand	Volkspark Friedrichshain	1972
Denkmal Ernst Thälmann	Thälmannpark	1986
Gedenkstein Zwangsarbeiter	Tierpark Friedrichsfelde	1984/85
Denkmal Trümmerfrauen	Hasenheide	
Denkzeichen Modezentrum	Hausvogteiplatz	2000
Gedenkstätte Köpenicker Blutwoche	Puchanstraße	1980/87

Die Diktatur gab sich auch ein bauliches Gesicht: Das Luftfahrtministerium Leipziger, Ecke Wilhelmstraße wurde bereits 1935 gebaut und verwies bereits auf Kriegsabsichten der Nazis: Angesichts strenger Rüstungsbeschränkungen durch den Versailler Vertrag hätte Deutschland ein Ministerium solcher Größe nicht gebraucht.

Verbliebene Bauten der NS-Zeit

- Luftkriegsschule, Gatow: erbaut 1935, heutige Verwendung: Militärhistorisches Museum
- Rathaus Tiergarten, Turmstraße: erbaut 1935–37, heutige Verwendung: Bezirksverwaltung
- div. Verwaltungsbauten, Fehrbelliner Platz: erbaut

1935–43, heutige Verwendung: städt. Verwaltungen

- Luftfahrtministerium, Leipziger / Wilhelmstraße: erbaut 1936, heutige Verwendung: Bundesfinanzministerium
- Olympiagelände, Olympischer Platz: erbaut 1936
- Olympisches Dorf, Döberitz: erbaut 1936, heutige Verwendung: Museum
- Propagandaministerium, Mauerstraße: erbaut 1936, heutige Verwendung: Bundesarbeitsministerium
- Sitz Uranprojekt, Boltzmannstraße: erbaut 1936, heutige Verwendung: Campus FU
- Reichsmünze, Mühlendamm: erbaut 1937, heutige Verwendung: Außenministerium
- div. Verwaltungsbauten, Stralauer Straße: erbaut 1937–39, heutige Verwendung: Verwaltungen
- NSDAP-Regionalverwaltung, Am Friedrichshain: erbaut 1938, heutige Verwendung: Verlagsgebäude
- Städtische Feuersozietät, Parochialstraße: erbaut 1938, heutige Verwendung: städt. Verwaltungen
- Reichsarbeitsdienst, Bismarckplatz: erbaut 1938, heutige Verwendung: Umweltbundesamt
- Arbeiterstadt, Stadtrandstraße: erbaut 1938, heutige Verwendung: Krankenhaus
- Zentralflughafen, Platz der Luftbrücke: erbaut 1939, heutige Verwendung: wechselnde Nutzung
- Reichsbank, Kurstraße: erbaut 1939, heutige Verwendung: Auswärtiges Amt

- Luftwaffeninfanterieregiment, Kurt-Schumacher-Damm: erbaut 1939, heutige Verwendung: Bundeswehr
- SS-Kameradschaftssiedlung, Argentinische Allee: erbaut 1939
- Organisation Todt, Friedrichstraße: erbaut 1941, heutige Verwendung: Arbeitsagentur
- div. Botschaften, Tiergartenstraße, Rauchstraße, Drakestraße: erbaut 1940–43

Wie ein gewaltiges, strenges Symbol der Diktatur sollte Berlin nach dem »Endsieg« zur »Hauptstadt des Großdeutschen Reiches« aus- und umgebaut werden und künftig Germania heißen. Es wäre wohl das Ende Berlins geworden, wie es bisher bestanden hatte. Kern der Planung Hitlers und seines Architekten Albert Speer waren zwei Achsen, die sich im Tiergarten an einem riesigen Adolf-Hitler-Platz treffen sollten, wo die »Große Halle« das Reichstagsgebäude zur Pförtnerloge degradiert hätte: 315-mal 315 Meter Grundfläche, 290 Meter Höhe. Während die Ost-West-Achse vom Brandenburger Tor zum Olympiastadion gebaut wurde, blieb die Nord-Süd-Achse weitgehend Planung. Kernstück sollte ein monströser Triumphbogen werden, 50-mal voluminöser als der Pariser Platz.

Stattdessen ging Berlin im Bombenhagel des Zweiten Weltkriegs unter. Geschätzte 70 000 Tonnen alliierter Bomben vernichteten 20 Prozent der Bausubstanz komplett, im Stadtzentrum waren es gar 50 Prozent. Ein Siebtel der deutschen Trümmer häufte sich in Berlin auf. Die neugebaute Reichskanzlei mitsamt des 400 Quadratmeter großen Hitler'schen Arbeitszimmers, berüchtigtes Symbol des NS-Größenwahns, wurde schwer beschädigt und später abgebrochen.

Die letzten Wochen des Krieges verbrachten die Berliner fast nur noch in den zahlreichen Bunkern, da mehrmals täglich bombardiert wurde. Damals hieß es, Optimisten lernten Englisch, Pessimisten Russisch – Zensur und Propaganda ließen die Stadt im Unklaren, ob Sowjets oder Westmächte Berlin zuerst erreichen würden. Die Rote Armee bot 2,5 Millionen Soldaten auf und zog den Ring um Berlin immer enger. Zwei Wochen dauerte der Kampf um Berlin, weil Hitler im Bunker nicht aufgeben mochte und Gauleiter Goebbels den Endkampf »bis zum letzten Mann« führen ließ. Wer nicht mitmachte, wurde am nächsten Baum gehängt, Halbwüchsige wurden in einer letzten Schlacht sinnlos verheizt. Da Straße um Straße verteidigt wurde, wurden noch einmal viele Häuser zerstört, bevor Hitlers Selbstmord am 30. April und die Eroberung des Reichstagsgebäudes am 1. Mai 1945 den Krieg in Berlin beendeten.

Die Infrastruktur war schwer zerstört: fast alle Brücken kaputt, Gas-, Wasser- und Stromversorgung unterbrochen. Die Wasserpumpen waren damals eine Rettung fürs Überleben, auch deshalb wurden viele davon erhalten. Die Lebensmittelversorgung brach zusammen, und wer keinen Schrebergarten besaß, um Eigenes zu ernten, der musste in überfüllten Zügen aufs Land fahren und attraktives Tauschgut haben, um mit Bauern handelseinig zu werden, die sich ihre Kunden auswählen konnten. Unerlässlich waren die Schwarzmärkte, so am zerschossenen und ausgebrannten Reichstag. Im Tiergarten musste der Baumbestand nach und nach fast vollständig dran glauben, denn Brennholz war knapp. Dort entstanden dann, wie überall in der Stadt, Beete zur Selbstversorgung. Die Versorgungskrise wurde verstärkt durch eine große Zahl an Flüchtlingen aus den östlichen Provinzen – rund 500 000 pro Monat. Dabei war jede dritte Wohnung unbewohnbar, nur jede vierte hatte die Bomben unbeschadet überstanden.

Bomben- und Trümmerstatistik

Bomben	70 000 Tonnen
Angriffe	über 360
größter Angriff	3. Februar 1945: 2000 Flugzeuge, 1,5 Mio. Obdachlose
zivile Todesopfer	ca. 35 000
Bunker	ca. 1000, davon noch ca. 100 erhalten

3 Flak-Groß-bunker	Zoo, Humboldthain, Friedrichshain für je 30 000 Menschen
Bombenschutt	70 – 90 Mio. m^3

Acht markante Bunkergebäude

Ort	**heutige Nutzung**
Flakbunker Humboldthain	Führungen
U-Bahn-Bunker Gesundbrunnen	Ausstellung »Berliner Unterwelten«
Bunker Anhalter Bahnhof	Museum
Reichsbahnbunker Reinhardtstraße	Privatmuseum für moderne Kunst
Gasometerbunker Fichtestraße	Führungen
Bunker Kudammkarree	Museum »Story of Berlin«
Hochbunker Pallasstraße	überbaut durch Wohnhäuser
Hochbunker Heckeshorn	ungenutzt

Schon im Februar hatten Roosevelt, Churchill und Stalin auf der Konferenz von Jalta die Teilung Berlins in vier Sektoren beschlossen, die man aber in einer Alliierten Kommandantur gemeinsam verwalten wollte. Bis die Westalliierten im Sommer eintrafen, waren die Sowjets alleinige Besatzungsmacht, und vor allem in den ersten Wochen übten sie grausame Rache, insbesondere durch massenhafte Vergewaltigungen. Sofort begannen sie im gesamten Stadtgebiet mit der umfassenden Demontage von Industrieanlagen, organisierten gleichzeitig den Wiederaufbau und setzten das kulturelle Leben wieder in Gang – und installierten einen Regierungs- und Verwaltungsapparat nach sowjetischem Vorbild. Schlüsselstellen gingen an Vertrauensleute, oft aus der sowjetischen Emigration. Noch im Mai wurde der öffentliche Nahverkehr wieder in Gang gesetzt, wenn auch eingeschränkt.

Die zehn höchsten Berliner Trümmerberge

Teufelsberg	Charlottenburg	120 Meter
Volkspark Prenzlauer Berg		91 Meter
Humboldthöhe	Wedding	86 Meter
Großer Bunkerberg	Friedrichshain	78 Meter
Insulaner	Schöneberg	75 Meter
Marienhöhe	Tempelhof	73 Meter
Rixdorfer Höhe	Neukölln	70 Meter
Rudower Höhe		64 Meter
Kleiner Bunkerberg	Friedrichshain	52 Meter
Volkspark am Weinberg	Mitte	39 Meter

Mit der Potsdamer Konferenz im Sommer 1945 zeigte sich, dass der Wille zur Zusammenarbeit der Alliierten dahinschwand, je länger das Kriegsende zurücklag. Berlin wurde zum Brennpunkt des Kalten Kriegs und blieb es bis zu dessen Ende vier Jahrzehnte später, mochte er dann auch weniger frostig geworden sein. In den ersten freien Wahlen nach dem Krieg erhielten die SPD fast 50, die CDU gut 22 Prozent, während die von der Sowjetunion protegierte SED unter 20 Prozent blieb. Als 1947 Ernst Reuter (SPD) Oberbürgermeister wurde, legten die Sowjets ihr Veto ein, wie sie generell mit aller Macht ihre Personalvorstellungen durchzusetzen versuchten.

Mitten in der späteren DDR gelegen, wollte die sowjetische Besatzungsmacht Berlin als Ganzes zu deren Hauptstadt machen, musste dafür aber die Westalliierten loswerden. Zum offenen Bruch mit den Westmächten kam es wegen der Währungsreform 1948, weil die Sowjets für ganz Berlin auf einer neuen Währung für die spätere DDR bestanden. Der Machtkampf führte zur Ankündigung der Westmächte, in den Westsektoren die DM einzuführen, so dass Berlin schließlich zwei neue Währungen erhielt. Der Streit erfasste nahezu alle Bereiche – nicht nur Politik und Verwaltung, Wirtschaft und Handel, Kultur und Sport waren davon betroffen, bis in Familien reichte die ideologische Kontroverse.

Der Riss wurde zur Spaltung der Stadt mit dem

Rückzug der Sowjets aus der gemeinsamen Verwaltung und mit der Berlin-Blockade: Damit verschärften die Sowjets die ständigen Behinderungen der Versorgung, indem sie am 24. Juni 1948 Westberlin von allen Land- und Wasserwegen sowie der Stromversorgung abschnitten. Innerhalb weniger Tage reagierten die Westmächte darauf mit der legendären Luftbrücke. Die 2,1 Millionen Berliner der Westsektoren wurden fast ein Jahr lang ausschließlich aus der Luft versorgt – mit 2,3 Millionen Tonnen Hilfsgüter, vor allem Lebensmittel und Kohle. Fast 300 000 Flüge absolvierten die bald »Rosinenbomber« genannten Flugzeuge der Briten und Amerikaner: kleine Militärflugzeuge, denn große Transportmaschinen gab es damals noch nicht. Zu Spitzenzeiten landeten sie, nachdem sie versetzt übereinander den Luftkorridor passiert hatten, im Anderthalbminutentakt auf dem Flughafen Tempelhof. Für die Westberliner war diese »Mutter aller Luftbrücken« das erleichternde Signal, dass der Westen sie nicht den Sowjets ausliefern würde. Seither nannte man die britischen, US-amerikanischen und französischen Truppen in der Stadt nicht mehr Besatzungs-, sondern Schutzmächte.

Erhaltene Rosinenbomber in Berlin

Standort	Typ	Streitkräfte
Flughafen Schönefeld	Douglas C-3	Royal Airforce
Deutsches Technikmuseum	Douglas C-47B »Skytrain«	U.S.-Airforce
Alliiertenmuseum	Hastings TG 503	Royal Airforce
Militärisches Museum Gatow	Douglas C-47B »Dakota«	Royal Australian Airforce
Flughafen Tempelhof	Douglas C-47 »Skymaster«	U.S.-Airforce

Die Berliner spürten die Auswirkungen des Kalten Krieges Tag für Tag am eigenen Leib, die Stadt war politisch und organisatorisch bereits geteilt: zwei Bürgermeister, zwei Währungen, zwei Systeme. Trotzdem war die Stadt noch eine, denn während die innerdeutsche Grenze Anfang der 50er Jahre unüberwindbar wurde, waren die Berliner Sektorengrenzen noch passierbar. Die Lebensverhältnisse in Ost und West drifteten aber immer mehr auseinander, und der Aufwärtstrend des Westens im Gefolge des westdeutschen »Wirtschaftswunders« schlug sich in Westberlin nieder, während sich im Osten alsbald die Mängel einer sozialistischen Planwirtschaft zeigten und noch bis 1958 Lebensmittelmarken ausgegeben wurden. Als weltpolitischer Brennpunkt wurde die Stadt außerdem zur Spielwiese von Spionen: In den wenig zimperlichen frühen 50er Jahren waren selbst Entführungen und Verschleppungen aus den Westsektoren nach Osten an der Tagesordnung, Hunderte Menschen verschwanden auf Nimmerwiedersehen.

Der Kalte Krieg war kein Vergnügen, wenn auch im Rückblick besehen vieles skurril war. Hier **13 schräge Dinge aus dem Kalten Krieg:**

1. **Quadriga:** Das Brandenburger Tor wurde nach dem Krieg von Ost und West gemeinsam rekonstruiert: Die DDR baute wieder auf, Westberlin goss die zerstörte Quadriga neu. Als sie in den Osten gebracht wurde, um wieder aufs Tor gesetzt zu werden, ließ die DDR-Preußenadler und Eisernes Kreuz aus dem Siegeskranz entfernen.
2. Am Grenzübergang **Checkpoint Charlie** hockten die verfeindeten Supermächte USA und UdSSR direkt aufeinander. Kam es zu Krisen im prekären Verhältnis, fuhren hier von beiden Seiten Panzer auf. Man musste damit rechnen, ein dritter Weltkrieg werde am Checkpoint Charlie beginnen – manchmal sah es wirklich danach aus.
3. **Bahnhof Friedrichstraße:** Obwohl er gar nicht an der Grenze lag, wurde der Bahnhof als Grenzübergang eingerichtet, denn man konnte ihn mit

U- und S-Bahn aus Westberlin gut erreichen. Dreigeteilt diente er zugleich als Umsteigebahnhof für den Westberliner Nahverkehr und als Ostberliner S-Bahnhof – und als Schleuse für Ostblockagenten.

4. **Geisterzüge:** Zwei U- und eine S-Bahn-Linie wurden für den Westverkehr genutzt, obwohl das Mittelstück ihrer Strecke unter Ostberlin verlief. Man fuhr durch eine Abfolge ungenutzter Bahnhöfe, die von Grenzern bewacht wurden, bis es wieder auf Westgebiet ging. Die letzten West-Bahnhöfe waren mit Schildern gekennzeichnet: »Achtung! Letzter Bahnhof Berlin-West!«
5. **S-Bahn-Boykott:** Die S-Bahn gehörte bis 1984 der DDR-Reichsbahn und wurde nach dem Mauerbau von den Westberlinern umfassend boykottiert, die Passagierzahlen sanken von 500 000 auf nur noch 75 000. Zwei U-Bahn-Linien wurden eigens gebaut, um dafür Ersatz zu schaffen: U7 und U9.
6. **Fliegerlärm zur Bundestagssitzung:** Als unter Missachtung des Viermächtestatus Berlins der Bundestag 1965 in der Kongresshalle im Tiergarten zusammenkam, störte die Nationale Volksarmee der DDR mit Flugzeugen, die über dem Gebäude die Schallmauer durchbrachen.
7. **Sowjetisches Ehrenmal** Straße des 17. Juni: Aus Angst vor politischen Verwicklungen im Kalten Krieg wurde die Ehrenwache der Roten Armee,

die das sowjetische Ehrenmal im Britischen Sektor bewachten, von britischen Soldaten bewacht, die wiederum von Westberliner Polizei gesichert wurden.

8. **Lennédreieck:** Das Ostberliner Gebiet westlich der Mauer wird 1988 wochenlang von Umweltschützern besetzt, die schließlich vor der Westberliner Polizei über die Mauer nach Osten fliehen und dort mit Ostschrippen empfangen werden, bevor man sie diskret in den Westen ausreisen lässt.
9. **Steinstücken:** Aus der zu Westberlin gehörenden, gut 1 qkm großen Exklave auf DDR-Gebiet ging es über ein Transitfeld nach Westberlin. Nach dem Mauerbau wurden drei US-Soldaten nebst Hubschrauber stationiert, 1972 per Gebietsaustausch eine Straße aufs Festland gebaut und eine Linienbusverbindung hergestellt.
10. **Ephraimpalais:** 2500 Fassadenteile des 1935/36 abgerissenen Barockpalais lagerten in Westberlin. Gegen viel Widerstand entschied das Westberliner Abgeordnetenhaus, die Teile für den Wiederaufbau des Nikolaiviertels Ostberlin zurückzugeben.
11. **Spionageaustausch:** Als Brennpunkt des Kalten Krieges war Berlin häufiger Schauplatz von Spionageaustauschaktionen der Supermächte. Dreimal diente dazu die Glienicker Brücke zwischen Berlin und Potsdam, die sonst nur von den alliierten

Militärmissionen genutzt wurde: 1962, 1985 Und 1986.

12. Weil Westberlin der östlichste Vorposten des Westens war, errichteten die Amerikaner auf dem **Teufelsberg** eine Abhörstation zum Abhören von Telefon- und Funkverkehr des Ostblocks. Selbstredend waren dort auch Spione des Ostblocks tätig.
13. **1955** nahmen Amerikaner und Briten einen **Spionagetunnel** in Betrieb, der im Südosten der Stadt Telefonleitungen der Sowjets anzapfte. Die Sowjets waren durch einen Informanten vorab darüber informiert, ließen die Westalliierten aber gewähren, weil andernfalls der sowjetische Topspion George Blake in London aufgeflogen wäre. 1956 bot sich ein Anlass, die Entdeckung des Tunnels zu inszenieren und propagandistisch auszuschlachten.

Westberlin wurde wegen des Viermächtestatus zwar kein Teil der Bundesrepublik, aus Bonn gab es aber umfängliche Subventionen, um der Halbstadt in Insellage wirtschaftlich unter die Arme zu greifen. Schon Krieg und Zerstörung hatten der Stadt massive Schäden zugefügt, aber angesichts der unsicheren und besonderen Verhältnisse konnte von früheren Zeiten als wichtigster Wirtschafts-, Handels- und Industriestandort keine Rede mehr sein. Nur wirtschaftliche Hilfsmaßnahmen aus Bonn stoppten den Abwärtstrend und glichen Standortnachteile aus.

Auch als kulturelles Zentrum war Berlin angeschlagen, zumal ein Großteil der Kulturschaffenden schon zur NS-Zeit in die Emigration gezwungen worden war. Eine Maßnahme des kulturellen Wiederaufbaus waren die Filmfestspiele, die erstmals 1951 stattfanden. Mit Bonner Unterstützung wurde gebaut und entwickelt: U-Bahnen, Stadtautobahn und Wohnungen – maßgeblicher Impuls war die Internationale Bauausstellung 1957 im Hansaviertel, für die namhafte Architekten aus aller Welt planten. Das Ziel war auch ideologisch: Westberlin sollte zum »Schaufenster der freien Welt« ausgebaut werden, dessen Symbol der Kurfürstendamm wurde.

Den Wiederaufbau in Ostberlin kennzeichneten die schwierigeren wirtschaftlichen Rahmenbedingungen und die sowjetischen Einflüsse. Im Städtebau setzte man auf das Moskauer Vorbild – am eindrucksvollsten mit der Stalinallee (Karl-Marx-Allee) und ihren »Zuckerbäckerbauten«. Die städtebaulichen Maßnahmen ab den 1960er Jahren unterscheiden sich äußerlich gar nicht so sehr, aber die ideologischen Vorgaben unterschieden sich gleichwohl: Verkürzt gesagt, dienten breite Straßen im Osten den Arbeiter- und Militärparaden, im Westen sollten sie dem automobilen Wohlstand Platz geben – beidseits der Mauer aber sollte der Städtebau Zukunftszugewandtheit abbilden.

Die Teilung führte notgedrungen zu Dopplungen zahlreicher Einrichtungen:

Standort West	Standort Ost
Funkturm Messegelände	Fernsehturm Alexanderplatz
Kulturforum	Museumsinsel
Zoologischer Garten Charlottenburg	Tierpark Friedrichsfelde
Deutsche Oper Charlottenburg	Staatsoper Unter den Linden
Staatsbibliothek Potsdamer Straße	Staatsbibliothek Unter den Linden
Amerika-Gedenk-Bibliothek Kreuzberg	Stadtbibliothek Breite Straße
Philharmonie Tiergarten	Konzerthaus Gendarmenmarkt
Akademie der Künste Berlin (West)	Akademie der Künste der DDR
Volksbühne Schaperstraße (Haus der Berliner Festspiele)	Volksbühne Rosa-Luxemburg-Platz
Theater des Westens	Friedrichstadtpalast
Zoopalast	Kino International
Künstlerhaus Bethanien	Haus der Jungen Talente (Podewil)

Freie Universität Berlin	Humboldt-Universität
Kongresshalle Tiergarten (Haus der Kulturen der Welt)	Kongresshalle Alexanderplatz
Uniklinik Steglitz	Uniklinik Charité
Haus des Rundfunks	Funkhaus Nalepastraße
Sternwarte am Insulaner	Planetarium Prenzlauer Allee
Deutschlandhalle	Werner-Seelenbinder-Halle

Für die junge DDR und die sowjetische Besatzungsmacht wurde die Attraktivität des westlichen Modells zum wachsenden Problem. An Baustellen der Stalinallee und rundherum begannen Ende Mai 1953 die Proteste, die zu einem DDR-weiten Aufstand gegen die Regierung wurden und am 17. Juni in Berlin durch sowjetische Panzer gewaltsam beendet wurden. In der Folge nutzten immer mehr Menschen die offenen Sektorengrenzen zur Flucht – bis 1961 rund 3 Millionen. Um den Exodus zu stoppen, erreichte die DDR-Regierung schließlich die Zustimmung Moskaus für den Mauerbau am 13. August 1961. An jenem Sonntag wachten die Berliner in einer von 45 Kilometer Stacheldraht durchzogenen Stadt auf, der die beiden Stadthälften bald komplett abriegelte. Die Stadt wurde regelrecht abgeschnürt, Familien getrennt, Arbeitsplätze im anderen Teil waren plötzlich nicht mehr erreichbar. Nur langsam stellte sich so etwas wie Normalität in der absonderlichen Realität einer geteilten Stadt ein, während die Grenzanlagen bis zum Mauerfall beständig erneuert und perfektioniert wurden.

Mauerstatistik

Gesamtlänge	155 Kilometer davon innerstädtisch: 43 Kilometer davon Betonmauer: 107 Kilometer davon Metallzaun: 65 Kilometer
Kfz-Graben	106 Kilometer
Signalzaun	128 Kilometer
Kolonnenweg	124 Kilometer
Wachtürme	302
Schussabgaben durch Grenztruppen	1963
Todesopfer	138
Schussverletzte	118
Festnahmen	3221
Fluchttunnel	ca. 75
Flüchtlinge	5043 davon Angehörige der Grenztruppen: 565
Anschläge gegen die Mauer	35

Grenzübergänge	innerstädtisch: 8 Umland / Transit: 6

Die 1960er Jahre waren vom Kalten Krieg geprägt, und jeder Streit zwischen den Supermächten oder den beiden deutschen Staaten wirkte sich auf Berlin unmittelbar aus, am häufigsten in Schikanen, wenn Westberliner über die verbliebenen Transitstrecken nach Westdeutschland fuhren, aber auch in der Versorgung der Stadt und an der Mauer selbst. Immer wieder schwankte die Stimmung zwischen Wut und Depression. Für große Empörung sorgten Todesfälle an der Mauer, wenn DDR-Grenzer den Schießbefehl befolgten; die Fluchtversuche nahmen über die Jahre stetig ab, weil die Grenzanlagen immer weiter perfektioniert wurden.

Zwölf spektakuläre Mauerfluchten

- **August 1961:** Grenzer Conrad Schumann springt über den Stacheldraht, Bernauer / Ruppiner Straße (1 Person)
- **Dezember 1961:** gekaperter Zug, Albrechtshof (28 Personen)
- **1962:** Flucht über Checkpoint Charlie mit selbstgeschneiderter Uniform (4 Personen)
- **Juni 1962:** gekaperter Ausflugsdampfer, Spree / Lohmühleninsel (12 Personen)

- **Januar 1962:** erste größere Tunnelflucht, Oranienburger Chaussee (28 Personen)
- **Mai 1963:** mit niedrigem Sportwagen unterm Schlagbaum durch (3 Personen)
- **Januar 1964:** Flucht über Stadtbahnviadukt Nähe Bahnhof Friedrichstraße (8 Personen)
- **1965:** Seilbahn über die Grenzanlagen, Niederkirchnerstraße (3 Personen)
- **1980:** Flucht in Geister-U-Bahn U8 (4 Personen)
- **1982:** Notbremse, wo die S-Bahn an der Mauer entlangfährt (2 Personen)
- **März 1988:** Lkw-Grenzdurchbruch, Glienicker Brücke (3 Personen)
- **1989:** Ultraleichtflugzeug aus Westberlin landet im Treptower Park (1 Person)

Die Entspannungspolitik der Bonner SPD / FDP-Regierung erleichterte die Lage in Berlin in den 1970ern. Mit Passierscheinabkommen und Viermächteabkommen begann eine Gewöhnungsphase, in der Ost und West gleichermaßen den Status quo beachteten, der akribisch festgelegt war. Der beständige Streit um den Status Berlins als alliierte Stadt, deren Westteil eng an die Bundesrepublik angeschlossen, aber kein Teil von ihr war, und deren Ostteil die Hauptstadt der DDR war, wurde geklärt bzw. Konfliktpotential umschiffend entschärft. In Westrichtung blieb die Mauer weitgehend unüberwindbar, aber zumindest konnten Westberliner nun einfacher Besuche im Ostteil machen.

Eine Weltmetropole war Berlin nicht mehr, mochte die Stadt auch weltweit geläufig bleiben – wegen der Mauer. Für die DDR sorgten Hauptstadtfunktion und erhebliche Subventionen für ein gewisses Großstadtflair, wenn auch in sozialistisch grauem Gewand. Gelegentlich ging es in Ostberlin international zu, etwa zu den Weltfestspielen der Jugend 1973. Im Rahmen des Gestatteten war eine lebendige Künstlerszene aktiv, und in den 1980er Jahren herrschte sogar eine staatsferne, bunte Alternativboheme, gleichwohl scharf überwacht, in Prenzlauer Berg.

Im Westen schufen Unterstützung und Ansiedlungen auf dem Gebiet von Kultur und Wirtschaft einen gewissen Ausgleich für das Verlorene und die schwierige Insellage, sogenannte »Zitterprämien« sollten Abwanderung entgegenwirken. Mit der Zeit äußerte sich der unerschütterliche Berliner Behauptungswille in einem insularen Bewusstsein, und man machte aus mancher Not eine Tugend. Die Zuwanderung von Arbeitsmigranten vor allem aus der Türkei sowie Wehrdienstflüchtlingen aus der Bundesrepublik, aber auch die Möglichkeiten für Alternative oder Schwule und Lesben, sich Freiräume zu erkämpfen, schufen eine besondere Westberliner Mischung, deren Verlust bis heute beklagt wird. Spielwiese der Szene und linkes Biotop wurde Kreuzberg, das sich erfolgreich gegen die Vernichtung des Bezirks per Abrissbirne gewehrt und Freiräume erkämpft hatte.

Slogans der Großdemonstration am 4. November 1989 (Alexanderplatz)

- »Sozialismus statt Staatssicherheit«
- »Tatsächliche Wende, nicht nur Bananen und Reisepässe«
- »Macht für niemand«
- »Gegen Verharmlosung von Neo-Nazis made in GDR«
- »Stasi raus«
- »Wandlitz zeig dein Antlitz«
- »Ein Vorschlag für den 1. Mai: Die Führung zieht am Volk vorbei«
- »Wir brauchen Architekten statt Tapezierer«
- »Demokratie statt Bonzokratie«
- »Für kommunistische Ideale – KEINE PRIVILEGIEN«

Als 1989 die DDR-Revolution die Mauer zum Einsturz brachte, hatte sich Berlin einerseits an das »Schandbauwerk« und die Teilung in erstaunlichem Maß gewöhnt, andererseits war die Freude riesengroß und der Triumph unendlich, als am Abend des 9. November die DDR-Staatsmacht angesichts der Wut ihrer Bürger und der Wucht der Revolution regelrecht implodierte. Vor allem in Ostberlin begann eine anarchische Phase voller Unsicherheit und Möglichkeiten, die bis weit in die 90er Jahre anhielt – die Clubszene von damals wurde sehr rasch legendär, und Berlin etablierte sich allmählich international als szeniger Treffpunkt, dem Techno in räudigen Locations eine Stimme gab. Die Kommerzialisierung war letztlich nur eine Frage der Zeit und lässt sich rückblickend ablesen an der Love-Parade, die 1989 als Insiderveranstaltung begann, Mitte der 90er zum Massenevent wurde und in den Nullerjahren überkommerzialisiert endete.

Der Politik schien nach dem Mauerfall ausgemacht, dass die alsbald wiedervereinigte Stadt in kürzester Zeit einen rasanten Aufschwung erleben würde. Zunächst aber mussten die beiden Stadthälften wieder zusammengeführt werden – ein aufwendiges und teures Unterfangen, denn die Infrastruktur war bis zur Kanalisation geteilt. Vor allem aber mussten sich die Berliner, bei aller Freude über das Ende der Teilung, auf völlig veränderte Lebensumstände einstellen. Das galt zwar auf beiden Seiten der geschleiften Mauer, aber natürlich in ganz besonderem Maße für Ostberlin.

Zehn Dinge, die mit Ostberlin verschwanden

- Kohlenberge in den Straßen
- Schwarztaxis
- Schlangen vor Geschäften
- Militärparaden
- Intershops
- Trabi- und Braunkohleduft
- Beflaggung zum 1. Mai und 7. Oktober
- Rotarmisten
- Make-up à la russe
- »Sie werden platziert«-Schilder in Gaststätten

Zehn Dinge, die mit Westberlin verschwanden

- »Provisorischer Personalausweis«
- Berlin-Zulage
- Wehrdienstbefreiung
- Besucherbüros
- Interzonenzüge
- Avus ohne Tempolimit
- Soldaten der Westalliierten
- Senatsreserve für den Fall einer neuen Berlin-Blockade
- RIAS Berlin
- Exklave Steinstücken
- Grenzerfahrung Transitstrecke

Als der erwartete Aufschwung auf sich warten ließ, verfiel die Stadt in eine Art unschlüssige Apathie. Der Hauptstadtumzugsbeschluss des Bundestags, der 1991 überraschend für Berlin und gegen Bonn ausfiel, erwies sich erst mit einigem Verzug als Rettung. Bis das neue Berlin Gestalt annahm, vergingen viele Jahre: Der neubebaute Potsdamer Platz als Flaggschiff des Neuen wurde erst 1999 eingeweiht, das Sonycenter im Jahr darauf. Und als 1999 Parlament und Regierung herzogen, waren Reichstagsgebäude, Parlamentsbüros, Kanzleramt und einige Ministerien zwar fertig, anderes aber stand noch aus.

Einige Jahre später setzte der nachhaltige Boom ein, der bis in die Gegenwart anhält: Die Touristenzahlen schnellten rasant in die Höhe, die städtebaulichen Veränderungen nahmen Gestalt an, Berlin konsolidierte sich wirtschaftlich – und wurde gleichzeitig immer mehr das, was lange Jahrzehnte so schmerzlich vermisst worden war: eine ganz normale Großstadt. Seither diskutiert die Stadt die Folgen des Booms: steigende Mieten bei rasch wachsender Einwohnerzahl, Verdrängung weniger Betuchter an die Ränder der Stadt, das Verschwinden von Brachen und damit verbundener Freiheiten, steigende Preise – aber ebenso viel internationalen Zulauf, steigende Beschäftigungszahlen und gute Karrierechancen in der Stadt sowie ein Stadtbild, das sich entwickelt.

Die rasante Entwicklung im guten Vierteljahrhundert seit dem Mauerfall haben Berlin massiv verändert, und nicht nur verschwanden Alltäglichkeiten, es kam auch viel Neues hinzu.

Zehn Dinge, die sich seit 1990 verändert haben

- steigende Mieten
- steigende Einwohnerzahl
- Berlin weltweit gehypt
- jüdisches Leben wieder aufgeblüht
- rückläufige Arbeitslosigkeit
- ICE-Verkehr nach Berlin
- Berlin hat einen Hauptbahnhof
- Welt- und Europapremieren von Blockbusterfilmen
- Servicepersonal in der Gastronomie, das nur Englisch spricht
- wichtiger Drehort für Kino und TV-Reklame

Das ganze Berliner Publikum ist fein gebildet.
Ludwig van Beethoven, um 1800

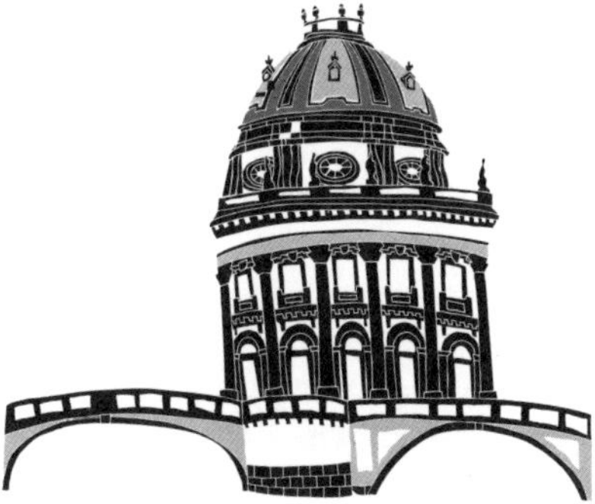

Die belebte Stadt: Kultur

Berlin ist eine gute Stadt – vortreffliche Musik, billiges Leben, sehr anständiges Theater, in den Konditoreien viele Zeitungen, und ich lese sie alle der Reihe nach – mit einem Wort, alles gut, sehr gut.
Michael Bakunin, russischer Anarchist, 1850

Berlin ist die größte kulturelle Extravaganz, die man sich vorstellen kann.
David Bowie

Berlin hat einen ständigen Drang zu Selbstvergewisserung, Selbstbekrittelung und Prahlerei. Zusammengenommen ist das eine lustige Gemengelage, die zum Beispiel dazu führt, dass man sich oft und gerne fragt, in welcher Städteliga man denn nun mitspielt: eher deutschlandweit, doch europäisch oder gleich international? Diese Frage wird vor dem Hintergrund städtebaulicher Entscheidungen und architektonischer Vorhaben, Bevölkerungswachstum und Zukunftsfähigkeit ebenso diskutiert wie auf dem Feld der Kultur.

Vergleichen wir uns mit München, Frankfurt am Main oder Hamburg? Oder ist unsere Spielwiese die von Paris, London und New York? In der Kultur muss und sollte sich Berlin mit allen messen wollen: München ebenso wie New York. Zum einen, weil Deutschland zahlreiche Zentren der kulturellen Oberliga hat, aber Berlin in Größe und Status natürlich an den großen Weltmetropolen gemessen wird – mal mehr, mal weniger erfolgreich. Zum anderen, weil der Vergleich auf mehreren Ebenen die Stadt gelegentlich ein bisschen erdet. Der Planet Berlin übersieht gern, wie gut die Orchester anderswo in Deutschland sind, wie vielseitig die Theaterlandschaft, wie reichhaltig die Museen.

Sowieso lässt sich da schwerlich von »der Kultur« sprechen: für Berlin ebenso wichtig wie die Hochkultur der großen Orchester und berühmten Gemäldesammlungen, ehrwürdigen Opernbühnen und Sprechtheater sind die Off-Theater-Szene, die vielen namenlosen Künstler, die Konzerte in abgeranzten Hallen, die Clubs in scharfen Abbruch-Locations. Die enorme internationale Attraktivität ist noch immer eine Frischzellenkur – jedoch gefährdet angesichts steigender Mieten und schwindender Brachflächen. Noch aber profitieren Künstler und andere Kulturschaffende von den im Vergleich zu London, Paris oder New York geringeren Mieten und Lebenshaltungskosten. Längst ist die Klage groß ob steigender Preise, aber weiterhin ist der Abstand zu anderen Städten ein Standortvorteil. In Maßen bemüht sich die Stadt durchaus, die alternative Szene zu unterstützen, aber ob das auf Dauer reichen wird, den spürbar steigenden Druck aufzufangen, ist zweifelhaft. Und mancher fragt, wie sinnvoll es ist, eine quirlige, unbeständige, vielseitige Kreativszene, die nicht zuletzt vom Transitorischen, Unfertigen der Stadt angezogen wurde, mit Subventionen und Schutzräumen bei der Stange zu halten. Ebenso ist die Überlegung statthaft, ob nicht mehr der enormen Kunstsubventionen an all das fließen sollte, was eben nicht etabliert ist.

Neben den Ausgaben der Stadt für die Kultur werden stattliche Bundesgelder alljährlich in die Berliner Kultur gepumpt – sehr zum Missvergnügen anderer Städte. Aber natürlich hat Berlin als Hauptstadt einen Bundesauftrag zu erfüllen. Und dann gibt es da die Stiftung Preußischer Kulturbesitz: Als nach dem Zweiten Weltkrieg Preußen aufgelöst wurde, gingen dessen Kulturgüter der westlichen Seite in die Stiftung ein, nach der Wiedervereinigung kamen die östlichen hinzu. Die Stiftung tragen zu drei Vierteln der Bund, zu einem Viertel die Bundesländer. Kulturell gesehen ist Berlin also unter anderem immer noch die Hauptstadt eines Staates, der seit sieben Jahrzehnten nicht mehr existiert.

Mit schierer Masse punktet Berlin auf jeden Fall, was die Museen betrifft. Über 200 öffentliche und private Häuser vermitteln Kunst und Geschichte, Archäologie und Naturwissenschaften, Medien und Technik. Für jedes Interesse ist mehr als eine Institution zuständig, und es ist nicht gerade leicht, sich überhaupt einen Überblick zu schaffen – und unwahrscheinlich, genügend Regentage zusammenzubekommen, um sie alle zu besuchen.

Flaggschiff der Berliner Museumslandschaft ist die Museumsinsel, deren Komplettsanierung bei laufendem Betrieb seit 1998 andauert und am Ende wohl 1,5 Milliarden Euro gekostet haben wird. Noch steht die Eröffnung der James-Simon-Galerie aus (geplant für 2018), die als zentraler Zugang für vier der fünf Museen dienen und die Besucher, ähnlich der Pyramide des Pariser Louvre, unterirdisch dorthin lotsen wird. Die Sanierung des Pergamonmuseums als letztem soll noch bis 2023 dauern.

Die Museumsinsel ging seit dem 19. Jahrhundert aus den königlichen Sammlungen hervor, die bis dahin im Schloss aufbewahrt wurden, um, dort kaum erreichbar, den dynastischen Ruhm zu befördern. Sie wurden nun, einem neuen Bildungsideal folgend, dem Volk zugänglich gemacht, was zugleich eine Investition ins Image war: Preußen, das ein französischer Diplomat Ende des 18. Jahrhunderts als »Armee mit Staat« statt umgekehrt verspottet hatte, machte in Kultur.

Gebäude wie Sammlungen des Unesco-Weltkulturerbes können sich sehen lassen, und die Museumsinsel ist mit jährlich rund drei Millionen Besuchern (2014 sanierungsbedingt nur 2,4 Millionen) zweifellos der Besuchermagnet der Berliner Museumslandschaft, von den archäologischen Sammlungen im Alten, Neuen und Pegamonmuseum über Mittelalter- und Renaissanceobjekte im Bode-Museum zu den Gemälden der Alten Nationalgalerie. Einige, aber nicht alle der wichtigsten Exponate der Stadt werden hier gezeigt:

30 Spitzenexponate Berliner Museen

Saurierskelette	Naturkundemuseum
Büste der Nofretete	Neues Museum
Pergamonaltar	Pergamonmuseum
Berliner Goldhut	Neues Museum

Ischtartor Babylon	Pergamonmuseum
Porträtkopf der Königin Teje	Pergamonmuseum
Aleppo-Zimmer	Pergamonmuseum
Grabrelief eines Mädchens	Pergamonmuseum
Kaiserlicher Thronsitz	Museum für Asiatische Kunst
Die heilige Anna, Tilman Riemenschneider	Bode-Museum
Der heilige Sebastian, Peter Paul Rubens	Gemäldegalerie
Der Kaufmann Georg Gisze, Hans Holbein d. J.	Gemäldegalerie
Amor als Sieger, Caravaggio	Gemäldegalerie
Großes Silberbuffet,	Kunstgewerbemuseum
Fam. Biller	Schloss Köpenick
Prinzessinnengruppe, Johann Gottfried Schadow	Alte Nationalgalerie
Der Mönch am Meer, Caspar David Friedrich	Alte Nationalgalerie
Im Wintergarten, Manet	Alte Nationalgalerie
Potsdamer Platz, Ernst Ludwig Kirchner	Neue Nationalgalerie
Synthetischer Musiker, Iwan Puni	Berlinische Galerie

Kneipen-Interieur Mulackritze (Scheunenviertel)	Gründerzeitmuseum
Sitzender Harlekin, Pablo Picasso	Museum Berggruen
Die Seilspringerin, Henri Matisse	Museum Berggruen
The Big Nudes, Helmut Newton	Museum für Fotografie
Mao-Porträt, Andy Warhol	Hamburger Bahnhof
Straßenbahnhaltestelle, Joseph Beuys	Hamburger Bahnhof
Isetta-Fluchtauto	Museum Haus am Checkpoint Charlie
Büro Erich Mielke	Stasi-Museum Lichtenberg
Spionagetunnel USA / GB	Alliiertenmuseum
Kontrollkabinen Grenzübergangsstelle	Tränenpalast

Um bedeutenden Sammlungen von Weltrang wieder mehr Aufmerksamkeit zu verschaffen – und dem wiederaufgebauten Schloss eine hochkarätige Füllung zu geben –, wird das Humboldtforum ein weiteres zentrales Museumsquartier. Zwei Museen, die weitab vom Schuss kaum noch Beachtung fanden, ziehen ein: das Ethnologische Museum und das für

Asiatische Kunst. Ganz neu präsentiert, sollen sie zusammen mit den Sammlungen der Humboldt-Universität eine Art Menschheitskulturmuseum werden und den bisherigen Blickwinkel der Museumsinsel auf die ganze Welt erweitern. Und dabei werden einige Exponate an den Ort zurückfinden, an dem sie zuerst aufgestellt worden waren.

Die Auswahl eines Museums fällt schwer angesichts des großen Angebots. Ein möglicher Filter ist die Popularität der Museen – entweder man meidet die besucherstärksten oder gerade nicht, weil Millionen Besucher nicht irren können.

Berlins zehn besucherstärkste Museen

Topographie des Terrors	Niederkirchnerstraße	1,4 Mio.
Gedenkstätte Berliner Mauer	Bernauer Straße	1 Mio.
Pergamonmuseum	Museumsinsel	1 Mio.
Deutsches Historisches Museum	Unter den Linden	800 000
Haus am Checkpoint Charlie		750 000
Jüdisches Museum		700 000
Neues Museum	Museumsinsel	650 000
DTM	Kreuzberg	640 000
Ort der Erinnerung	Holocaust-Mahnmal	550 000
Naturkundemuseum	Invalidenstraße	500 000
Alte Nationalgalerie	Museumsinsel	350 000

Natürlich sind keineswegs nur die besucherstärksten Museen Berlins sehenswert. Über 200 verteilen sich über die ganze Stadt, aber es gibt weitere Zentren neben der Museumsinsel: In und am Schloss Charlottenburg sind ebenso wichtige Museen konzentriert wie am Kulturforum, wo zudem ein neues entsteht: das Museum des 20. Jahrhunderts. Der frühere Standort der Staatlichen Museen in Dahlem lässt sich wegen des Umzugs ins Humboldtforum nicht mehr als Museumszentrum bezeichnen, dafür soll sich in der Europacity am Hauptbahnhof viel moderne Kunst ansiedeln – dort ist bereits das Museum für Gegenwart im Hamburger Bahnhof.

Besonders gut besucht sind in Berlin die zeithistorischen Museen – kein Wunder angesichts der Bedeutung der jüngeren Geschichte für Berlin. Die Stadt liefert das Anschauungsmaterial gleich mit, und die Vermittlung reicht über den Museumsbesuch hinaus.

Zehn beste zeithistorische Museen

Mauergedenkstätte	Mitte / Wedding, Bernauer Straße
Stasi-Gefängnis	Hohenschönhausen
Alliiertenmuseum	Zehlendorf, Clayallee
Gedenkstätte Plötzensee	Wedding, Hüttigpfad
Topographie des Terrors	Kreuzberg, Niederkirchnerstraße

Jüdisches Museum	Kreuzberg, Lindenstraße
Haus der Wannsee-konferenz	Wannsee, Am Großen Wannsee
Tränenpalast	Mitte, Bhf. Friedrichstraße
DDR-Museum	Mitte, Karl-Liebknecht-Straße
Olympiagelände	Charlottenburg

Erwähnenswert ist das Spektrum an Fotografiemuseen und fotografischen Sammlungen nebst den zahlreichen Ausstellungen. Am bekanntesten ist das c/o Berlin, das bis vor einigen Jahren im alten Postfuhramt der Oranienburger Straße residierte, bis Investoren das Objekt übernahmen, sanierten und ziemlich unzugänglich machten. Seit 2014 Ist das c/o im Amerika Haus am Bahnhof Zoo untergebracht: ein ganz anderes Gebäude an anderer Stelle, dabei mit gewohnt hochwertigen Ausstellungen.

Fünfmal Fotografie in Museen und Galerien

c/o Berlin	Charlottenburg	Amerika Haus, Hardenbergstraße
Museum für Fotografie	Charlottenburg	Jebensstraße
Berlinische Galerie	Kreuzberg	Alte Jakobstraße
me Collectors Room	Mitte	Auguststraße
Camera Work	Charlottenburg	Kantstraße

In manchen Museen kann man ganz allein durch die Räume spazieren und Entdeckungen machen. Hier für alle Himmelsrichtungen sehr verschiedene **sehenswerte Museen an der Peripherie**:

Nord	Schloss Schönhausen	Pankow-Niederschönhausen
Nordost	ehemaliges Stasi-Gefängnis	Hohenschönhausen
Ost	Gründerzeitmuseum	Mahlsdorf
Südost	Altes Wasserwerk	Friedrichshagen
Süd	Notaufnahmelager	Marienfelde
Südwest	Haus Liebermann	Wannsee
West	Militärhistorisches Museum	Flughafen Gatow
Nordwest	Feuerwehrmuseum	Tegel

Bei einer solchen Zahl an Museen ist sprichwörtlich alles dabei. Berlin hat Museen von A bis Z, von der Abgusssammlung bis zum Zuckermuseum. Darunter sind auch einige, die ein bisschen absonderlich oder verschroben wirken – oder ein randständig anmutendes Feld beackern.

Zwölf Nischenmuseen in Berlin

Gaslaternen-Freilichtmuseum	Tiergarten, S-Bahnhof
Hanfmuseum	Mitte, Nikolaiviertel
Buchstabenmuseum	Tiergarten, S-Bahnhof Bellevue
Ramones-Museum	Mitte, Krausnickstraße
Museum der Unerhörten Dinge	Schöneberg, Crellestraße
Kinderkunst-Museum	Zehlendorf, Hartmannsweilerweg
Puppentheatermuseum	Neukölln, Karl-Marx-Straße
Blindenmuseum	Steglitz, Rothenburgstraße
Lippenstiftmuseum	Wilmersdorf, Helmstedter Straße
Schwules Museum	Schöneberg, Lützowstraße
Currywurst-Museum	Mitte, Schützenstraße
Katzenmuseum	Lichterfelde-Ost, Luisenstraße

Meist unterschätzt, selten überlaufen und überwiegend empfehlenswert sind außerdem die Bezirksmuseen, von denen jeder der zwölf Bezirke mindestens eins hat.

Wie in anderen Städten haben seit einigen Jahren große Wechselausstellungen enormen Zulauf, und die Museen hier wie anderswo lassen sie als Events nach Kräften vermarkten. An manche erinnert sich die Stadt nicht zuletzt wegen der langen Schlangen zum Ende der Schauen, deren Längen in einigen Fällen sogar im Radio durchgegeben wurden. So war es mit der großen Berliner Ausstellung des New Yorker MoMA in der Neuen Nationalgalerie 2004. Schlangen sieht man auch immer mal wieder vorm Martin-Gropius-Bau, wo häufig besucherstarke Ausstellungen stattfinden.

Zeitgenössische Kunst hat ihren Platz nicht nur im Hamburger Bahnhof und in Ausstellungen der großen Museen, sondern nicht zuletzt in den vielen Galerien der Stadt. Schätzungen zufolge sind es im Ganzen bis zu 600. Besonders bekannt für ihre Ausstellungsräume ist die Auguststraße in Mitte, und auch ein Stück weiter in der Brunnenstraße zwischen Mitte und Wedding haben sich Galerien angesiedelt. Potsdamer Straße sowie Kreuzberg rund um die Rudi-Dutschke-Straße sind weitere Standorte. Ein neuer Schwerpunkt soll in der Europacity nördlich vom Hauptbahnhof entstehen, unweit vom Hamburger Bahnhof.

Die Künstler der Stadt haben allerdings ein Problem: Allein von staunendem Publikum lässt sich selbst bei moderaten Ateliermieten nicht leben, aber kaufkräftige Sammler sind in Berlin keine allzu verbreitete Spezies. Etwas Abhilfe schafft seit vielen Jahren das Gallery Weekend, an dem um den 1. Mai Sammler und Kuratoren in die Stadt kommen und von Galerie zu Galerie kutschiert werden, in denen die Künstler ihre Werke zeigen. Auch die Art Week im September zieht um die 100 000 Besucher an. Da Kunst aus Berlin international gefragt ist, steigen die Umsätze hiesiger Kunsthändler seit 2010 viermal stärker als im deutschen Durchschnitt. Gleichzeitig gibt es aber viele bedeutende und verdienstvolle Galerien, die wirtschaftlich arg zu kämpfen haben.

Berlins räudige Ecken werden weniger, aber Streetart- und Graffiti-Künstler behaupten sich hartnäckig. Was an Stirnrunzeln und Klage zu hören ist, erinnert ein bisschen an die Kritik Wilhelms II. an der Arbeit heute hochgeschätzter Künstler wie Max Liebermann oder Walter Leistikow, es handele sich um Rinnsteinkunst. Und wie die Avantgardekünstler verstehen wohl auch die Straßenkünstler des 21. Jahrhunderts ähnliche Kritik als Bestätigung. Und in der Tat ist nicht alles, aber vieles bemerkenswert, und Berliner Streetart ist international ein Begriff. Gerne wird darüber gemeckert, aber das bezieht sich doch meist eher auf uninspirierte Tags und Schmierereien, auf die eine Stadt verzichten kann.

Straßenkunst findet sich vor allem in Kreuzberg und Mitte, wo sie allerdings Mühe hat, sich zu behaupten. Und da Straßenkünstler sowieso nicht für die Ewigkeit arbeiten, müssen Kunstführer, die etwa am Stadtbahnviadukt zwischen Alex und Hackescher Markt Gruppen führen, Improvisationstalent haben:

Während das eine längst übermalt ist oder die bepinselte Brandmauer von einem Neubau verdeckt wird, prangt unverhofft Brandneues nur ein Stückchen weiter.

Eine wichtige Rolle spielen Graffiti, die keineswegs immer nur verschandeln, sondern häufig genug Kunst im öffentlichen Raum darstellen, zum Schmunzeln, Nachdenken oder Kopfschütteln anregen. Manche Touristen fahren gezielt von einem berühmten Graffito zum nächsten, aber auch hier schlägt die Vergänglichkeit unerbittlich zu. Sowieso verloren ist der Großteil der zahllosen Graffiti, die über die Jahre auf der Westseite der Mauer entstanden – die East-Side-Gallery, nach dem Mauerfall auf der Ostseite gepinselt, ist da kein überzeugender Ersatz. Bekannt wurde 2014 der Fall des berühmten Künstlers Blu, der sein Werk an der Kreuzberger Cuvry-Brache schwarz überstreichen ließ, um ein Statement zu liefern gegen die Gentrifizierung der Gegend. Nicht weit davon existiert weiterhin sein Graffito, das die Berliner Mauer abbildet: Die Betonmauer fällt, um in Form von Hunderteuroscheinen wiederzuerstehen. Eher Mainstream sind Fassadenbilder, schon wegen der vielen Brandmauern neben Baulücken. Manchmal werden sie gezielt eingesetzt, um Spontansprayer mit Respekt vor Kollegenarbeit von ihrem Tun abzubringen. Mit offenen Augen durch Berlin zu laufen lohnt also keineswegs nur wegen der zahlreichen Denkmäler, Hinweisschilder und Mahnmale.

Von räudig bis hoch subventioniert reicht auch das musikalische Spektrum in Berlin. Straßenmusik ist dem einen Ärgernis, dem anderen willkommene Abwechslung, und insbesondere Touristen begeistern sich mitunter schnell, wo Berliner auf Alltagswegen genervt die Augen verdrehen. Wer nicht gerade mit auffordernd rumgereichtem Pappbecher in der S-Bahn einen Gassenhauer schal zum Besten gibt, zur Erleichterung der Fahrgäste meist stark gekürzt, sondern Talent besitzt, kann Berlin durchaus als Sprungbrett erleben. Am Alexanderplatz kommt es häufiger zu größeren Trauben um Straßenmusiker, von denen manche Potential zeigen. Sie schaffen es vielleicht in eine der vielen kleinen Konzerthallen und arbeiten sich weiter.

Am anderen Ende stehen die großen Orchester, allen voran die Berliner Philharmoniker, Spitzenorchester von Weltrang. Sie sind, in der grandiosen Architektur und Akustik der Scharoun'schen Philharmonie zu Hause, der ganze Stolz der Stadt, zumal in Berlin und darüber hinaus gesellschaftlich engagiert. Beliebt sind die Familien- und die kostenlosen dienstäglichen Lunchkonzerte, alljährliches Highlight ist das Saisonabschlusskonzert in der Waldbühne, bei dem ein anspruchsvolles Musikprogramm traditionell mit der geschmetterten »Berliner Luft« seinen

Abschluss findet. Und ein wenig päpstliche Aura wabert durch Berlin, wenn die Musiker sich an einem mehr oder weniger geheimen Ort ins Konklave zurückziehen, um einen neuen Dirigenten zu wählen, wie es das Statut des Orchesters vorsieht.

Die Dirigenten der Berliner Philharmoniker

Ludwig von Brenner	1882–87
Hans von Bülow	1887–92
Arthur Nikisch	1895–1922
Wilhelm Furtwängler	1922–45, 1952–54
Leo Borchard	1945
Sergiu Celibidache	1945–52
Herbert von Karajan	1954–89
Claudio Abbado	1989–2002
Simon Rattle	2002–2018
Kirill Petrenko	ab 2018

Weitere große Orchester sind das Konzerthausorchester und die Staatskapelle, Letztere das älteste Orchester der Stadt und seit der Einweihung 1742 in der Staatsoper Unter den Linden beheimatet, sowie das Deutsche Symphonie-Orchester und das Orchester der Deutschen Oper. Daneben spielen das Rundfunk-Symphonieorchester, das Orchester der Komischen Oper sowie die Akademie für Alte Musik und das Kammermusik-Ensemble Oriol – natürlich darüber hinaus noch eine Menge kleiner Ensembles von einiger Meisterschaft.

Neben den genannten Konzertsälen bietet die Universität der Künste einen weiteren, und zuletzt hat die Barenboim-Said-Akademie mit einem weiteren eröffnet: Für das ehemalige Magazingebäude der Staatsoper gleich dahinter hat Frank Gehry einen schmucken Saal für 620 Zuhörer entworfen – und das ganz ohne Honorar. Wie in der Philharmonie spielt das Orchester inmitten des Publikums. Das Haus wird zugleich Heimat des West-Eastern Divan Orchestra, das Daniel Barenboim, Generalmusikdirektor der Staatsoper, und der Literaturwissenschaftler Edward Said 1999 gegründet haben.

Auch hervorragende Chöre hat Berlin, allerdings vermissen Kirchenmusikfans alte Kirchen mit entsprechender Atmosphäre und Akustik. Die ist in der Marienkirche sehr gut, nur leider sind hochkarätige Kirchenkonzerte dort eher die Ausnahme, während der pompöse Berliner Dom sein Konzertangebot auf ein weniger anspruchsvolles Publikum ausrichtet. Eine breitere Zuhörerschaft findet ebenso das Klassik-Open-Air, das alljährlich im Juli in angemessener Kulisse des Gendarmenmarkts stattfindet.

Große Rock- und Popkonzerte finden meist in der Mercedes-Benz-Arena, dem Olympiastadion oder auch der Max-Schmeling-Halle statt, aber auch die Konzerte im Kreuzberger SO36, in der Columbiahalle oder im Postbahnhof können sich hören lassen. Insgesamt ist das Angebot an Veranstaltungsorten schier unübersehbar. Und auch Jazz ist in Berlin eine feste Größe: Als eins der ältesten findet alljährlich im Herbst das Berliner Jazzfest statt, das mittlerweile auf die Auftritte von weit über 5000 Künstlern zurückblicken kann. Zentrale Orte sind das Haus der Berliner Festspiele, Quasimodo und A-Trane. Geplant ist ein House of Jazz in der ehemaligen Münze.

Zehn legendäre Berliner Konzerte

- **24. Januar 1926:** Zum ersten Mal verzaubert Josephine Baker Berlin mit Bananenröckchen und viel nackter Haut.
- **12. April 1945:** Letztes Konzert der Philharmoniker vor der Kapitulation Berlins, angeblich verteilten Hitlerjungs am Ausgang Zyankalikapseln für die NS-Bonzen.
- **15. September 1965:** Weil die Fans das Rolling-Stones-Konzert in der Waldbühne arg kurz finden, zerlegen sie die Sitzreihen und S-Bahn-Wagen und lieferten sich Krawalle mit der Polizei, die Wasserwerfer einsetzt.
- **25. Oktober 1983:** Udo Lindenberg spielt vier Songs im Palast der Republik, allerdings nicht den »Sonderzug nach Pankow«.

- **Pfingsten 1987:** David Bowie und Genesis spielen vor dem Reichstagsgebäude, auf der Ostseite geraten Volkspolizei und ca. 1000 Ostberliner aneinander.
- **September 1987:** Bob Dylan, gerade am Tiefpunkt seiner Karriere, tritt im Ostberliner Treptower Park auf, weil für die Waldbühne zu wenig Karten verkauft wurden.
- **19. Juli 1988:** Bis zu 300 000 Ostdeutsche bejubeln Bruce Springsteen in der Radrennbahn Weißensee – das größte Solokonzert der DDR-Geschichte, der größte DDR-Stau vor dem Mauerfall.
- **25. Dezember 1989:** Im Konzerthaus am Gendarmenmarkt dirigiert Leonard Bernstein in seinem letzten Berliner Konzert Beethovens Neunte und ändert Schiller in »Ode an die Freiheit«.
- **21. Juli 1990:** Pink Floyd spielen »The Wall« am Potsdamer Platz.
- **Oktober 1996:** Ballett der Kräne zum Richtfest der Daimlercity am Potsdamer Platz.

Musikalisches Berlin-Klischee ist der Leierkasten, der zu touristischen Zwecken noch hier und da gesehen wird und bei aller überstrapazierten Folklore doch erfreut. Zu Gehör kommen die nostalgischen Klassiker, über die hinaus eine stolze Reihe von Songs und Liedern Berlin bis heute begleitet. Hier wieder eine subjektive Auswahl, geschmacklich gut gemischt:

20 Berlin-Songs

Bolle reiste jüngst zu Pfingsten	Volkslied, um 1900
Berliner Luft	Komponist: Paul Lincke, 1904
Es war in Schöneberg, im Monat Mai	Komponist: Walter Kollo, 1913
Ich hab noch einen Koffer in Berlin	Marlene Dietrich, 1951
Pack die Badehose ein	Cornelia Froboess, 1951
L'homme de Berlin	Edith Piaf, 1963
Sehnsucht nach dem Kurfürstendamm	Hildegard Knef, 1963
Mocca-Milch-Eisbar	Thomas Natschinski, 1969
Heroes	David Bowie, 1977
Kreuzberger Nächte	Gebrüder Blattschuss, 1978
Steh auf Berlin	Ideal, 1980
Berlin	Fischer Z, 1981
Ostberlin / Wahnsinn	Lilli Berlin, 1982
Mont Klamott	Silly, 1983
Sonderzug nach Pankow	Udo Lindenberg, 1983
Berlin, Berlin / Dein Herz kennt keine Mauer	John F. und die Gropiuslerchen, 1987/89
Dickes B	Seeed, 2001
Frühling in der Schönhauser	Nylon, 2004
Schwarz zu Blau	Peter Fox, 2009
Berlin an der Spree	Brando, 2015

Auch im Musiktheater muss Berlin den internationalen Vergleich nicht scheuen. Drei Opernhäuser inszenieren im Weltmaßstab: die ehrwürdige Staatsoper Unter den Linden, die Deutsche Oper in Charlottenburg und die Komische Oper in der Behrenstraße.

Eine Alternative zum Opern-Establishment sind die Neuköllner Oper oder Unterhaltungsmusikbühnen. In aufwendig produzierten Shows hat der (als Institution) altehrwürdige Friedrichstadtpalast seine Tradition verschwenderischer Kostüme und gekonnter Tänzer gut für das 21. Jahrhundert anverwandelt. Vor einigen Jahren von der Pleite bedroht, hat er sich mit einer letzten Geldspritze der Stadt noch einmal neu erfunden. Das Charlottenburger Theater des Westens ist eher für die Musicals zuständig, so auch das Musicaltheater am Potsdamer Platz, das jahrelang das Udo-Lindenberg-Musical Hinterm Horizont spielte.

Leichte Unterhaltung wird in Berlin seit jeher groß geschrieben und hatte bis zum Ersten Weltkrieg ihren Standort vor allem in der Friedrichstraße. Neben dem Friedrichstadtpalast (mit dem Quatsch Comedy Club) ist davon nur noch der Admiralspalast übrig. Auf der anderen Seite des Bahnhofs stand einst das Central-Hotel mit dem berühmten Wintergarten-Varieté, an dessen ruhmreiche Vergangenheit das gleichnamige Etablissement in der Potsdamer Straße anknüpfen will. Zu den bekannteren Entertainment-Häusern von heute zählen die Bar jeder Vernunft (Schaperstraße), Tipi am Kanzleramt oder Blue Men Group (Marlene-Dietrich-Platz).

Im Sprechtheater bietet Berlin nicht nur zum jährlichen Theaterfest, das Inszenierungen aus dem gesamten deutschsprachigen Raum einlädt, ein breites Spektrum. Eine große Geschichte haben Deutsches Theater und Kammerspiele, wo unter Max Reinhardt in den 20er Jahren Elisabeth Bergner, Tilla Durieux oder Alexander Moissi bejubelt wurden, woran nach dem Zweiten Weltkrieg Wolfgang Langhoff anknüpfte, bis er Anfang der 60er mit der Partei aneinandergeriet. In den 80er spielten Ulrich Mühe, Dagmar Manzel und Jutta Wachowiak, nach dem Ende der DDR kamen Ulrich Matthes und Nina Hoss, Samuel Finzi und Alexander Khuon hinzu.

Nicht weit entfernt ist das Berliner Ensemble, das unter Bertolt Brecht bis zu dessen Tod episches Theater spielte und dem Gründer bis heute eng verpflichtet ist. Eine stolze Reihe von Intendanten folgte Brecht, darunter Helene Weigel und Ruth Berghaus, Manfred Wekwerth und Heiner Müller, Peter Zadek und Claus Peymann. Zum Ensemble gehörten Therese Giese, Curt Bois, Ernst Busch, Erwin Geschonneck, Jutta Hoffmann, Gisela May, Angelika Domröse und viele weitere Größen des DDR-Theaters.

Noch ein Stück weiter residiert in der früheren

Singakademie das Maxim-Gorki-Theater, 1952 gegründet, um russische und sowjetische Theaterkunst zu pflegen. Unter Shermin Langhoff traten zahlreiche Schauspieler »mit Migrationshintergrund« ins Ensemble ein; programmatisch war es eine Absage ans Elitäre und der Anspruch, ein breiteres Publikum anzusprechen als nur geübte Theatergänger. Neue Wege ging seit 1989 auch die Volksbühne, einst erbaut als erste Berliner Volksbühne, und galt in den 90ern als mutigstes Theater weit und breit.

In der City West glänzt die Schaubühne am Lehniner Platz in einem ehemaligen Lichtspieltheater der 20er Jahre, wo große Regisseure gefeierte Inszenierungen auf die Bühne brachten: Luc Bondy und Peter Stein, Sasha Waltz und Robert Wilson und seit 1999 Thomas Ostermeier.

An Freien Theatern sind hervorzuheben die drei HAU-Bühnen (Hebbel am Ufer) in Kreuzberg sowie ebenda das Ballhaus Naunynstraße und das Theater zum westlichen Stadthirschen, die Sophiensäle. Boulevardtheater mit Biss und Berlinbezug bietet das Prime Time Theater im Wedding mit seiner Sitcom »Gutes Wedding, schlechtes Wedding«, die längst Kultstatus erreicht hat. Die bekanntesten Kabaretts sind »Distel« (Friedrichstraße), Wühlmäuse (Westend), Stachelschweine (Europacenter) und Mehringhoftheater (Kreuzberg). Kabarett und Comedy gibt es in gemischten Häusern wie dem BKA

(Kreuzberg) oder den Sophiensälen (Hackesche Höfe) ebenso wie auf kleinen Clubbühnen.

So wie am und um den Kudamm von einst zahlreichen Theaterbühnen nicht viel übrig ist, ist dort und insgesamt die Zahl der Leinwände geschrumpft. Immerhin: Nach jahrelanger Schließung und Sanierung strahlt der Zoopalast wieder und ermöglicht ein Kinoerlebnis fast wie früher, mitunter gar mit Live-Stepptänzern unterm Regenvorhang. Einige andere Kinos sind ebenfalls übrig geblieben, aber dass der Kudamm Berlins Kinomeile war, seitdem Kintopp eigene Lichtspieltheater bekam, ist fast vergessen. Ebenso ist die Zahl der Programmkinos erheblich geschrumpft. Und doch: Die Auswahl an Kinos und Filmen ist groß.

Berlins besondere Kinos

International	Mitte, Karl-Marx-Allee	DDR-Premierenkino der 60er Jahre; Lobby mit Blick auf die Karl-Marx-Allee
Arsenal	Tiergarten, Potsdamer Platz	Die Cinemathek zeigt Filmgeschichte
Delphi	Charlottenburg, Kantstraße	plüschiges Ambiente
Sputnik	Kreuzberg, Südstern	höchstes Kino der Stadt: 3. Hinterhof, 5. Stock

Union Lichtspiele	Friedrichshagen, Bölschestraße	Kiezkino mit Ausflugscharakter am Müggelsee
Astor Filmlounge	Charlottenburg, Kudamm	Luxuskino mit Cocktails, Doorman und Schnickschnack
Lichtblick-Kino	Prenzlauer Berg, Kastanienallee	32 Plätze in einer früheren Fleischerei
b-ware	Friedrichshain, Gärtnerstraße	Ladenkino mit Raritätenprogramm
Intimes	Friedrichshain, Boxhagener Straße	seit über 100 Jahren fast durchgehend in Betrieb
Brotfabrik	Weißensee, Prenzlauer Promenade	alternatives Kulturzentrum, anspruchsvolles Programm

Berlin ist Kino-Urgestein. Da kann das Wirken der Gebrüder Skladanowsky, die am 1. November 1895, fast zeitgleich mit den Brüdern Lumière in Lyon, im Wintergarten in der Friedrichstraße die erste Filmvorführung veranstalteten, noch so vergessen sein. 1500 Zuschauer waren damals hingerissen, und an die Brüder erinnert in Prenzlauer Berg an der Ecke Schönhauser Allee / Kastanienallee ein Schriftzug auf dem Asphalt. Die Berliner, seit je vergnügungswillig und für neues Amüsemang offen, nahmen das neue Medium bereitwillig auf. 1922 war ein Kudamm-Kino Schauplatz der ersten öffentlichen Vorführung eines

Films mit Lichttonspur, und bald darauf ließ sich in Weißensee die junge Tonfilmbranche nieder. Die Berliner Firma Osram entwickelte schließlich eine Kaltlichtlampe zur Filmvorführung. Selbst in der Spielfilmproduktion war Deutschland führend, bevor die Nazis an die Macht kamen. 1946 entstand der erste deutsche Nachkriegs- und Trümmerfilm in Berlin: »Die Mörder sind unter uns« mit Hildegard Knef.

Mag auch manches der Berliner Kinotradition verloren oder vergessen sein – die Stadt hat eine gewisse Wiedergutmachung erfahren. Die Berlinale, die alljährlich im Februar das Winterschmuddelwetter erhellt, ist eins der international maßgeblichen Filmfestivals und war 1951 eine US-Maßnahme für die »Frontstadt« Westberlin, wo es, wohl unausweichlich, ein häufig sehr politisches Festival wurde und auch schon mal für einen Skandal gut war.

Zehn Berlinale-Skandale

- **1961:** Für mehr Glamour wird Sexsymbol Jayne Mansfield eingeflogen und lässt vor einer größeren Reporterschar das Dekolleté platzen.
- **1970:** Die Preisverleihung fällt nach dem Rücktritt der Jury aus. Es gab Zensurvorwürfe wegen des Films »o. k.« von Michael Verhoeven um die Vergewaltigung eines jungen Mädchens durch GIs im Vietnamkrieg.

- **1974:** Sehr zum Missvergnügen der Kalten Krieger wird »Mit dir und ohne dich« gezeigt, Sowjetpremiere auf der Berlinale.
- **1976:** »Im Reich der Sinne« von Nagisa Oshima wird wegen Pornographievorwürfen während der Vorführung beschlagnahmt.
- **1979:** Ostblock-Beschwerden gegen »The Deer Hunter« von Michael Cimino über US-Soldaten in vietnamesischer Gefangenschaft.
- **1985:** Jean-Luc Godards »Maria und Joseph« erbost die katholische Kirche, aber ein Aufführungsverbot wird nicht erteilt.
- **1986:** Jury-Präsidentin Gina Lollobrigida distanziert sich vom Gewinnerfilm »Stammheim« (Reinhard Hauff).
- **2001:** »Intimacy« von Patrice Chéreau erhält den Goldenen Bären trotz Pornographievorwürfen.
- **2010:** Roman Polanski kann den Silbernen Bären für »The Gostwriter« nicht persönlich entgegennehmen, weil er wegen Vergewaltigungsvorwürfen in der Schweiz unter Hausarrest steht.
- **2011:** Die Endfassung des Dokumentarfilms »Khodorkovsky« von Cyril Tuschi wird noch vor Beginn der Berlinale gestohlen, der KGB verdächtigt.

Wettbewerbskino war jahrzehntelang der Zoopalast, 2000 wurde der Potsdamer Platz zum Epizentrum der Berlinale, wo auch Filmhochschule, Filmmuseum und Kinemathek angesiedelt sind. Das große Publikumsfestival belegt dann aber Dutzende Kinos stadtweit.

Während früher Welt- oder Europapremieren großer Filme einen Bogen um Berlin machten, sind sie heute zahlreicher denn je. Ständig sind irgendwelche Filmstars zu Besuch, sei es zu Werbezwecken anlässlich der Premieren oder für Dreharbeiten, die ebenfalls sehr viel häufiger als früher in Berlin stattfinden. Dafür werden andauernd irgendwelche Straßen oder Plätze gesperrt. Die Berlin-Renaissance hat das Augenmerk der Filmleute auf sich gezogen, und die Stadt hat das Ihre dazu beigesteuert: Während in vielen Städten Filmleute sich abschrecken lassen von behördlichen Umständen, bis alle Genehmigungen eingeholt sind, hat Berlin das Verfahren filmindustriefreundlich gestaltet. Denn jeder Film ist Werbung für die Stadt, und die Vielfalt an passenden Locations groß. Das Interesse ebenso: Rund 300 Filme werden pro Jahr in Berlin gedreht, 2015 musste die Berliner Verkehrslenkung 2400 Anträge auf Straßensperrungen für Dreharbeiten bearbeiten.

Zwölf internationale Berlin-Drehs der jüngeren Zeit

Out of Control	2016
The Coldest City	2016
Berlin Station	2015/16
Homeland, 5. Staffel	2015
Bridge of Spies	2014
Die Tribute von Panem – Mockingjay 1	2014
Monuments Men	2013
Der Ghostwriter	2009
Inglorious Basterds	2008
Operation Walküre	2007
Die Bourne-Verschwörung	2004
In 80 Tagen um die Welt	2003

Man kann also durchaus zum Berliner werden, weil man einen Berlin-Film gesehen hat – auch »Cabaret« wurde überwiegend hier gedreht, nicht zuletzt die berühmte Kreischszene Liza Minellis unter der Bahnbrücke der Bleibtreustraße. Überhaupt eignen sich Filme bestens, um die Stadt kennenzulernen, und manche sind Berlin-Klassiker geworden. Hier eine persönliche Auswahl, mit dem alltime favourite »Cabaret« außer Konkurrenz:

Die zwölf tollsten Berlinfilme

- **Platz 1:** Eins, Zwei Drei (1961). Billy Wilders atemlose Komödie im noch ungeteilten Berlin wollte niemand sehen, als er kurz nach dem Mauerbau ins Kino kam. Das Meisterwerk mit James Cagney als geschäftstüchtigem Coca-Cola-Manager und Horst Buchholz als strammem Kommunisten, der im Handumdrehen zum Kapitalisten gemacht werden muss, wurde in den 1980ern ein Hit der Programmkinos. Lilo Pulver tanzt für die Russen auf dem Tisch, deren Moskwitsch fällt auf einer Verfolgungsjagd Richtung Westen am Brandenburger Tor auseinander.
- **Platz 2:** Oh Boy (2012): Tom Schilling streift in Schwarzweiß durch Berlin, auf der Suche nach Geld und einem ganz normalen Kaffee und trifft dabei schräge Gestalten. Jan-Ole Gersters Film fängt das Berlin jener Jahre liebevoll ein.
- **Platz 3:** Berlin, Symphonie der Großstadt (1927). Walter Ruttmanns Dokumentarfilm ist nicht bloß Zeugnis des Berlin, das es nicht mehr gibt, sondern rhythmisiert, bis heute modern und keine Sekunde langweilig, einen Tag im Leben der Stadt und ihrer Bewohner.
- **Platz 4:** Victoria (2015). Sebastian Schippers furioser Echtzeitfilm wurde entlang der Friedrichstraße zwischen Kreuzberg und den Linden gedreht und

zeigt, wie eine ausgelassene Clubnacht und spielerisches Anbändeln auf der Straße tragisch endet. In den Hauptrollen Laia Casta und Frederick Lau als Fast-Liebespaar sowie die Berliner Nacht.

- **Platz 5:** Der Himmel über Berlin (1987). Nostalgisch-poetisch feiert Wim Wenders das unvollkommene menschliche Leben und die Stadt Berlin, in der ein alter Mann hilflos über die Mauerbrachen am Potsdamer Platz irrt und das Gewesene sucht. Otto Sander spielt einen Engel, der seine Unsterblichkeit aufgibt, um ein Menschenleben zu führen.
- **Platz 6:** Goodbye Lenin (2003). In den turbulenten Wochen der Revolution 1989 spielt Daniel Brühl seiner Mutter eine heile Welt der DDR vor, die sich draußen gerade auflöst. Komisch und anrührend.
- **Platz 7:** Die Mörder sind unter uns (1946). Hildegard Knef spielt eine junge KZ-Überlebende im zerstörten Berlin, die in ihrer Wohnung einen Mann vorfindet und sich mit ihm dort arrangiert. Während sie versucht, wieder etwas Normalität zu leben, verweigert er sich. Posttraumatische Störungen in einer Zeit, als es den Begriff noch nicht gab.
- **Platz 8:** Herr Lehmann (2003) von Leander Haußmann und Sven Regener ist eine Hommage an Westberlin, an die Gestrandeten im Kreuzberger Alternativbiotop kurz vorm Mauerfall. Der wird

diese Welt durcheinanderwirbeln und schließlich verschwinden lassen.

- **Platz 9:** Berlin – Ecke Schönhauser (1957). Nicht nur der Westen hatte Halbstarkenfilme. Dieser Defa-Film spielt Mitte der 50er Jahre rund um die Kreuzung Schönhauser Allee / Eberswalder Straße, die damals Dimitroffstraße hieß. Eine Gruppe von Freunden versucht mehr schlecht als recht, sich in den schwierigen Verhältnissen zu behaupten.
- **Platz 10:** Christiane F. – Wir Kinder vom Bahnhof Zoo (1981). Der Film über Prekariats-Jugendliche im Westberlin der 70er Jahre, die am desolaten Bahnhof Zoo Drogen konsumieren und sich verkaufen. In einer zentralen Nebenrolle David Bowies Berlinsong »Heroes«.
- **Platz 11:** Lola rennt (1998). In 20 Minuten soll Lola (Franka Potente) 100 000 Mark für ihren Freund Manni (Moritz Bleibtreu) wiederbeschaffen. In drei Varianten beginnt eine wilde Jagd durch Berlin, die jedes Mal durch neue Begebenheiten anders verläuft. Regisseur Tom Tykwers Film setzte neue filmische Standards, war international erfolgreich und hat die Stadt beworben, Jahre bevor der Berlin-Hype einsetzte.
- **Platz 12:** Linie 1 (1988). Lokales Erfolgsmusical goes Leinwand: Westberlin zwischen dem spießigbräsigen Westen und dem quirlig-bunten Kreuz-

berg am Ostrand der Halbstadt, zwischen denen die U-Bahn-Linie 1 verkehrt und als Bühne dient.

Während Ostberlin im DDR-Fernsehen stets präsent und wichtiger Drehort war, dienten für den Westen eher München, Köln und Hamburg als Fernsehstädte. Trotzdem gab es schon früher einige populäre Fernsehserien aus Berlin, die heute wie aus der Zeit gefallen wirken, zumal im Vergleich mit mancher neueren Produktion.

Sieben TV-Unterhaltungsserien in Berlin früher und heute

- Drei Damen vom Grill
- Praxis Bülowbogen
- Liebling Kreuzberg
- Berlin, Berlin
- Verliebt in Berlin
- Berlin Tag & Nacht
- Letzte Spur Berlin

Und schließlich dürfen die anspruchsvolleren Fernsehreihen und -serien nicht fehlen, in denen Berlin eine Hauptrolle spielt:

Acht Fernsehreihen und -serien, die in Berlin spielen

- **Berlin Alexanderplatz:** Fassbinders legendärer Zehnteiler nach Döblin
- **Ein Mann will nach oben:** solide Verfilmung des Klassikers von Hans Fallada, 1978
- **24h Berlin:** 1440 Minuten dokumentieren einen Tag der Stadt: grandioses Projekt und Zeitdokument
- **Weissensee:** Spätzeit und Ende der DDR spiegeln sich in der Geschichte einer Familie
- **Im Angesicht des Verbrechens:** grandiose TV-Reihe, gedreht noch vor dem Serienhype der 10er Jahre
- **Homeland, 5. Staffel:** Claire Danes nicht mehr als Geheimdienstlerin, sondern in Berlin als Sicherheitschefin der Privatstiftung eines deutschen Milliardärs
- **Kudamm 56:** Westberliner 50er Jahre anhand einer Familie, mit drei Teilen viel zu kurz geraten
- **Babylon Berlin:** Berlin in den 20er Jahren, Regisseur u. a. Tom Tykwer, noch im Dreh

Alfred Döblins Berlin-Alexanderplatz ist Weltliteratur und vielleicht *das* Berlin-Buch schlechthin, aber natürlich hat die Stadt viele Autoren gelockt und fasziniert, verstört und inspiriert. Theodor Fontane, der den größten Teil seines Lebens in Berlin verbrachte, am Potsdamer Platz wohnte und über die Inszenierungen im Schauspielhaus am Gendarmenmarkt Kritiken schrieb, ist vor allem für seine »Wanderungen« oder »Effi Briest« bekannt, die in der Mark Brandenburg angesiedelt sind. Elf seiner 17 Romane aber spielen zum Teil oder komplett in Berlin, dessen Entwicklung im 19. Jahrhundert wohl kein Autor so meisterlich und vielfältig dargestellt hat.

Bemerkenswert ist die lyrische Auseinandersetzung mit der Stadt, die um 1900 begann: Georg Heym, Georg Trakl, Else Lasker-Schüler und andere verarbeiteten ihre Wahrnehmung der mal verführerischen, mal fordernden, mal zerstörerischen, mal hässlichen Großstadt des frühen 20. Jahrhunderts zu Gedichten. Viele literarische Figuren sind zu festen Berlin-Größen geworden, etwa Emil Tischbein, Herr Lehmann oder Sally Bowles.

16 Romane mit Berlin-Faktor

Cabanis	Willibald Alexis	1832
Frau Jenny Treibel	Theodor Fontane	1892
Der fromme Tanz	Klaus Mann	1925
Berlin Alexanderplatz	Alfred Döblin	1929
Sodom Berlin	Yvan Goll	1929
Fabian	Erich Kästner	1931

Käsebier erobert den Kurfürstendamm	Gabriele Tergit	1931
Leb wohl, Berlin	Christopher Isherwood	1939
Jeder stirbt für sich allein	Hans Fallada	1947
Das kunstseidene Mädchen	Irmgard Keun	1951
Der geteilte Himmel	Christa Wolf	1963
Buch der Erinnerung	Peter Nádas	1991
Am kürzeren Ende der Sonnenallee	Thomas Brussig	1999
Herr Lehmann	Sven Regener	2001
Bodentiefe Fenster	Anke Stelling	2015
11 Tage in Berlin	Håkan Nesser	2015

Eine besondere Spezies sind die **Flaneur-Bücher**, die das Berliner Großstadtpflaster zum Thema haben und Anregungen zum Nachahmungsflanieren geben:

Alfred Kerr	Aus dem Tagebuch eines Berliners	1928
Franz Hessel	Ein Flaneur in Berlin	1929
Egon Erwin Kisch	Razzia auf der Spree	1913–33
Walter Benjamin	Stadt des Flaneurs	2015 (1930er)

Siegfried Kracauer	Straßen in Berlin und anderswo	1964
Heinz Knoblauch	u. a. Stadtmitte, Umsteigen oder Berliner Fenster	1981/82
div. Autoren	Ecke Friedrichstraße. Ansichten über Berlin	1997
Wladimir Kaminer	Russendisko	2000
Günter de Bruyn	Unter den Linden	2002
David Wagner	Welche Farbe hat Berlin	2011

Und, last, but not least, die Kriminalromane über Berlin, deren Zahl längst Legion geworden ist. Hier ein paar sehr unterschiedliche unter den empfehlenswerten **Berlin-Krimis:**

Erich Kästner	Emil und die Detektive	1929
Robert Harris	Vaterland	1994
Pierre Freitag	Onkel Toms Hütte, Berlin	2003
Philipp Kerr	Berlin-Trilogie	2007
Volker Kutscher	Gereon-Rath-Zyklus	seit 2008
Robert Brack	Unter dem Schatten des Todes	2012
Tom Wolf	Nachtviolett	2015

Zum breiten Kulturangebot gehören Lesungen und Literaturfestivals – von Letzteren seien der Open-Mike-Wettbewerb der Literaturwerkstatt genannt, außerdem das Internationale Literaturfestival jeden September, aber ebenso Spezialprogramme wie die Latinale, das lateinamerikanische Poesiefestival (November). Berlin hat mehrere Literaturhäuser: Neben dem Literaturhaus Fasanenstraße und dem Literarischem Colloquium am Wannsee das Haus für Poesie in der Kulturbrauerei und das Brecht-Haus in der Chausseestraße. Außerdem gibt es literarische Salons, Lesebühnen und -cafés und eine Menge interessanter Veranstaltungen, darunter diverse Poetry Slams.

Und schließlich taucht Berlin im Comic häufig auf, manche Rubriken aus Berliner Zeitungen und Magazinen sind echter Kult.

Zwölfmal Berlin-Comics

Zeichner / Texter	Titel	Jahr
Kitty Kahane / Lahl, Köhler, Mönch	17. Juni. Die Geschichte von Arnim und Eva	2013
Fil	Didi und Stulle	seit 1998
Marvano	Deux Enfants de Roi	2008
Jörg Maillet / Jörg Ulbert	Gleisdreieck. Berlin 1981	2014

Reinhard Kleist / Tobias O. Meissner	Berlinoir	2003
Gerhard Seyfried	Frikadellen und Buletten	1984
Christoph Heuer / Klaus Kordon	Der erste Frühling	1993
Simon Schwartz	drüben!	2009
Flix	Da war mal was	2009
Tim Dinter	Lästermaul und Wohlstandskind	seit 2006
Ol	Mütter vom Prenzlauer Berg	seit 2005

Aber mein Gott, was für eine langweilige, entsetzliche Stadt ist Berlin!
Fjodor M. Dostojewski, 1874

Berlin ist in Wirklichkeit eine einzige Kneipe.
Wladimir Kaminer, 2007

Die beliebte Stadt: Szene

Ganz offensichtlich zählt Berlin noch immer zu den coolsten, angesagtesten, aufregendsten Städten der Welt – andernfalls könnte man nicht immer mal Erörterungen darüber lesen, wie lange das wohl noch der Fall sein wird oder welche Stadt Berlin dereinst diesen Status streitig machen könnte. Einerseits kratzt sich der Bär Berlin gelangweilt am nächsten Baum, weil ihn diese Frage so lange nicht beschäftigt, wie die Stadt in aller Munde ist. Andererseits wird in Berlin wie anderswo die Frage medial ordentlich aufgebauscht, schon weil sich damit Zeitungen oder Stadtmagazine verkaufen oder Küchengespräche bei einer langweiligen Party bestreiten lassen.

Das Schubbern des braunen Fells an einem geeigneten Baumstamm ist vielleicht die angemessene Haltung: Natürlich wird Berlin nicht für alle Zeiten die Hipster-Metropole bleiben oder die »Capital of Cool«. Ebenso klar ist aber auch, dass die Stadt nicht wieder zur missachteten graumäusigen und mauergebeutelten Großstadt werden wird – was gleichwohl mancher bedauert, dem die Entwicklung der vergangenen drei Jahrzehnte zu rasant und die Veränderungen unangenehm waren. Auch hier gilt also: Die Veränderungen sind spannend zu beobachten, und wie die Stadt insgesamt ist eben auch ihr Ansehen als kultige City stets in Bewegung.

Als Hauptstadt der DDR war Ostberlin stets attraktiv, denn mehr an Großstadt, an Kulturangebot und an internationalem Flair hatte die kleine Welt der DDR nicht zu bieten. Wer die Möglichkeit erhielt, zog her, aber das war im Gängelstaat nicht so ohne weiteres möglich. Wer aber noch in den 80er Jahren aus Hamburg oder München nach Westberlin umzog, erlebte zuverlässig Unverständnis (wenn auch keineswegs von allen), denn Berlin galt als grau, eingemauert und ohne Zukunft. Noch mehr war das im Ausland der Fall. Als ich aus Paris nach Westberlin umzog, konnte das dort niemand nachvollziehen – warum um Himmels willen sollte man eine andere Stadt Paris vorziehen? Vor ein paar Jahren dann erlebte ich in Paris, wie ein junger Schuhverkäufer, der ein bisschen aussah wie auf der Torstraße gecastet, mich wegen des deutschen Akzents nach der Herkunft fragte und schier in Anbetung versank, als der Name Berlin fiel. Das sei ja die Stadt überhaupt, er habe ein paar Monate dort gelebt und wäre ja soooo gerne geblieben … Eine solche Reaktion wäre 20 Jahre früher schlichtweg unvorstellbar gewesen, zumal in Paris.

Heute hingegen kann sich die Stadt vor Zuneigung vor allem junger Laute aus aller Welt kaum retten. Es heißt, die Hälfte der Jugend der Welt sei bereits in Berlin, die andere Hälfte auf dem Sprung. Und tatsächlich kann man in manchen Ecken der Stadt ebendiesen Eindruck durchaus gewinnen. Wer hätte vor 20 Jahren gedacht, dass Suchzettel an Laternenmasten für einen verlorenen Wohnungsschlüssel oder entlaufene Katzen einmal zweisprachig verfasst sein würden – zumindest im Zentrum ganz selbstverständlich?

Natürlich lässt sich fragen, was genau anderswo in Deutschland oder weltweit als das Coole, Besondere, Kultige an Berlin verstanden wird. Denn natürlich ist das Verständnis sehr unterschiedlich. Wenn junge Schweden oder Engländer übers Wochenende mit einem Billigflieger nach Berlin kommen, um sich von einer Bar in die nächste vorzuarbeiten und möglichst viel zu trinken, verstehen sie das als cool. Darüber rümpfen ihre Altersgenossen die Nase, die Berlins Clubszene erkunden wollen – wegen der DJs und der Musik, wegen des internationalen Publikums und der schrägen Locations. Für Kunstinteressierte, die sich vorher eingehend informiert haben, welche Galerien gerade das Neueste zeigen, macht die lebhafte Künstlerszene den Kultstatus aus, für Anhänger der Craft-Beer-Bewegung Berlins Mikrobrauereien und die Bierbars, in denen Bier-Sommeliers die Aura eines Sektengurus verströmen. Andere kommen zum Einkaufen in der Münzstraße, um sich nicht nur auf Kleiderbügeln, sondern auch auf den schmalen Schultern der Hipster auf der Straße und in den Coffeeshops die neusten Trends abzuschauen. Und dann sind da noch die Besucher, die die neusten Architekturtrends der Stadt studieren wollen und hinterher das Streetfoodangebot in Kreuzberg oder Friedrichshain auschecken.

Man kann diskutieren, was eine Kultstadt eigentlich ausmacht und wann dieser Status in Mainstream übergeht und damit nicht mehr beansprucht werden kann. Mit anderen Worten: Wer sind die Hauptdarsteller, wer sind die Statisten, was ist reine Staffage? Wann geht Coolness in Posertum über? Ist es die Avantgarde, die den Boden bereitet, lange bevor bekannt wird, was da geht? Dann wären die Massen, die folgen, doch eher Statisten – nur kann sich die Avantgarde so recht erst feiern, wenn ihr Style bereits, von anderen vereinnahmt, zum Mainstream wird.

Diejenigen, die schon da waren, als »alles noch ganz anders und wirklich was Besonderes« war, verklären diese gute alte Zeit wie der Opa seine erste Italienreise. Und so ist es altersabhängig, welche Jahre man für die avantgardistische Zeit vor dem Hype ansetzt, als Berlin noch »wirklich toll« war. Die einen sprechen andächtig von Bar 29 und Kater Holzig, wo man nach einer langen Clubnacht in Liegestühlen am Spreestrand das Frühstücksbier trank und vorbeifahrende Touristen auslachte. Die anderen erzählen ihren halbwüchsigen Kindern, wie sie die allererste Strandbar frequentierten, da wo heute Parlamentarierbüros stehen. Die älteren Schwestern dieser anderen aber waren schon dabei, als der Club »Tresor« noch im Tresorraum des kriegszerstörten

Wertheim-Warenhauses die Bässe wummern ließ – an der Stelle der heutigen Mall of Berlin, die vergeblich an den alten Glanz des Kaufhauses anzuknüpfen versucht. Und es gibt die Großeltern, die in besetzten Kreuzberger Häusern feierten und den legendären »Dschungel« nicht weit vom Kudamm noch aus eigener Anschauung kannten. Mancher erinnert sich sogar angeblich noch, wie Inga Humpe oder David Bowie oder sonst wer sich auf der Tanzfläche austobten und beim Rausgehen die Sonnenbrille aufzogen, damit das Mittagslicht nicht allzu sehr blendete. Cool waren aber auch die jungen Leute, die Will McBride in den 50er Jahren beim Feiern in Westberliner Trümmerkulisse fotografierte, oder die Ostberliner Künstlerszene, die sich in abgerockten Wohnungen des LSD-Viertels in Prenzlauer Berg traf und nicht ahnte, in welch groteskem Ausmaß die DDR-Staatssicherheit sie ausspionierte und unterwanderte.

Es ist mit Berlin als international gehandelter Capital of Cool wie mit den In-Bezirken der Stadt: Die Dinge sind im Fluss, und die In-Crowd ist »always on the move«. Die Karriere der Kultstadt Berlin kündigte sich in den 1990ern an, als nach Mauerfall und Wiedervereinigung Berlin in den Fokus der Aufmerksamkeit geriet und sich zunächst unter einer Art Vorhut herumsprach, dass da unglaubliche Möglichkeiten bestanden in Fabrikruinen, abgetakelten Häusern und ungenutzten Freiflächen am

Wasser. In den Augen vieler knüpfte Berlin damit an die kaum weniger legendären 20er Jahre an, als Berlins Nachtleben so freizügig wie ungebremst war. In Wahrheit aber hatte es in Westberlin eine bunte und aktive Szene gegeben, die aber schon deshalb weniger Beachtung fand, weil die Stadt als Ganzes nicht im Fokus des Interesses stand.

Diese Zeit fand eine gewisse Würdigung, als 2016 David Bowie starb, der in den 1970ern in Berlin gelebt hatte und dieser Mauerzeit eine Art internationales Gesicht gab. Ohne dieses Vorleben wäre die Entwicklung in den 90ern vielleicht gar nicht möglich gewesen, nun aber entstanden heute legendäre Clubs, die Techno, das ursprünglich gar nicht aus Berlin kam, hier zu einer Größe machten. Zur Musik passten die Locations in alten Bunkern, Fabrikhallen oder Tresorräumen sowie das Unfertige, Kaputte, Ruinöse der Stadt im Ganzen, deren Zukunft noch so unklar war. Eine »international crowd« gab es bereits in den 90ern in Budapest und Prag, sie scheint sich später nach Berlin verlagert zu haben. Wer früh genug nach Berlin zog, konnte für wenig Geld große Altbauwohnungen mieten und profitierte insgesamt von den niedrigen Lebenshaltungskosten, die damals noch viel kräftiger unter denen anderer Großstädte lagen als heute.

13 legendäre Clubs der 1990er

Name	Ort	Gründung
90 Grad	Schöneberg, Dennewitzstraße	1989
WMF	zuerst Mitte, Mauerstraße	1990
Eimer	Mitte, Rosenthaler Straße	1990
Planet	Mitte, Köpenicker Straße, Friedrichshain, Alt-Stralau	1990
Tresor	Mitte, Leipziger Straße	1991
Walfisch	U-Bhf. Heinrich-Heine-Straße	1991
Bunker	Reinhardtstraße (heute Sammlung Boros)	1992
E-Werk	Mitte, Wilhelmstraße	1994
Yaam	zuerst Arena Treptow	1994
Cookie's	zuerst Mitte, Auguststraße	1994
Sniper	Mitte, Rosenthaler Straße	1995
Sage Club	U-Bhf. Heinrich-Heine-Straße	1997
Ostgut	Küstriner Bahnhof	1998

Eine Wegmarke war zweifellos der Umzug des 1999 gegründeten Berghain in ein ehemaliges Heizkraftwerk beim Ostbahnhof 2004 und seine Kür zum besten Club der Welt fünf Jahre später. Auch die Kommerzialisierung der Love-Parade durch den immer größeren Zulauf und die Berlin-Werbung durch die Fußball-WM verschafften der Berliner Club- und Partyszene immer mehr Zulauf. Die wilden 90er waren unwiderruflich vorbei.

In den »Goldenen Zwanzigern« tanzte die Stadt auf dem Vulkan, in den 1960ern auf Kriegstrümmern, in den 80ern auf der Mauer und schließlich auf den Ruinen der Stadt. Das Bühnenbild liefern die räudigen Orte; Kulissen wie das (bedrohte) RAW-Gelände in Friedrichshain oder (nach und nach verschwindende) Industrieruinen an der Spree sind dafür eigentlich unverzichtbar. Die größte Bedrohung für den Kult- oder Coolness-Faktor der Stadt ist nämlich ihr eigener Erfolg. Es ist ja nicht nur so, dass das Besondere umso weniger besonders ist, je mehr es Mainstream geworden ist. Hinzu kommt, dass der Übergangszustand der Stadt, der Übergangscharakter des Aufbruchs dahinschwindet wie ein sieches Pflänzchen.

Da, wo in den 90ern an geeigneten Locations für Clubs kein Mangel herrschte, stehen heute teure Investorenbauten oder aufwendig renovierte Exruinen, werden Luxuswohnungen und Hotels gebaut. Je mehr die Stadt wirtschaftlich auf die Beine kommt, je mehr die Einwohnerzahl wächst, je teurer sie wird, desto weniger werden die Räume für solche Orte, die zum heutigen Berlinboom durchaus mit beigetragen haben. So wie das Wohnen im Zentrum teurer wird und viele Berliner nach außen verdrängt, so hat das unkonventionelle, oft besonders spannende Berlin Mühe, neue Freiräume zu finden, wenn mal wieder eine Zwischennutzung zu Ende geht, weil ein Grundstück seinen Investor gefunden hat. Der erfolgreiche Volksentscheid gegen die Entwicklung des Tempelhofer Feldes mit Park und Bebauung rundherum war unter anderem Protest gegen diese Entwicklung zum Investorenparadies.

Berliner In-Bezirke

1970er	Charlottenburg
1980er	Schöneberg
	Kreuzberg
	Prenzlauer Berg
1990er	Spandauer Vorstadt
	Prenzlauer Berg
2000er	Friedrichshain
2010er	Neukölln-Nord

Wie in anderen Städten unterliegt die Entwicklung von In-Bezirken aber nicht allein der fatalen Neigung der Politik, jede Ecke der Innenstadt auf Hochglanz zu polieren, denn auch hier wird die Szene Opfer ihres Erfolgs. Als Mitte der 1990er Prenzlauer Berg zum In-Bezirk wurde, setzte gleichzeitig die Sanierung der maroden Altbauten ein. Der Bezirk war in aller Munde und Wohnungen zunehmend schwerer zu bekommen. Trotzdem war es erstrebenswert, da zu wohnen, wo die Stadt besonders attraktiv und angesagt war – wo es Tag und Nacht spannend war.

Wenn aber ein In-Bezirk bekannt wird, ziehen die nach, die die Angebote zunächst wahrnehmen, dann aber gesetzter werden und ein Ruhebedürfnis entwickeln. Mit ihnen kommen diejenigen, die steigende Mieten locker schultern oder gleich Wohneigentum erwerben. Dann stockt es nicht allein wegen der steigenden Preise: Gleichzeitig werden die Räume für Möglichkeiten immer weniger und geraten Clubs und Kneipen unter Beschuss wegen der Lautstärke, die sie produzieren. Irgendwann geben die Betreiber den Kampf auf und nehmen die Karawane der In-Crowd mit in den nächsten In-Bezirk.

Als in den Nullerjahren wieder einmal ein Club in der Pappelallee zum Schließen gezwungen wurde, gab es sogar eine Demo deswegen – und ein berühmt gewordenes Transparent, das warnte, Berlin drohe genau wie die Stadt zu werden, aus der man doch mal hierher geflohen sei. Zu dieser Zeit nannte man die Kastanienallee noch Ka-Damm oder Castingallee, so angesagt und bunt war das Treiben dort. Später wurde die so runtergekommene wie spannende Straße saniert und hübsch gemacht – und verlor ihr besonderes Flair und das größere Stück ihrer vormaligen Attraktivität.

Natürlich drehen sich Party-Küchengespräche gerne um die Frage, welches der nächste In-Bezirk werden könnte. Lichtenberg wurde gehandelt, scheint aber nun bürgerlicher zu werden, bevor es ein In-Bezirk werden konnte. Wegen der dort noch vorhandenen Industriebrachen und vieler junger Leute ist Oberschöneweide ebenfalls im Gespräch, und dann ist da noch der ewige Kandidat Wedding, der schon in den 80er Jahren als das nächste große Ding bezeichnet wurde. Vielleicht bleibt Neukölln auch erst mal im Rennen, denn der Bezirk bietet mit seiner Größe noch einige Ausweichmöglichkeiten.

Die Einwohner sind gut, aber sehr rau und ungelehrt,
dem Essen und Trinken mehr ergeben
als dem Studium guter Schriften (…).
Sie neigen von Natur her zur Faulheit.
Johannes Trithemius, Humanist, 1505

Die hungrige Stadt: Kulinarisches

Die Stadt wächst und wächst,
die Millionäre verzehnfachen sich,
aber eine gewisse Schusterhaftigkeit bleibt,
die sich vor allem in dem Glauben ausspricht:
Mutters Kloß sei der beste.
Theodor Fontane, 1894

Es gibt da nichts drumherumzureden: Die klassische Berliner Küche ist nicht eben berühmt für ihre Raffinesse. Ihre maßgeblichen Einflüsse kommen aus den diversen ehemaligen preußischen Provinzen, insbesondere den östlichen: Mecklenburg, Pommern, Schlesien, Ost- und Westpreußen sowie Brandenburg. Und wagt man den Vergleich zur Cucina Romana oder Cuisine Parisienne, so fällt die Berliner Küche dagegen fraglos deutlich ab, was wohl an der agrarischen Prägung der, einflussnehmenden Provinzküchen sowie der verglichen mit Rom oder Paris, sehr späten Karriere als Weltstadt liegt. Etwas günstiger fällt immerhin der Vergleich mit London aus … Dort wie hier lassen Stadtführer den Aspekt der lokallukullischen Tradition gerne mal unter den Tisch fallen.

Trotzdem gibt es sie, die Berliner Küche, so spärlich sie in der Gastronomielandschaft mittlerweile auch vertreten sein mag. Dem Berlinbesucher empfiehlt sich, bei der Auswahl eines Traditionslokals vorsichtig zu sein, zumal in touristischen Ecken der Stadt, wo mitunter als Hausmannskost angepriesen wird, was aus der Tüte in die Mikrowelle wandert. Gute Hausmannskost findet man manchmal aber überraschend in altgedienten Eck- oder Kiezkneipen, wo seit Jahrzehnten mit Liebe nach denselben Rezepten gekocht wird.

Acht empfehlenswerte Lokale mit Berliner Küche

Zur Gerichtslaube	Mitte, Nikolaiviertel
Max und Moritz	Kreuzberg, Oranienstraße
Schusterjunge	Prenzlauer Berg, Danziger Straße
Mittmann's	Mitte, Brückenstraße
Metzer Eck	Prenzlauer Berg, Metzer Straße
Kurhaus Korsakow	Friedrichshain, Grünberger Straße
Dicke Wirtin	Charlottenburg, Savignyplatz
Krombach	Charlottenburg, Meinekestraße

Übrigens kann die Frage an einen Berliner, wo man am besten Berliner Küche essen geht, schnell nach hinten losgehen: So gut kennen viele die regionale Küche nämlich gar nicht. Man richte sie daher stets an einen vertrauenswürdigen Urberliner, der weiß, wie Berliner Küche schmecken muss und was sie überhaupt ausmacht. Sie kommt ziemlich deftig daher, scheut den hohen Fleischanteil nicht, passt fast immer zum Bier und verlangt nicht selten nach einem Verdauungsschnaps am Ende.

Zehn Berliner Gerichte

- **Bulette:** gibt's auch für auf die Hand, z. B. mit saurer Gurke dazu
- **Berliner Bratwurst:** fein durchgedreht, aus Schweinefleisch
- **Hoppelpoppel:** Bratkartoffeln, Schnitzelfleisch, Speck, Eier, in zwei Pfannen zubereitet
- **Eisbein:** gepökelt, gekocht, mit Erbspüree
- **Leber Berliner Art:** gebratene Kalbsleber mit Zwiebel, Äpfeln und Stampfkartoffeln
- **Königsberger Klopse:** eigentlich ostpreußisch: Klopse aus Kalbshack mit Sardellen in Kapernsauce
- **Bollenfleisch:** gekochtes Hammelfleisch mit Zwiebeln und Rahmsauce
- **Kasseler:** Berliner Erfindung eines Fleischers aus der Potsdamer Straße namens Cassel
- **Frikassee:** Berliner Art mit Kalbszunge und -bries, Flusskrebs, Pilzen und Erbsen
- **Mostrich-Eier:** Eier in Senfsauce, mit Stampfkartoffeln
- **Schmorgurken:** Landgurken, geschmort mit Speck und Sauerrahm, mit Kartoffeln oder zu Buletten
- **Havel-Zander:** bester regionaler Fisch, diverse Zubereitungen

Das bekannteste Berliner Gericht ist wohl die Currywurst, weswegen sie noch lange nicht überall gut schmeckt. Üblicherweise gibt es sie mit oder ohne Darm, wobei Letzteres eigentlich das Original ist. Noch Jahre nach der Wiedervereinigung ließen sich am Stand West- und Ostberliner unterscheiden: Pommes dazu oder Schrippe? Aber das hat sich längst angeglichen. Erfunden wurde sie in Westberlin, nicht weit vom Bahnhof Charlottenburg, wo Herta Heuwer im Erfindergeist der Nachkriegszeit 1949 Ketchup und Curry aus dem Carepaket für eine Wurstkreation nutzte. Inzwischen gibt es sogar ein Currywurstmuseum, für Fans durchaus empfehlenswert – schon wegen der Gelegenheit, sich in einer echten Currywurstbude fotografieren zu lassen.

Fünf Currywurst-Empfehlungen

- Curry 36, Mehringdamm, Hardenbergplatz
- Konnopkes Imbiss, Ecke Schönhauser
- Brandenburger Tor, Ebertstraße
- Curry B, Bötzow, Prenzlauer Allee
- Curry-Baude, Badstraße / Gesundbrunnencenter

Jenseits persönlicher Vorlieben oder einem schönen Abend in einem der vielen Restaurants kann man eine Woche in Berlin natürlich auch jeden Tag mit einer kulinarischen Besonderheit veredeln:

Eine berlinische kulinarische Erlebniswoche

- **Montag:** Currywurst, ohne geht nicht
- **Dienstag:** Vegetarische Mensa FU Dahlem, Campus-Feeling mit gutem Gewissen
- **Mittwoch:** Dong Xuan Center Lichtenberg, authentisch vietnamesisch
- **Donnerstag:** Markthalle Neun, Hipsterei goes Feinschmeck (abends)
- **Freitag:** Döner, am besten in Kreuzberg oder Neukölln
- **Samstag:** KaDeWe, Feinschmeckeretage 6. Stock,
- **Sonntag:** Burger, aber keine Kette!

Die passende Überleitung von der Hausmannskost zur Gourmetmetropole ermöglicht der Promi- und Sternekoch und gebürtige Kreuzberger Tim Raue, der in der Stadt mehrere Restaurants betreibt und auch manchem Berliner Traditionsgericht neues Leben eingehaucht hat. Zwei Michelin-Sterne hat er eingeheimst und ist Teil der Spitzengarde Berliner Restaurants, wenn man Michelin als Maßstab nimmt.

Sechs Berliner Restaurants mit zwei Michelin-Sternen

Fischers Fritz	Mitte
Tim Raue	Kreuzberg
Horvath	Kreuzberg
Reinstoff	Mitte
Facil	Potsdamer Platz
Lorenz Adlon Esszimmer	Mitte

Natürlich muss man für kulinarische Erlebnisse nicht gleich die Fettaugen des Angebots bemühen, und auch unterhalb der vierzehn Einsternelokale ist das Angebot reichhaltig. Die Restaurantszene ist lebendig und experimentierfreudig, und natürlich zieht die Attraktivität der Stadt auch viele Köche und Restaurantmacher an. Mit den spannenden Gegenden wandern auch die Nachbarschaften für interessante Restaurants. Zuletzt war es der Szenebezirk Neukölln, das sich nicht nur zum Trinken in Bars und Kneipen empfiehlt, sondern ebenso zum Essengehen.

Eine Art kollektive Gaumenseligkeit überfällt Berlin mit der Spargelzeit. Höfe aus dem brandenburgischen Umland bauen überall Verkaufsbüdchen auf, in Einkaufsgegenden, an S-Bahnhöfen, selbst an Tankstellen, die im Allgemeinen keine tagesfrische Ware anbieten. Als bester Spargel gilt der Beelitzer, die Preise werden alljährlich diskutiert und Empfehlungen weitergegeben. Die meisten Restaurants bieten zur Saison Spargelgerichte an, oder man fährt gleich auf einen Spargelhof und isst sozusagen frisch vom Feld.

Wie anderswo treiben in Berlin zahlreiche Imbiss- und Restaurantketten ihr Unwesen, die gerade angesichts des boomenden Tourismus gute Geschäfte wittern – nicht zu Unrecht. Einen berühmten US-amerikanischer Burgerbrater, der jahrelang sein Auge auf Kreuzberg gerichtet hatte, verhinderten die Einwohner mit allerlei Ideen. Anfang der Nullerjahre war es dann so weit, man platzierte sich strategisch günstig an einem Oberstufenzentrum und engagierte politisch korrekt eine Kreuzberger Türkin als Restaurantleiterin. Ein paar Farbbeutel gab es zwar, aber das war's. Stattdessen öffneten rundherum kleine Burgerläden, mal bio, mal veggie, mal einfach besser als die Kette. Damit begann der Berliner Burgerboom, der bis heute anhält. Um den Überblick zu behalten, erstellten Burgerfans vor ein paar Jahren einen U-Bahn-Netzplan mit verzeichneten Burgerbuden: den Burger City Guide. Merkwürdig ist, dass man im einen oder anderen Burgerladen ohne Reservierung gar nicht mehr zum Zug kommt …

Sieben gute Burgerläden

BBI	Pannierstraße	Neukölln
Burgermeister	Schlesisches Tor, Kottbusser Tor	Kreuzberg
The Bird	Falkplatz	Prenzlauer Berg
Burgeramt	Krossener Straße	Friedrichshain
Rebel Burger Room	Seestraße / Friedhof	Wedding
Eastburger	Erich-Steinfurth-Straße / Ostbahnhof	Friedrichshain
Rembrandt	Richard-Sorge-Straße	Friedrichshain

Die erste Schnellesskette Berlins wurde übrigens schon um 1900 gegründet, und zwar vom schwäbischen Brüderpaar Aschinger. Es begann mit einer »Bierquelle«, aus der bald viele wurden und den stets gehetzten Berlinern durch schnelles, preiswertes Essen entgegenkamen. Bekannt waren sie für ihre Erbsensuppe und kostenlos dazu gereichte Schrippen, von denen man sich nehmen konnte, so viele man wollte. In den 20er Jahren wurde aus dem Firmenunternehmen ein Imperium mit Konditoreien, großen Brauhäusern, Luxusrestaurants und Hotels. Ein Überrest ist die Backfabrik am Anfang der Prenzlauer Allee, wo fast alles hergestellt wurde, was man anbot. Ein Eierkocher dort konnte gleichzeitig tausend Eier hartkochen – für die früher unverzichtbaren Soleier auf jeder Theke. Aschinger war eine Berliner Institution, noch lange fanden sich ihre Spuren an Gebäuden, und von »Berlin Alexanderplatz« bis »Emil und die Detektive« setzte die Berlin-Literatur der Firma ein Denkmal.

Eine Attraktion der Wende um 1900, als sich das Stadtleben noch einmal merklich beschleunigte, waren »elektrische Automatenrestaurants«, die nach Münzeinwurf kalte und warme Speisen und Getränke lieferten und damit warben, dass man kein Trinkgeld zahlen musste.

Zwischen Frittenbude und Feinschmeckerlokal tut sich eine große weite Welt auf, in der sich Berlins Vielfalt erweist. Nahezu jede Küche der Welt ist mit Lokalen vertreten, das Angebot reicht von Aramäisch bis Zypriotisch, und es steht nicht zu vermuten, dass dazwischen irgendwas ausgelassen würde.

In Sachen Bierproduktion war Berlin einmal ganz groß, Überbleibsel davon sind vor allem in Prenzlauer Berg zu besichtigen. Als Ende des 19. Jahrhunderts die Stadt rapide wuchs, nahm auch der Bierdurst zu. Bis dahin wurde in Berlin vor allem Weißbier gebraut – die Berliner Weiße, ein sehr saures Bier mit Sirup zur geschmacklichen Aufwertung ist ein Überbleibsel davon und wird heute vornehmlich von Touristen getrunken. Zu dieser Zeit kam das bayrische, untergärige Bier auf, das nach Gärkellern verlangt. Im morastigen Untergrund war deren Bau schwer möglich, also nutzte man die Anhöhe Prenzlauer Berg, siedelte dort Brauereien an und gewährte steuerliche Begünstigungen. Die größte Brauerei war die Bötzow-Brauerei an der Prenzlauer Allee, deren Reste seit Jahren vom Medizingerätehersteller Otto Bock entwickelt wurden. Die sehr reich gewordene Familie Bötzow, nach der nahebei ein ganzes Viertel heißt, leistete sich eine schlossartige Villa, die leider nicht mehr existiert, und stiftete die Immanuelkirche an der Prenzlauer Allee, deren Einweihung das Kaiserpaar höchstpersönlich beehrte.

Das größte erhaltene Brauereigebäude ist die heutige Kulturbrauerei, deren Turm die Berliner spöttisch-liebevoll »Bierkirche« tauften. Als Ende des 19. Jahrhunderts das Flaschenbier mächtig Furore machte, steigerte Schultheiß seine Produktion auf eine halbe Million Hektoliter jährlich. Auch der »Pfefferberg« am Anfang der Schönhauser Allee ist eine ehemalige Brauerei.

Elf empfehlenswerte Biergärten

- Maria & Joseph, S-Bahnhof Lichterfelde-West
- Prater, Prenzlauer Berg, Kastanienallee
- Schleusenkrug, Schleuse Tiergarten
- Pfefferberg, Mitte, Schönhauser Allee
- Luise, Dahlem-Dorf
- Brauhaus Südstern, Kreuzberg, Südstern
- Golgatha, Kreuzberg, Viktoriapark

- Zur weißen Kastanie, Charlottenburg, Schlossstraße
- Café am Neuen See, Tiergarten
- Fischerhütte, Zehlendorf, Schlachtensee
- Kurhaus Ponte Rosa, Kreuzberg, Monumentenbrücke

Wie überall gehören die bekannten Berliner Biermarken längst internationalen Großkonzernen, die Berliner noch dazu einem einzigen. Aber mit dem Trend des Craft Beer bewegte sich wieder was. Inzwischen gibt es, zumal in den hippen Kneipen von Mitte oder Neukölln, lokal und mit Hingabe gebraute Biere, von diversen Pale Ales über Stout zum im Whiskyfass nachgereiften wird in Berlin alles Mögliche hergestellt. Das Onlinemagazin Hopfenhelden nennt Berlin »so etwas wie die Hauptstadt der deutschen Craft Beer Bewegung«. Als jedoch vor ein paar Jahren zwei Amerikaner großmundig ankündigten, die Bierszene in Berlin mit einer größeren Gründung aufmischen zu wollen, reagierten Lokalmedien verschnupft: Wer war das noch mit dem Reinheitsgebot? Nun ja, die Craft-Beer-Bewegung nahm nun mal ihren Anfang in den USA. Wie auch immer, das Bier zelebrieren diverse Craft-Beer-Bars, in denen man nicht überrascht sein sollte, wenn ein englischsprechender Hipster mit Rauschebart und Tattoos einem das Etikett hinhält wie ein Sommelier.

Ein witziges Treffen sehr unterschiedlicher Bierfans ist übrigens die alteingesessene Biermeile geworden, die alljährlich auf der Karl-Marx-Allee stattfindet. Längst präsentieren sich da zahlreiche Craft-Beer-Anbieter neben den üblichen Verdächtigen, und je weiter man vom Strausberger Platz in Richtung Friedrichshain läuft, desto mehr wandelt sich das Publikum vom stolzen Bierbauchträger zum Szene-Craftie.

An gutem Wein herrscht natürlich auch kein Mangel, nur der lokal angebaute Wein ist nicht zu empfehlen. Der kleine Kreuzberger Weinberg produziert Flaschen, die meist an Staatsgäste verschenkt werden, die ihn hoffentlich nicht probieren – noch spielt da das Klima nicht mit. Aber was vor der Kleinen Eiszeit ging, könnte der Klimawandel wieder möglich machen. Sowohl am Weinbergsweg in Mitte als auch am Volkspark Friedrichshain wurde einst Wein angebaut. Allerdings zu Zeiten, in denen man sich am Sauren nicht so sehr störte.

Aufs 19. Jahrhundert gehen die Markthallen zurück, von denen einige noch existieren. Man wollte damals, als mit dem großen Hunger der Stadt zweifelhafte Geschäfte immer häufiger und Lebensmittelskandale zum Problem wurden, das Verkaufsgut besser kontrollieren. Als sonderlich erfolgreich erwies sich das Ganze zunächst nicht, weil die Preise in den Markthallen etwas höher waren. Im Ganzen gab es 14 Hallen, von denen nur noch vier in Betrieb sind. Dort kann man nicht nur einkaufen, sondern auch gut essen.

Berliner Markthallen

Markthalle VI	Mitte, Ackerstraße
Markthalle XI	Kreuzberg, Marheinekeplatz
Markthalle IX	Kreuzberg, Eisenbahnstraße
Markthalle X	Moabit, Arminiusstraße

Besonders bekannt ist die Markthalle IX, die jahrzehntelang vor sich hindümpelte, bis ein paar mutige Kreuzberger ein Schaufenster für regionale Produkte daraus machten. Inzwischen ist sie eine feste kulinarische Größe und mächtig angesagt. Lohnenswert ist ein Besuch in den anderen aber ebenso, vor allem in der Marheineke- und der Arminiusmarkthalle. Anderswo wurden Reste der Markthallen umgewidmet, etwa die Kreuzberger »Kleine Markthalle« (Legiendamm), die leckeres Hühnchen serviert, während am Neustädtischen Kirchplatz (Markthalle IV) heute das Presse- und Informationsamt der Bundesregierung logiert, oder in der Zimmerstraße (Markthalle III).

Die erste Markthalle wurde übrigens 1867 eröffnet, wegen mangelnder Rentabilität schon ein paar Monate später wieder geschlossen und danach unter anderem als Zirkus, Schauspielhaus und schließlich bis zum Abriss 1982 als Friedrichstadtpalast genutzt. An ihrer Stelle steht das exklusive Wohnhaus yoo nach Entwürfen des Designers Philippe Starck. Die alte Zentralmarkthalle stand am Alexanderplatz. An sie erinnert nur noch ein letzter Gleisstummel vom eigenen Bahnanschluss, zu sehen von der S-Bahn aus auf dem Stadtbahnviadukt. Auch einen riesigen zentralen Schlachthof gab es, um die Lebensmittelhygiene zu verbessern. Zwischen Landsberger Allee und Eldenaer Straße gelegen, wurde er unter Einbeziehung zahlreicher Gebäude nach der Wiedervereinigung zum Wohngebiet entwickelt.

Wochenmärkte sind ein geeignetes Pflaster, um als Neuankömmling ein bisschen Stadtalltag zu schnuppern, meist gibt es auf ihnen auch die Möglichkeit für einen Imbiss. Ein Bummel lohnt nicht nur wegen des Angebots, sondern für einen Eindruck des Publikums, das so unterschiedlich ist wie die jeweiligen Viertel rundherum. Die Märkte unterscheiden sich sehr in Angebot und Publikum, die hier genannten sind auch vom Ambiente her reizvoll.

Empfehlenswerte Wochenmärkte

Kollwitzplatz	Prenzlauer Berg	Sa. / Do. Biomarkt
Maybachufer	Neukölln	Di. / Do. »Türkenmarkt«
Winterfeldtplatz	Schöneberg	Mi. / Sa.

Domäne Dahlem	Dahlem-Dorf	Mi./Sa.
Chamissoplatz	Kreuzberg	Sa.
Lausitzer Platz	Kreuzberg	Fr.
Hackescher Markt	Mitte	Do./Sa.
Preußenallee	Westend	Di./Fr.
Boxhagener Platz	Friedrichshain	Sa.
Mexikoplatz	Zehlendorf	Sa.

Um sehen und gesehen werden geht es natürlich in vielen Restaurants und Cafés der Stadt. Wer Politprominenz und Medienleute bestaunen will, grast vorzugsweise die besseren Lokalitäten rund ums Regierungsviertel ab – es versteht sich, dass im Zuge der Hauptstadtfunktion entsprechende Adressen entstanden. Die bekanntesten sind Café Einstein (Unter den Linden) und das Restaurant Borchardt in der Französischen Straße. Prominent ist auch die »Ständige Vertretung« am Schiffbauerdamm, die Ende der 90er als Vorhut des Bonner Politbetriebs eröffnete, berlinfremdes Kölsch ausschenkt und inzwischen sehr touristisch daherkommt.

Die bevorzugten Lokale sonstiger Prominenz verteilen sich über die ganze Stadt; vor allem natürlich da, wo man auch wohnt: Mitte, Prenzlauer Berg, Charlottenburg, gediegener Grunewald und Westend, hipper Friedrichshain, Kreuzberg und Neukölln.

Wie so manch anderes hat auch die Café- und

Kaffeekultur sich merklich verbessert. Das benannte Café Einstein hat sein Stammhaus in der Schöneberger Lützowstraße, wo es schon zu Westberliner Zeiten österreichische Kaffeehauskultur pflegte und damit ziemlich allein dastand. Heute gehört Kaffee wieder zum Zeitgeist, was so manche Blüte getrieben hat: Der Running Gag des Berlin-Films »Oh Boy« besteht darin, dass Tom Schilling den ganzen Film die Lust auf einen ganz normalen Kaffee umtreibt, die aber angesichts exaltiert zelebrierter Kaffeekultur unerfüllt bleibt. Natürlich kann man zwischen diversen Milchsorten im Kaffee wählen, der Wunsch nach normaler Milch mit handelsüblichem Fettgehalt wird in so mancher Kaffeebaude bestenfalls mit einer hochgezogenen Augenbraue quittiert.

Oh Berlin, wie weit ab bist Du von einer wirklichen Hauptstadt des Deutschen Reiches.
Theodor Fontane, 1875

Ihr Berliner wisst nicht,
wie sehr mein Herz für diese Stadt schlägt.
Einem Menschen vom Lande glaubt ihr ja nicht.
Helmut Kohl

Die verwaltete Stadt: Politik und Verwaltung

Alles ist arm, unschön, unkaiserlich.
Karl Gutzkow, Schriftsteller, 1873

Zwar gründete man 1920 Groß-Berlin und schuf damit Deutschlands größte Stadt, um den längst zusammengewachsenen Metropolraum besser verwalten und entwickeln zu können. Trotzdem ist Berlin auch heute noch gewissermaßen eine Ansammlung von Städten: Berlin als Ganzes ist ein eigenes Bundesland und damit einer der drei deutschen Stadtstaaten; jeder der zwölf Bezirke ist eigentlich eine Stadt, gemessen an der Bevölkerungszahl sogar eine Großstadt. Aufgrund der Widerstände der Kommunen 1920 gegen den Verlust der Unabhängigkeit schuf man ein zweigliedriges, weltweit einzigartiges Kommunalgebilde, in denen die Bezirke zwar nicht nach Gusto agieren können, sich aber selbst verwalten. Früher hatte Berlin 23, seit der Bezirksreform 2001 zwölf Bezirke. Das sollte die Verwaltung entschlacken und Bezirke schaffen, die an Einwohnerzahl vergleichbar sind. Vor der Reform reichte die Einwohnerzahl der Bezirke von 50 000 bis über 300 000. Die Fläche der Bezirke ist weiterhin sehr unterschiedlich.

Bezirk	**Fläche (qkm)**	**Einwohnerzahl (2016)**
Mitte	39,5	370 000
Friedrichshain-Kreuzberg	20	280 000
Pankow	103	395 000
Charlottenburg-Wilmersdorf	65	335 000

Bezirk	Fläche (qkm)	Einwohnerzahl (2016)
Spandau	92	240 000
Steglitz-Zehlendorf	103	300 000
Tempelhof-Schöneberg	53	345 000
Neukölln	45	330 000
Treptow-Köpenick	168	260 000
Marzahn-Hellersdorf	62	260 000
Lichtenberg	52	280 000
Reinickendorf	89,5	260 000
Berlin gesamt	891	3,65 Mio.

Diese Struktur hat Vor- und Nachteile: Bezirksverwaltungen können näher am Bürger agieren und spezifische Bedingungen des Bezirks berücksichtigen; gewählt in Kommunalwahlen, die parallel zu den Abgeordnetenhauswahlen stattfinden, wirken sich außerdem unterschiedliche Bevölkerungsstrukturen aus. Während in Spandau meistens die SPD die Bezirksbürgermeister stellt, ist Steglitz-Zehlendorf traditionell konservativ. In vielen Ostbezirken ist die Linke stark vertreten, Friedrichhain-Kreuzberg hingegen hat seit 2006 grüne Bürgermeister, Mitte seit 2016. Und da Zentrum und Peripherie sich erheblich unterscheiden, haben Lokalpolitiker in Mitte ganz andere Sorgen als in Treptow-Köpenick. Andererseits besteht zwischen Land und Bezirken eine nicht unerhebliche Konkurrenz, da Abgeordnetenhaus und Landesregierung sowohl für Landes- als auch Kommunalaufgaben zuständig sind – im Unterschied zu den Flächenstaaten unter den Bundesländern –, die Bezirke aber natürlich Einfluss geltend machen.

Die Bezirke bestreiten die bezirkliche Selbstverwaltung, sind aber keine selbständigen Gemeinden oder Kreise und nicht einmal Kommunen, da Berlin als Stadtstaat eine Einheitsgemeinde ist. Trotzdem haben die Bezirke durchaus Einflussmöglichkeiten auf Landesebene, schließlich sind die Landespolitiker ihren Heimatbezirken verpflichtet, was zumal bei Senatoren immer wieder zutage tritt und Ärger hervorrufen kann, wenn Bezirks- vor Landesinteressen rangieren. Immer wieder gibt es Kompetenzgerangel zwischen Landesregierung und Bezirksverwaltungen und Verzögerungen durch notwendige Abstimmungen zwischen den Ebenen, auch wenn die Verwaltungsreform viele Verflechtungen und Überschneidungen gekappt hat.

Vor allem in den Bereichen Stadtplanung, Bauplanung und Schulwesen kommt es immer wieder zu Streit zwischen Bezirken und Land, und konfliktträchtig ist zudem, dass auf bezirklicher Ebene der mittlere und gehobene, auf Landesebene aber der höhere Dienst vorherrscht, was zu Empfindlichkeiten auf beiden Seiten führt. Wenn es beispielsweise um die Sanierung der zahlreichen Berliner Schulen geht, weist das Land den Bezirken Gelder zu und findet mitunter, die seien nicht richtig ausgegeben worden. Auch die Lehrer werden vom Land bezahlt – eingestellt jedoch von den Bezirken.

Generell wird unterschieden in bezirkseigene Angelegenheiten und solche, die der Senat den Bezirken nur überträgt. Zur besseren Abstimmung zwischen Senat und Bezirken gibt es den Rat der Bürgermeister, der aus den zwölf Bezirksbürgermeistern, dem Regierenden Bürgermeister und seinem Stellvertreter, noch ein Bürgermeister, besteht. Dieser Rat ist aber kein Entscheidungsgremium, sondern dient der Anhörung, der Koordinierung und zur Antragstellung seitens der Bezirke.

Ob zur Zeit der Weimarer Republik oder der NS-Zeit, ob als politischer Spielball des Kalten Kriegs, als »Labor der Wiedervereinigung« oder als Hauptstadt der Berliner Republik – den Berliner Regionalwahlen wurde und wird immer wieder mehr Bedeutung beigemessen als denen anderer Großstädte oder Stadtstaaten. Von 1990 bis 2016 wurde die Stadt fast ununterbrochen von einer SPD / CDU-Koalition regiert, mal mit mehr, mal mit weniger Reibungen zwischen den Koalitionspartnern. Eine so lange Regierungszeit, wenn auch mit wechselndem Personal und sich wandelnder Agenda, ist auf keiner politischen Ebene gesund, am Ende war da vor allem Stillstand – fatal in einer so dynamischen Stadt. Lokalblätter machten sich ein stumm-wütendes Vergnügen daraus, Ankündigungen und Ergebnisse gegeneinanderzustellen. Ob Wohnungsbau oder ein stadtweites WLAN-Netz, ob die Versorgung der Schulen mit Computern oder wirksame Maßnahmen, um dem Verdrängungskampf in der Stadt etwas entgegenzusetzen, ob Personalmangel an Schulen, bei Polizei und Ämtern, ob angemessene Verkehrslenkung oder bürgernahe elektronische Verwaltung – angekündigt wurde viel, umgesetzt nur wenig. Landesregierung, Bezirke und Verwaltung schienen sich in ihrer Trägheit immer wieder gegenseitig anzustecken. Politische und Verwaltungsstrukturen in Berlin machen es noch dazu einfach, die Schuld immer wieder anderswo zu beklagen. Die 2016 gewählte rot-rot-grüne Koalition will es anders machen und legte einen detaillierten Fahrplan vor, der den Stillstand beenden und Berlin zukunftsfähig machen soll.

Landesparlament ist das Abgeordnetenhaus, das seit 1993 im früheren preußischen Abgeordnetenhaus in der Niederkirchnerstraße residiert. Alle fünf (früher vier) Jahre wird es in freier, geheimer und direkter Wahl in 78 Wahlkreisen gewählt und bestimmt aus seinen Reihen den Regierenden Bürgermeister. Wahlberechtigt sind alle Deutschen ab 18 Jahre, die seit mindestens drei Monaten ununterbrochen in Berlin mit Erstwohnsitz gemeldet sind. Für die Wahl der Bezirksverordnetenversammlungen beträgt das

Mindestwahlalter 16 Jahre, an ihnen dürfen unter denselben Bedingungen auch in Berlin lebende EU-Bürger teilnehmen. Die Bezirkswahlen werden nach Verhältniswahlrecht durchgeführt. Beide Wahlen finden gleichzeitig statt; wird das Abgeordnetenhaus vorzeitig aufgelöst, endet auch die Wahlperiode der Bezirksverordnetenversammlungen früher. Für die Abgeordnetenhauswahl gilt die Fünfprozent-, für die Bezirkswahlen die Dreiprozentklausel. Jede Bezirksverordnetenversammlung hat 55 Mitglieder, sie ist ein gewähltes Verwaltungsorgan, hat aber keine gesetzgebende Gewalt, keine Finanzhoheit und kein Recht, Steuern zu erheben wie das Abgeordnetenhaus. Sie ist zuständig für die Verwaltung des Bezirks und setzt Vorschriften und Gesetze um, die das Abgeordnetenhaus erlassen hat. Sie entscheidet über den Haushalt des Bezirks, ist für Baurechtsfragen zuständig und beaufsichtigt die bezirklichen Einrichtungen.

Ergebnisse der Abgeordnetenhauswahlen

(1946 Stadtverordnetenversammlung; Zweitstimmen, Prozent)

	1946	**1990**	**2001**	**2011**	**2016**
SPD	48,7	30,4	29,7	28,3	21,6
CDU	22,2	40,4	23,8	23,3	17,6
SED / PDS / Linke	19,8	9,2	22,6	11,7	15,6
Grüne	–	5,0	9,1	17,6	15,2
Bündnis 90	–	4,4	–	–	
FDP	9.3	7,1	9,9	1,8	6,7
Piraten	–	–	–	8,9	1,7
AfD	–	–	–	–	14,2
sonstige	–	3,6	4,9	4,7	7,4
Wahlbeteiligung	92,3	80,8	68,1	60,2	66,9

Berlins Regierung ist der Senat, gebildet vom Regierenden Bürgermeister und den Senatoren, die der Regierende ernennt und entlässt. Zwei von ihnen bestimmt er zu seinen Stellvertretern. Berlins Regierungschef, der Regierende Bürgermeister, ist einerseits das, was in anderen Bundesländern der Ministerpräsident ist, zugleich Oberbürgermeister der Gemeinde Berlin, deren Bezirken jeweils ein eigener Bürgermeister vorsteht. Die Senatoren leiten ihre Behörden selbständig und in eigener Verantwortung. Der Regierende Bürgermeister hat seinen Amtssitz im Berliner (Roten) Rathaus in Mitte. Er bestimmt und überwacht die Richtlinien der Regierungspolitik, besitzt aber keine so weitgehende Richtlinienkompetenz wie der Bundeskanzler, da das Abgeordnetenhaus diese Richtlinien billigen muss. Es kann per Misstrauensvotum den Regierenden Bürgermeister und damit die gesamte Landesregierung zu Fall bringen.

In der öffentlichen Wahrnehmung ist natürlich der Regierende Bürgermeister das Aushängeschild der Stadt, der zentrale Politiker, der Berlin nach innen und außen vertritt. Im 20. Jahrhundert hatte Westberlin eine Anzahl bedeutender Regierender Bürgermeister, denen während der Teilung, damals mit Amtssitz im Rathaus Schöneberg, auch bundespolitisch eine wichtige Rolle zukam. Da Westberlin bis 1990 staatsrechtlich kein Teil der Bundesrepublik war, war der Regierende Bürgermeister der Ansprechpartner der Alliierten Stadtkommandanten und Partner der Bonner Bundesregierung mit einigem Selbstbewusstsein. Mindestens in Form von Straßennamen begegnet man ihnen immer wieder, einige sind im Stadtgedächtnis darüber hinaus noch sehr präsent. Dass das Amt des Regierenden Bürgermeisters früher als Sprungbrett für eine Bundeskarriere dienen konnte, belegen die ehemaligen Regierenden Willy Brandt (Bundeskanzler 1969–74) und Richard von Weizsäcker (Bundespräsident 1984–94). Die Bürgermeister Ostberlins hatten geringere Bedeutung: im Zentralstaat DDR sowieso, als der Hauptstadt der DDR ganz besonders.

Regierende Bürgermeister

Louise Schroeder	SPD	1946–51
Ernst Reuter	SPD	1951–53
Walther Schreiber	CDU	1953–55
Otto Suhr	SPD	1955–57
Willy Brandt	SPD	1957–66
Heinrich Albertz	SPD	1966/67
Klaus Schütz	SPD	1967–77
Dietrich Stobbe	SPD	1977–81
Hans-Jochen Vogel	SPD	1981
Richard von Weizsäcker	CDU	1981–84
Eberhard Diepgen	CDU	1984–89
Walter Momper	SPD	1989–91
Eberhard Diepgen	CDU	1991–2001
Klaus Wowereit	SPD	2001–14
Peter Müller	SPD	seit 2014

Zum Ausgleich der gescheiterten Länderfusion mit Brandenburg 1996 schlossen beide Bundesländer einen Staatsvertrag zur Zusammenarbeit ab. Es wurden etwa der gemeinsame Rundfunk Berlin-Brandenburg (RBB) gegründet, eine Gemeinsame Landesplanungsabteilung geschaffen; es gibt einen Bibliotheksverbund, den Verkehrsverbund Berlin-Brandenburg

(VBB), auch Verwaltungseinrichtungen, Gerichte sowie wissenschaftliche und kulturelle Einrichtungen wurden zusammengelegt. Rund 30 Staatsverträge und 80 Verwaltungsabkommen wurden abgeschlossen.

Schon seit 1995 gibt es die Metropolregion Berlin-Brandenburg, die das Gebiet beider Bundesländer und damit über sechs Millionen Einwohner umfasst. Ihr Kern ist die Stadt Berlin, darum die auch Speckgürtel genannte »Agglomeration«, also das Berliner Umland in einem Radius von 60 Kilometern. Der dritte Bereich ist die ländlich geprägte Region im restlichen Brandenburg. Sie setzt das Anliegen der Länderfusion in Teilen um und ist bundesweit beispielhaft: Keine andere der elf deutschen Metropolregionen ist in öffentlichen Belangen so stark verflochten.

Wer die Berliner fragt, welche politische Aufgabe vorrangig zu bewältigen ist, erhält seit einigen Jahren überwiegend diese Antwort: Mietenanstieg begrenzen und Wohnungsbau ankurbeln. Die Einwohnerzahl wächst und wächst, und weil das Angebot an Wohnraum nicht Schritt hält, herrscht Wohnungsnot, vor allem innerhalb des S-Bahn-Rings. Wie andere Städte hat sich Berlin nach 1990 vom sozialen Wohnungsbau abgewandt, was sich heute bitter rächt. Der Wohnungsbestand der inzwischen nur noch sechs kommunalen Wohnungsbaugesellschaften wurde von einst fast 600 000 auf rund 270 000 im Jahr 2012 reduziert. Diese Zahl steigt seit einigen

Jahren wieder moderat. Auch die Zahl neugebauter Wohnungen steigt wieder, allerdings sind die Zuwächse angesichts des Bevölkerungswachstums und gemessen an knapp zwei Millionen Wohnungen nicht umwerfend. 2016 lag der Mietpreis pro Quadratmeter bei 10,05 Euro. Je nach Wohnungsgröße und Viertel fallen Preise und Mietsteigerungen sehr unterschiedlich aus. Am billigsten wohnt es sich in Marzahn (6,57 €/qm), am teuersten in Mitte (14,67 €/qm). Zwischen 2011 und 2015 verteuerte sich eine 60-Quadratmeter-Wohnung im Bundesdurchschnitt um einen Euro, in Berlin um 2,60 Euro pro qm.

Wohnungsbau in Berlin (erteilte Baugenehmigungen)

1990	4900
1992	8700
1996	22700
2000	9100
2004	3750
2006	3100
2009	3800
2010	4300
2011	4500
2012	5400
2013	6600
2014	8700

Verglichen mit der Blütezeit des Wohnungsbaus in der Weimarer Republik ist das regelrecht beschämend; zwischen 1924 und 1932 wurden in Berlin zwei Millionen Wohnungen gebaut, und selbst in der schwierigen Zeit davor waren es 500 000. Angesichts der Zerstörungen im Krieg betrieb Westberlin nach 1945 sozialen Wohnungsbau erneut im großen Stil, mit einem letzten Höhepunkt zur Internationalen Bauausstellung 1987. Auch die DDR baute umfassend, das letzte Großprojekt wurde 1986 bezogen: der Ernst-Thälmann-Park in Prenzlauer Berg. Als in den 90er Jahren das zunächst erwartete Bevölkerungswachstum der Stadt ausblieb, ein Überangebot an Wohnungen bestand und die Stadt unter enormem Sparzwang stand, beschloss der Senat 2003 den Ausstieg aus dem sozialen Wohnungsbau. Das führt seither dazu, dass die bestehenden Sozialwohnungen weniger und noch dazu merklich teurer werden, was zu sozialen Problemen führt. Zweifelhaft ist außerdem, ob Berlin wegen der Folgekosten überhaupt Geld gespart hat oder nicht sogar draufzahlt.

Wohnen in Berlin war immer wieder ein wichtiges Thema in Politik und Gesellschaft, viele der sozialen Proteste hatten Wohnungsnot und Wohnungsbaupolitik zum Thema. Am bekanntesten ist die Westberliner Hausbesetzerszene vor allem in Kreuzberg, die seit den 1970er Jahren mit viel Engagement, Wut, Protest und auch Krawall durchsetzte, was heute als

Errungenschaft gilt: Der damals arg heruntergekommene Bezirk, den Politik und Hausbesitzer absichtlich verkommen ließen, wurde nicht flächendeckend abgerissen und mit Neubaublöcken bestückt. Stattdessen wurde das Modell der behutsamen Stadterneuerung zum ersten Mal im größeren Maßstab erprobt und die Bewohner eingebunden. Bittere Ironie des Ganzen ist, dass Kreuzberg inzwischen am eigenen Erfolg kollabiert: Seit der Wiedervereinigung wieder in Innenstadtlage und attraktiv für die vielen Zuzügler, steigen die Mieten noch schneller als im Berliner Durchschnitt, und viele der früheren Streiter für Kreuzbergs Zukunft können sich ihre Wohnungen nicht mehr leisten.

Eine weitere Klage der Berliner betrifft die Mängel der Verwaltung, die ihren Aufgaben nicht vollständig nachkommt. Wer neu nach Berlin zieht, bekommt es schon bei der Anmeldung mit: Termine bei Bürgerämtern sind schwer bis gar nicht zu bekommen, die neue Regierung gelobte rasche Abhilfe. Mal resigniert, mal wütend kommentieren die Berliner die Verkehrslenkung, die – nicht nur chronisch unterbesetzt, sondern auch durch chronische Krankheitsfälle personell geschwächt – ihren Aufgaben nur sehr bedingt nachkommen kann. Das Ergebnis sind eine mangelnde Koordination von Baustellen, unter denen die Stadt schon bei angemessener Planung genug zu leiden hätte. Eine viel zu lückenhafte Aufsicht über den Fortgang der Arbeiten und allzu späte Abnahme verhindert, dass Engpässe befriedigend schnell behoben werden. Im Ergebnis führt das zu erheblich größeren Verkehrsbehinderungen als eigentlich nötig. Endgültig skandalös wurden die Verwaltungszustände 2015, als Zehntausende Flüchtlinge nach Berlin kamen und sich registrieren lassen wollten. Monatelang bekam die Sozialverwaltung die Warteschlangen vor dem Amt nicht in den Griff, und Antragsteller mussten Tag für Tag erneut anstehen, nur um am Ende wieder vertröstet zu werden. Erst ein Abebben des Flüchtlingsstroms brachte Linderung. Grund für die beklagenswerten Verhältnisse ist der massive Abbau an Personal, aber ebenso ein Unwille der verbliebenen Beschäftigten, die sich überfordert sehen, sowie ein Mangel an Modernisierung und Digitalisierung.

Solche Probleme sind Auswirkung des Sparkurses, den sich die hochverschuldete Stadt notgedrungen verordnete. Ohnehin waren die Personalbestände der Verwaltungen in Ost- und Westberlin aufgeblasen und mussten nach der Wiedervereinigung reduziert werden. Das geschah zu einer Zeit, als die ersten Prognosen fürs Bevölkerungswachstum der Stadt nach unten korrigiert werden mussten und vor allem die Landesfinanzen in desaströsem Zustand waren.

1994 beschloss der Senat eine Verwaltungsreform, die als »gewaltigstes Reformprojekt des öffentlichen

Dienstes in Deutschland« bezeichnet wurde. Ziel war es, die Verwaltung schlanker, kostengünstiger, effektiver, bürgernäher, fähiger, leistungsorientierter und moderner zu machen. Unter anderem sollten privatwirtschaftliche Maßstäbe angelegt werden, um die Arbeit der Verwaltung effektiver zu gestalten. Ohne die dramatischen Finanznöte der Stadt wäre es vermutlich gar nicht dazu gekommen; der Regierende Bürgermeister Wowereit sprach einmal vom »Sparen, bis es quietscht«, und tatsächlich quietscht der Berliner bis heute, wenn er trotz einigem Vorlauf seinen Reisepass nicht rechtzeitig verlängern kann, um eine Reise anzutreten. Bei Kosten und Personalstand ist die Bilanz durchaus vorbildlich:

Beschäftigte der Berliner Verwaltung

Jahr	gesamt	Bezirke	Land
1991	250000	162000	88000
1996	212000	91000	121000
2000	185000	71000	114000
2004	145000	44000	101000
2010	127000	27000	100000
2014	117000	23000	94000

Seit 1992 auf der Tagesordnung, brauchte die Reform einen langen Vorlauf – die politischen Bedingungen waren schwierig, der Widerstand der betroffenen

Verwaltungen beträchtlich und schließlich die Bezirksreform sowie die gescheiterte Länderfusion mit Brandenburg lähmend. Ohne den Druck der dramatischen Finanzkrise der Stadt im Gefolge des Bankenskandals, aber auch des ausbleibenden Booms, der für die 1990er Jahre erwartet worden war, wäre die Verwaltungsreform kaum möglich gewesen. Allerdings stand sie damit auch unter dem Vorzeichen des Sparens, und rückblickend beweist sich, dass die Reform nicht alles anpackte, was reformbedürftig war.

Verärgerte Bürger nutzen zunehmend ein Instrument, das bei seiner Einführung 2006 wohl mehr als Befriedungsmaßnahme fürs Wahlvolk gedacht war, zum Ärger der Politiker aber populär geworden ist: Volksbegehren und Volksentscheid auf Landes-, Bürgerbegehren und Bürgerentscheid auf Bezirksebene.

Ein Volksbegehren kann ein Landesgesetz beschließen, verändern oder zu Fall bringen und sogar die Landesregierung absetzen und Neuwahlen erzwingen. Letzteres kam bislang nicht vor, aber mehrere Volksbegehren haben die Stadt in politische, meist produktive Unruhe versetzt, weil sie mindestens eine öffentliche Debatte in Gang gesetzt, wenn nicht korrigierend in die Regierungspolitik eingegriffen haben. Inzwischen ist es sogar vorgekommen, dass der Senat Verhandlungen mit Bürgerinitiativen aufgenommen hat, um einen Volksentscheid abzuwenden – indem die Regierung Zugeständnisse machte oder ankündigte.

Die Hürden für ein Volksbegehren sind vergleichsweise niedrig und in Zeiten der Online-Mobilisierung in Berlin durchaus zu nehmen: Hat die Initiative für ein Volksbegehren mindestens 20 000 Unterschriften wahlberechtigter Berliner gesammelt, müssen in einem zweiten Schritt innerhalb von vier Monaten mindestens sieben Prozent der Wahlberechtigten dem Begehren zustimmen. Sodann muss die Angelegenheit den Berlinern zur Wahl vorgelegt werden. Es ist dann erfolgreich, wenn eine Mehrheit der abgegebenen Stimmen und zugleich mindestens ein Viertel der Berliner Wahlberechtigten dafür ist.

Mehr Zustimmung braucht ein Volksbegehren zur Änderung der Berliner Verfassung: Mindestens 50 000 Unterschriften müssen im ersten Schritt vorliegen sowie in der eigentlichen Abstimmung bei mindestens 50 Prozent Wahlbeteiligung mindestens zwei Drittel der abgegebenen Stimmen für die Verfassungsänderung stimmen. Um das Abgeordnetenhaus vorzeitig aufzulösen, braucht es 50 000 Unterschriften, bei Schritt zwei 20 Prozent Zustimmung der teilnehmenden Wahlberechtigten sowie in der eigentlichen Abstimmung bei mindestens 50 Prozent Wahlbeteiligung eine Mehrheit der Stimmen. Auch das Landesparlament kann den Berlinern ein Gesetz zur direkten Abstimmung vorlegen. Ausgenommen vom Volksbegehren sind die Themen Landeshaushalt, Steuern, öffentliche Tarife sowie Personalentscheidungen.

Im Fall von Bürgerbegehren, also auf Bezirksebene, muss es um Belange gehen, die die Bezirke selbst entscheiden können. Für ein Bürgerbegehren reichen drei Prozent Unterschriften von Wahlberechtigten innerhalb von sechs Monaten; der Bürgerentscheid war erfolgreich, wenn bei einer Abstimmung darüber mindestens zehn Prozent der Berechtigten teilnehmen und eine Mehrheit von ihnen dafür stimmt.

Zunehmend häufiger eingesetzt wird das Verfahren der Bürgerbeteiligung, um die Stadtgesellschaft am Prozess der Entscheidungsfindung zu beteiligen und Fehlplanungen zu vermeiden, wenn die Bedürfnisse betroffener Bürger falsch eingeschätzt wurden. Andererseits ist es abhängig von der Bereitschaft der Bürger, sich einzubringen und Engagement zu zeigen. Natürlich kann so eine Beteiligung gleichzeitig das Verantwortungsbewusstsein der Bürger und ihr Engagement fördern sowie der Politikverdrossenheit entgegenwirken. Ein solches Verfahren wurde in der Frage eingeleitet, ob der Teil der früheren Innenstadt zwischen Spreeufer und Fernsehturm nach altem Straßenraster wieder bebaut werden soll. Es ergab, dass die Bürger das Gelände nicht privatisiert und von Investoren bebaut sehen wollen. Dass sie Freiraum einer dichten Bebauung vorziehen, hat Senat wie Stadtplaner eher nicht erfreut.

Dass die Berliner Gefallen daran finden, erweist sich an den Volksbegehren und -entscheiden, die seit der Einführung dieser Instrumente angestrengt wurden, mal mit mehr, mal mit weniger Erfolg. Bemerkenswert war zuletzt der Mietenvolksentscheid, den ein Zusammenschluss zahlreicher Gruppen und Verbände 2015 einleitete. Ziel war es, den Mietanstieg zu bremsen und genügend erschwinglichen Wohnraum für Geringverdiener zu gewährleisten. Als der Senat das Anliegen aufnahm, setzte man sich an den Verhandlungstisch und erarbeitete gemeinsam das Wohnraumversorgungsgesetz, das vom Abgeordnetenhaus verabschiedet wurde und 2016 in Kraft trat. Die Initiative zog den Volksentscheid daraufhin zurück.

Volksbegehren und Volksentscheide (Auswahl)

- **Länderfusion:** 1996 ließen die Länderparlamente von Berlin und Brandenburg ihr Wahlvolk über ein Gesetz zur Bildung eines gemeinsamen Bundeslandes Berlin-Brandenburg abstimmen. Es soll Synergieeffekte und Entwicklungsvorteile bringen. Während die Berliner mit gut 53 Prozent dafür stimmen, wollen die Brandenburger (63 Prozent Nein-Stimmen) sich die Berliner Schulden nicht ans Bein binden und auch nicht zum bloßen Hinterland der Großstadt degradiert werden. Das Flächenland Brandenburg hat damals 2,5 Millionen, der Stadtstaat Berlin 3,4 Millionen Einwohner.

- **Kochstraße:** Die Kreuzberger CDU will 2005 die Umbenennung eines Teils der Kochstraße in Rudi-Dutschke-Straße rückgängig machen. Das Bürgerbegehren im Bezirk Friedrichshain-Kreuzberg scheitert im Januar 2007 an 57 Prozent Stimmen für die Umbenennung, heute gibt es eine Straßenecke der einstigen Widersacher der Studentenrevolte Rudi Dutschke und Axel Springer. Bei der Vorfahrtregelung ist Rudi Dutschke klar überlegen.
- **Flughafen Tempelhof:** 2007/08 versucht eine Bürgerinitiative, die Offenhaltung des Flughafens Tempelhof als Verkehrsflughafen durchzusetzen. In zwei Schritten werden zwar genügend Unterschriften gesammelt, das Begehren scheitert aber an mangelnder Beteiligung.
- **100 % Tempelhofer Feld:** 2008 wird der Flughafen geschlossen, 2010 das gesamte Flugfeld öffentlich zugänglich. Der Senat plant eine Randbebauung und Entwicklung des Innenraums, wogegen sich Widerstand formiert. Die Abstimmung 2014 ergab bei einer Beteiligung von 30 Prozent eine klare Mehrheit von 64 Prozent gegen die Senatspläne, eine Berliner Boulevardzeitung titelt: »Berlin zieht

Wowereit das Feld über die Ohren«. Beobachter sehen in dem Votum auch eine Quittung für eine insgesamt bürgerferne Politik in Sachen Stadtentwicklung.

- **Pro Reli:** Weltanschauliches Pflichtfach in Berlin ist Ethik, Religion kann hinzugewählt werden. Die Initiative wollte Religion als ordentliches Lehrfach durchsetzen, Schüler sollten zwischen Religion und Ethik wählen können. Die ersten beiden Hürden nahm das Begehren mühelos, doch in der eigentlichen Abstimmung Anfang 2009 wird das Anliegen mit 51,5 Prozent abgelehnt, zudem wurde das Quorum von 25 Prozent Stimmabgaben nicht erreicht.
- **Berliner Wassertisch:** Berlin hat mehr Wasser als genug, doch die Trinkwassergebühren sind vergleichsweise hoch. Eine Initiative will seit 2007 den Senat zwingen, bislang geheime Teilprivatisierungsverträge der Wasserbetriebe offenzulegen und eine Rückabwicklung der Teilprivatisierung einzuleiten. Genügend Unterschriften kommen zusammen, aber der Senat erklärt das Begehren für unzulässig. Nachdem das Landesverfassungsgericht feststellt, dem Senat stehe ein solches Urteil gar nicht zu, kommt es zum Volksentscheid, bei dem mit 98 Prozent für das Anliegen gestimmt wird – obwohl Medien und Landesregierung Vertragsteile zuvor noch öffentlich gemacht haben.

2012/13 kauft der Senat die Wasserbetriebe wieder ganz zurück. Zu den Instrumenten der direkten Demokratie zählt außerdem die Volksinitiative, die dem Abgeordnetenhaus einen Gesetzentwurf direkt vorlegt. Dafür braucht es ebenfalls 20 000 Unterschriften von Berlinern, die nicht gleichzeitig deutsche Staatsbürger sein müssen.

- **Volksentscheid Fahrrad:** 2016 machte eine neue Initiative Furore, die Berlin in Sachen Radverkehr Beine machen will. Schon die Unterschriftensammlung war ein durchschlagender Erfolg. Für die erste Etappe, um per Gesetz den Senat zum Handeln zu zwingen, kamen fünfmal mehr Unterschriften zusammen als nötig. Es geht um nichts weniger als einen Paradigmenwechsel zugunsten des Radverkehrs. Der rot-rot-grüne Senat hat angekündigt, die Entwicklung einzuleiten und voranzutreiben.

Längst wird Berlin bei allen Unterschieden zwischen Ost und West, Zentrum und Peripherie wieder mühelos als eine Stadt wahrgenommen, doch der Prozess der städtischen Wiedervereinigung war kein Kinderspiel. Institutionell ging es am schnellsten, und die ersten Wahlen zum Abgeordnetenhaus der wiedervereinigten Stadt fanden am 2. Dezember 1990 statt, einen Monat nach der Wiedervereinigung. Auch das Zusammenfügen der Infrastruktur einer Stadt, die bis zur Kanalisation zweigeteilt war, wurde sehr schnell in Angriff genommen – dauerte aber viele Jahre. Die letzte Straßenverbindung im Zentrum beispielsweise wurde erst 2012 fertiggestellt: die Verlängerung der Axel-Springer-Straße zum Spittelmarkt. Befördert wurde die Zusammenführung der städtischen Infrastruktur auch von der Entscheidung des Parlaments, Bundestag und Regierung nach Berlin umziehen zu lassen. Zum einen geriet Berlin damit in einen gewissen Zugzwang, bis zum Umzugstermin 1999 vorzulegen, zum anderen waren mit dem Umzugsbeschluss Bundesinvestitionen in Infrastruktur und Kultureinrichtungen verbunden. Für Entwicklungsmaßnahmen des Bundes in Berlin, hauptstadtbedingte Sonderausgaben der Stadt sowie das Kulturengagement des Bundes in der Bundeshauptstadt Berlin wurden 1994 und 2007 zwei Hauptstadtfinanzierungsverträge abgeschlossen. Der Bund trägt verschiedene Kultureinrichtungen in Berlin und richtete den Hauptstadtkulturfonds ein, aus dem Projekte finanziert werden. 60 Millionen jährlich entrichtet der Bund für Belastungen, die er in Berlin hervorruft, beispielsweise die Bewachung der über 150 Botschaften und der Kulturinstitute oder der polizeiliche Aufwand für die ziemlich zahlreich gewordenen Demonstrationen. Ihre Zahl liegt laut Statistik bei acht bis zwölf – pro Kalendertag.

Stationen der Hauptstadtwerdung

- **1990:** Der Staatsakt zur deutschen Wiedervereinigung findet vor dem Reichstagsgebäude statt. Berlin ist wieder deutsche Hauptstadt, bis zu einer Entscheidung des Bundestages bleibt Bonn Regierungssitz.
- **1991:** Der Bundestag beschließt den Umzug nach Berlin, Bonn als Bundesstadt soll Verwaltungssitz bleiben.
- **1992:** Unterzeichnung des Hauptstadtvertrags.
- **1993:** Wettbewerbe für Umbau des Reichstagsgebäudes, Neubau des Bundeskanzleramts.
- **1994:** Als erstes Verfassungsorgan nimmt der Bundespräsident seinen ersten Amtssitz im Schloss Bellevue, die Bonner Villa Hammerschmidt ist seither zweiter Amtssitz. Das Bonn-Berlin-Gesetz zur Aufteilung der Hauptstadtaufgaben wird verabschiedet. Der erste Hauptstadtfinanzierungsvertrag sieht Zahlungen von 1,3 Milliarden DM vor: für Verkehrsprojekte, kulturelle Aufgaben und hauptstadtbedingte Sonderausgaben.
- **1995:** Der Ältestenrat des Bundestages beschließt den Bau der Reichstagskuppel. Die Künstler Christo und Jeanne-Claude verhüllen das Gebäude, bevor der Umbau beginnt.
- **1996:** Als erste Partei eröffnet die SPD ihre Parteizentrale in Kreuzberg.

- **1998:** Das Bundespräsidialamt wird eröffnet. Als erstes Bundesland nimmt Bayern seine Landesvertretung in der Behrenstraße in Betrieb. Baubeginn für die Sanierung und Erweiterung des Deutschen Historischen Museums.
- **1999:** Regierung und Parlament nehmen ihre Arbeit in Berlin auf. Das Kanzleramt zieht übergangsweise ins DDR-Staatsratsgebäude am Schlossplatz. Das Auswärtige Amt bezieht sein neues Ministeriumsgebäude. Ein Hauptstadtkulturfonds wird eingerichtet, um die Kulturarbeit Berlins zu unterstützen. Ein Masterplan Museumsinsel wird verabschiedet.
- **2000:** Der Bundesrat zieht nach Berlin, das Finanzministerium ist bezugsfertig.
- **2001:** Bundeskanzler Schröder bezieht das neugebaute Bundeskanzleramt im Spreebogen. Die Bürogebäude des Bundestages werden fertiggestellt. In den Ministergärten eröffnen mehrere Landesvertretungen.
- **2002/2003:** Der Bundestag beschließt den Bau des Humboldt-Forums.
- **2005:** Fertigstellung des »Denkmals für die ermordeten Juden Europas«.
- **2006:** Berlins Status als Bundeshauptstadt wird ins Grundgesetz aufgenommen.
- **2007:** Bund und Berlin schließen einen weiteren Hauptstadtfinanzierungsvertrag mit zehn Jah-

ren Laufzeit ab. Der Bund zahlt für hauptstadtbedingte Aufgaben Berlins. Baubeginn des Dokumentationszentrums »Topographie des Terrors«.

- **2008:** Franco Stella erhält den Zuschlag als Architekt des Humboldt-Forums.
- **2015:** 25 Jahre nach der Wiedervereinigung wird Berlin zwar weiterhin von Berlin und Bonn aus regiert. Berlin wird aber nicht nur die maßgebliche Bühne von Politik und Diplomatie, inzwischen sind zudem fast doppelt so viele Mitarbeiter der Ministerien in Berlin angesiedelt wie in Bonn, was dem Bonn-Berlin-Gesetz zuwiderläuft. Acht Ministerien haben ihren Hauptsitz in Berlin, sechs in Bonn. Das Innenministerium bezieht seinen neuen Hauptsitz beim Berliner Hauptbahnhof.
- **2016:** Mit der neuen Zentrale des Bundesnachrichtendiensts ist das vorerst letzte große Bauprojekt des Bundes fertiggestellt. Der Bundestag stoppt aus Kostengründen das Projekt für das Einheitsdenkmal vor dem Berliner Schloss.

Von den europäischen Hauptstädten gibt es keine,
die so sehr den Ruf der Arbeiterstadt genießt wie Berlin.
Egon Erwin Kisch, 1927

Berlin ist arm, aber sexy.
Klaus Wowereit, Regierender Bürgermeister, 2003

Die geschäftige Stadt: Wirtschaft und Wissenschaft

Bei den Themen Wirtschaft und Finanzen ist immer wieder scheinbar Widersprüchliches zu hören. Mal ist von der »Boomstadt Berlin« die Rede, mal klingt der berühmte Satz des ehemaligen Regierenden Bürgermeisters Wowereit nach, der befand, Berlin sei »arm, aber sexy«. Man kann lesen, dass Berlins Arbeitslosigkeit weit über dem Bundesdurchschnitt liegt, aber auch, dass laufend neue Arbeitsplätze entstehen. Man hört vom exorbitanten Schuldenstand der Stadt und von sprudelnden Steuereinnahmen. Na, was denn nun? Nun, wie so oft trifft alles irgendwie zu, und es lohnt sich, zum einen die Zahlen genauer zu betrachten: sowohl hinter den Argumenten dafür, die Stadt sei komplett überschuldet und wirtschaftlich ein hoffnungsloser Fall, als auch beim Befund des Aufschwungs. Und zum anderen gehört wieder einmal der Blick zurück dazu, denn die wirtschaftliche und finanzielle Situation Berlins lässt sich nur verstehen, wenn man die Vergangenheit berücksichtigt.

Bis zum Zweiten Weltkrieg war Berlin Deutschlands wichtigster Wirtschaftstandort mit großer Innovationskraft, von zentraler Bedeutung für Industrie, Finanzwirtschaft und Dienstleistungsbranche. Als Schlüsselbranchen galten Maschinenbau, Metallverarbeitung, Elektroindustrie, Bekleidungsgewerbe. Weitere wichtige Wirtschaftszweige waren Bau, Papier- und Druckindustrie sowie Nahrungs-

und Genussmittel. In den 1920er Jahren waren beispielsweise mehr als 41 Prozent der Beschäftigten der deutschen Elektroindustrie in Berlin tätig. Die Gründe für die dominierende Stellung lagen in der Industrieförderung und Gewerbepolitik noch zu preußischer Zeit sowie der hervorragenden Anbindung ans Schienennetz und, seit Mitte des 19. Jahrhunderts, dem Stadtwachstum und der Verfügbarkeit von Arbeitskräften. Nach 1871 kam mit Gründung des Deutschen Reiches die Hauptstadtrolle hinzu, Berlin wurde Verkehrs-, Handels- und Finanzzentrum Deutschlands.

Damit war es nach dem Zweiten Weltkrieg vorbei. Nicht nur Zerstörung und Demontage vor allem durch die Sowjets, mehr noch die politische Situation verhinderten, dass Berlin jemals wieder an seine alte Größe anknüpfen konnte. Im Juli 1945 arbeiteten in Berlin von 44 000 Unternehmen der Vorkriegszeit gerade noch 600, so dass eine US-Zeitschrift trocken konstatierte: »Das Problem der Nachkriegsindustrie ist für Berlin gelöst. Es gibt dort keine Industrie mehr.«

Die politische Unsicherheit im Brennpunkt des Kalten Krieges, Teilung, Blockade und schließlich Mauerbau brachten massive wirtschaftliche Standortnachteile für Westberlin. Im Osten waren Verstaatlichung und sozialistische Planwirtschaft, Demontagen und Zulieferprobleme nachteilig für die

Wirtschaftsentwicklung. Auf beiden Seiten hatten Betriebe das Problem, dass Zulieferer und Absatzmärkte wegen der Teilung von Stadt und Land wegbrachen. Mit der Berlin-Blockade 1948/49 erreichte Moskau zwar nicht das Ziel, ganz Berlin der DDR zuzuschlagen, sondern im Gegenteil, dass Westberlin immer enger an die Bundesrepublik angeschlossen wurde. Wirtschaftlich aber wirkte sie desaströs, wie sich an den Arbeitslosenzahlen ablesen lässt: 1950 betrug die Rate in Westberlin 31,2 Prozent, jeder dritte Berliner war auf Jobsuche. Viele Unternehmen sahen sich zur Abwanderung gezwungen, viele Arbeitnehmer ebenso, und fast alle großen Unternehmen verlegten ihren Hauptsitz nach Westdeutschland, wovon so manches Bundesland, das heute gerne die Zahlungen an Berlin aus dem Länderfinanzausgleich beklagt, nachhaltig profitiert hat. Um die Halbstadt Westberlin am Leben zu erhalten, wurde sie an den Tropf von Bundessubventionen gehängt. Damit und durch die enge wirtschaftliche Anbindung ans Bundesgebiet erreichte Berlin innerhalb eines Jahrzehnts Vollbeschäftigung.

Elf abgewanderte Großunternehmen

Unternehmen	Berliner Zentrale	Umzug nach
Siemens	Siemensstadt	München
Osram	Warschauer Straße	München

Karstadt	Bernhard-Weiß-Straße	Essen
Telefunken	Ernst-Reuter-Platz	Frankfurt / Main
AEG	Kapelle-Ufer	Frankfurt / Main
Deutsche Bank	Behrenstraße	Frankfurt / Main
Dresdner Bank	Bebelplatz	Frankfurt / Main
Deutsche Börse	Burgstraße	Frankfurt / Main
Lufthansa	Flughafen Tempelhof	Frankfurt / Main
Fischer Verlag	Bülowstraße	Frankfurt / Main
Ullstein Verlag	Kochstraße	Frankfurt / Main

Von den großen Zeiten der wirtschaftsstarken Reichshauptstadt sind noch zahlreiche Zeugnisse übrig. Im Wedding kündet das AEG-Portal vom einst quirligen Firmengelände, auch in Niederschöneweide, Siemensstadt und Moabit gibt es noch umfängliche Industriebauten dieser Zeit.

Im früheren Bankenviertel südlich der Linden kann man noch heute frühere Bankenzentralen sehen, die den Bomben trotzten. Sitz der Dresdner Bank war im heutigen Hotel de Rome am Bebelplatz, die Deutsche Bank wurde vom riesigen Komplex zwischen Behren-, Glinka- und Französischer Straße aus gesteuert, und im Altbau Behren-, Ecke Charlottenstraße residierte die Disconto-Gesellschaft. Zahlreiche deutsche Banken hatten ihre Zentralen in Berlin, die meisten angesiedelt vom Tiergarten bis zur Spree zwischen Unter den Linden und Französische Straße. Davon blieb wenig übrig, als nach dem Krieg Frankfurt / Main zum westdeutschen Finanzplatz wurde. Kaum erkennbar ist das frühere Exportviertel zwischen Linden- und Prinzenstraße, das mit Nachkriegswohnbauten glänzt, und auch das einstige Konfektionsviertel rund um den Hausvogteiplatz ist nahezu vergessen.

Für Ostberlin förderte die DDR zum einen Industriezweige, die einer angestrebten Autarkie der DDR zugutekamen, zum anderen Branchen, die Exportgüter für die sozialistischen Länder produzierten. Arbeitslosigkeit war in der sozialistischen Planwirtschaft mit ihrem hohen Arbeitskräfteeinsatz kein Thema, eher mangelte es an Arbeitnehmern. Als »Hauptstadt der DDR« lag besonderes Augenmerk der Wirtschaftsplaner auf Ostberlin, das innerhalb der DDR auch wirtschaftlich bevorzugt wurde.

Mit der Wiedervereinigung sah sich Berlins Wirtschaft einer Schocktherapie ausgesetzt. Im Osten wurden die Mehrzahl der Betriebe »abgewickelt«, was meist Schließung bedeutete – mal wegen mangelnder Rentabilität oder schlechten Zukunftsaussichten, mal unter westlichem Konkurrenzdruck, gelegentlich auch in Ermangelung der nötigen Vorstellungskraft oder eines langen Atems, um Know-how und Potential über eine schwierige Übergangszeit zu retten.

In Westberlin fiel die staatliche Förderung ebenfalls weg, das Ergebnis war eine explosionsartig anwachsende Arbeitslosenrate.

Arbeitslosigkeit in Berlin (in Prozent)

2000	15,8
2003	18,1
2005	19
2010	13,6
2016	9,2 (November)

Seit einem traurigen Höhepunkt 2005 ist die Arbeitslosigkeit enorm zurückgegangen, was die angesprochenen widersprüchlichen Aussagen erklärt: Zwar ist Berlin weiterhin überdurchschnittlich von Arbeitslosigkeit betroffen, wenn man den Bundesdurchschnitt zum Vergleich heranzieht. Gleichzeitig aber sinkt die Arbeitslosigkeit nirgendwo in Deutschland so rapide wie hier (seit 2016 unter zehn Prozent), und auch in der Schaffung von Arbeitsplätzen ist Berlin deutscher Spitzenreiter. Angesichts der rasant wachsenden Einwohnerzahl ist der starke Rückgang der Arbeitslosigkeit umso bemerkenswerter. Bei allen Statistiken muss außerdem berücksichtigt werden, dass Berlin als Stadtstaat ohnehin Nachteile hat – und dass sich die Stadt aus einem tiefen Tal wieder nach oben vorarbeitet. Daher ist das Wirtschaftswachstum beachtlich: 2015 lag Berlin auf Platz zwei unter den Bundesländern, nur knapp hinter Baden-Württemberg.

Zum Verständnis sei außerdem erwähnt, dass unmittelbar nach Mauerfall und Wiedervereinigung die Euphorie groß war und die Erwartung vorherrschend, Berlin werde im Handumdrehen einen Wirtschaftsaufschwung erleben. Allseits konstatierten Beobachter und Fachleute, die Stadt habe als Mittler zwischen Ost- und Westeuropa und bei gesprengten Fesseln eine großartige wirtschaftliche Zukunft unmittelbar vor sich. Allerdings ließ das Aufwärts ebenso auf sich warten wie die blühenden Landschaften anderswo im Osten, und Berlin versank für Jahre in Missmut und Misswirtschaft. Als die Verschuldung gar zu groß wurde, leitete der Senat ein radikales Sparprogramm ein, das seit einigen Jahren bei nunmehr sprudelndem Steueraufkommen wieder vorsichtig zurückgefahren werden kann. Und muss, denn eine wachsende Stadt mit wachsender Wirtschaft muss sowohl in die Zukunft als auch in den Erhalt ihrer Infrastruktur investieren.

Berliner Finanzen

	Schuldenstand	Steuereinnahmen	Bundeshilfen / Länderfinanzausgleich	Umfang Haushalt
1991	21 Mrd. DM	9,3 Mrd. DM	14,5 Mrd.DM	38,4 Mrd. DM
1992	26 Mrd. DM	12,3 Mrd. DM	13,2 Mrd. DM	40,6 Mrd. DM
1996	58 Mrd. DM	16 Mrd. DM	4,5 Mrd. DM	45,1 Mrd. DM
2002	48 Mrd. €	7,5 Mrd. €	2,7 Mrd. €	21,3 Mrd. €
2010	61,3 Mrd. €	10,5 Mrd. €	2,9 Mrd. €	22,1 Mrd. €
2014	60,6 Mrd. €	13,1 Mrd. €	3,5 Mrd. €	23,4 Mrd. €

Strukturell hat sich Berlins Wirtschaft im Vergleich zum früheren Industriestandort grundlegend gewandelt. Während die verarbeitende Industrie weiterhin eine geringe Rolle spielt, entwickelte sich Berlin zur Metropole für Dienstleistung und Technologie, und viele der einstigen Fabrikkomplexe beherbergen heute Start-up-Firmen, Dienstleister und Kreativbranchler. Die wichtigsten Branchen sind Kultur und Tourismus, Medien, Umwelttechnologie, Biotechnologie und Medizintechnik, Mode und die Software- und IT-Branche, darunter besonders Computerspiele und Social Media. Außerdem gibt es immer mehr Firmen der Informations- und Kommunikationstechnologie oder Verkehrssystemtechnik, Elektromobilität oder optische Technologien. Innovation und Kreativität profitieren von der Internationalität der Stadt, die wiederum aus dem internationalen Status als »the place to be« Vorteile bezieht. Häufig ist von Neugründungen zu vernehmen, die erklärtermaßen die »international crowd« junger Leute als Reservoir und das kreative Klima der Stadt als Gründe benennen, sich hier anzusiedeln.

Im Kreativsektor ist die Filmwirtschaft bedeutend geworden – Berlin ist als Drehort angesagt, und im Verband mit Potsdam-Babelsberg steht viel entsprechendes Know-how zur Verfügung. Rund 300 Filme werden jährlich an der Spree produziert. Selbst Welt- oder Europapremieren großer Blockbuster, die früher in Paris oder London stattfanden, werden immer öfter in Berlin gefeiert.

In den Medien und beim gegenseitigen Schulterklopfen der Berliner Entscheidungsträger ist von der Start-up-Metropole so häufig die Rede, dass man die Augenbrauen hochzieht. Natürlich muss man skeptisch sein, weil der Senat mehr verspricht als umsetzt, um die Start-up-Gründerszene zu fördern, und weil nicht jede Neugründung die Anfangsphase übersteht. Und doch trifft der Befund zu, dass ein Gründerhype in Berlin grassiert. Vom Talentpool junger Leute aus aller Welt ist die Rede, die bereitstehen, daran mitzuarbeiten. Die Aussicht, im Internet schnell viel Geld zu machen, kommt hinzu. Den deutschen Standortnachteil, das nötige Geld zusammenzubekommen, scheint das offenbar abzumildern, wenn nicht auszugleichen. Unter den Bundesländern rangiert Berlin mit seiner Gründerquote noch vor Hamburg, und Schätzungen zufolge findet sich die Hälfte der mehreren tausend Start-ups in der Hauptstadt. Dass es geht, haben Firmen wie Zalando, Delivery Hero oder Home24 bereits vorgemacht, und tatsächlich sind die Bereiche Internet und E-Commerce vorherrschend. Eine weitere Diversifizierung der Start-up-Szene ist aber notwendig, und im Vergleich mit den USA ist Deutschland bei allem Know-how und aller Mittelstandskraft eher Entwicklungsland, was ebenso für Berlin gilt, das zudem mit München konkurrieren muss. Es wird sich zeigen, ob sich die Stadt darin behauptet und ob die Wirtschaftsförderung die richtigen Entscheidungen trifft.

Lange spöttelte die analoge Stadt über all die jungen Menschen mit Dutt und Vollbart, die scheinbar oder tatsächlich nutzlos in Cafés vor Latte und Laptop saßen und »irgendwas Kreatives« machten, doch offenbar bildete sich dabei ein Humus, der schließlich Gründungen hervorbrachte und Umsätze generierte. Nach Einschätzungen von McKinsey könnten die Start-ups bereits 2020 über 100 000 Arbeitsplätze in Berlin geschaffen haben. Um aber die Kirche im Dorf zu lassen: Weltweit steht Berlin in der Rangordnung der Start-up-Hubs auf Platz 15 – an der Spitze sind Silicon Valley, Tel Aviv, L. A. und Seattle. Der Begriff Silicon Allee oder Berlin Valley sind also mit einiger Zurückhaltung zu benutzen.

Schon länger ein wichtiger Wirtschaftsfaktor sind Messen und Kongresse, aber auch die zahlreichen Großveranstaltungen der Stadt. Allein die Zahl der Tagungen und Kongresse liegt bei weit über 100 000 jährlich. Die Berliner beschweren sich oft, dass die beliebte Festmeile Straße des 17. Juni gefühlt an 300 Tagen im Jahr für Großveranstaltungen gesperrt ist. Weniger leidenschaftlich bedenken sie die Mehreinnahmen, die die Großevents der Stadt einbringen.

Sechs wichtige Messen in Berlin

Grüne Woche	500 000 Besucher
Tourismusbörse ITB	200 000
Funkausstellung IFA	400 000
Luft- und Raumfahrt-Ausstellung	300 000
InnoTrans	150 000
Fruit Logistica	60 000

13 Großveranstaltungen mit Magnetwirkung

Lange Nacht der Wissenschaften	zweimal jährlich
Fashion Week	zweimal jährlich
Sechstagerennen	Januar / Februar
Berlinale Filmfestival	Februar
Gallery Weekend	um den 1. Mai
DFB-Pokalfinale	Mai
Karneval der Kulturen	Pfingsten
Christopher Street Day	Juni
ISTAF Stadionfest	August / September
Berlin-Marathon	September
Tag der Deutschen Einheit	Oktober
Festival of Lights / Berlin leuchtet	Oktober
Silvesterparty Brandenburger Tor	Silvester

2004 setzte noch vor einem einmaligen Großevent der Tourismusboom ein, der Berlin nicht nur dauerhaft zur internationalen Größe gemacht hat, sondern auch viel Geld in die Stadt pumpt. Als 2006 dann die Fußball-WM in Deutschland stattfand und die Welt der feiernden Nation entweder zuschaute oder mitfeierte, profitierte Berlin enorm. Weltweit konnte man im Fernsehen das neue Berlin sehen und eine ausgelassene, entspannte Metropole erleben. Viele Berliner hatten zwar im Vorfeld die Nase gerümpft und in Aussicht gestellt, diese vier Wochen möglichst weit weg zu verbringen. Am Ende aber feierten doch fast alle mit und trugen zum positiven Bild in der internationalen Wahrnehmung bei.

Seither steigen die Tourismuszahlen jedes Jahr aufs Neue in ungekannte Höhen, und seit Jahren rangiert Berlin unter den Übernachtungszahlen der europäischen Hauptstädte auf Platz drei nach London und Paris – wenige Jahre zuvor schien das unerreichbar. Selbst Paris als Zweitplatzierte zu verdrängen ist nicht mehr ausgeschlossen.

Die Berliner reagieren gewohnt dialektisch auf die Popularität ihrer Stadt. Einerseits überrascht es sie allenfalls, dass die Welt erst so spät auf diesen Trichter gekommen ist, denn Berlin ist ja seit jeher die tollste Stadt der Welt. Andererseits fühlen sie sich prinzipiell gestört durch den vielen Rummel, vor allem wenn er vor ihrer Wohnungstür stattfindet. Während aber alteingesessene Berliner eine gewisse Gemütlichkeit bewahrt haben und den Besuchern zwar bärbeißig, aber doch irgendwie wohlwollend-gelassen entgegentreten, haben viele Neuberliner einige Arroganz entwickelt – und womöglich verdrängt, dass sie vor ihrem noch nicht sooo lange zurückliegenden Entschluss, nach Berlin zu ziehen, selbst als Touristen herkamen. Mitunter wirkt es – Verzeihung – wie die bemüht erworbene Überheblichkeit des Exprovinzlers alias neuen Großstädters.

Es empfiehlt sich, als Tourist nach Möglichkeit darüber hinwegzusehen oder die Berliner freundlich darauf hinzuweisen, dass sie sich zum einen doch darüber freuen könnten, wie sehr ihre Stadt gefällt, zum anderen bedenken mögen, wie bedeutsam der Tourismus als städtische Einnahmequelle ist und somit allen zugutekommt. Er ist die wichtigste Wachstumsbranche der Stadt und macht über sieben Prozent ihrer Einnahmen aus. Hunderttausende Beschäftigte leben direkt oder indirekt vom Tourismus.

Tourismus-Statistik

	Übernachtungen	Hotelbetten
1990	1,8 Mio.	29 000
1992	1,5 Mio.	30 000
1996	7,5 Mio.	48 000
2000	11,5 Mio.	62 000

2004	13,2 Mio.	75 000
2006	15,9 Mio.	86 000
2010	20,8 Mio.	111 000
2014	28,7 Mio.	135 000
2015	30,3 Mio.	140 000

Eine Widerstandsbewegung gegen den Tourismus ging gleichwohl durch nationale wie internationale Medien, und oft wurde den Berlinern deswegen Undankbarkeit vorgeworfen. Es lohnt, das Thema ein bisschen auszuleuchten. Der Blick auf die Tourismuszahlen, die zwischen 1992 und 2015 auf das 21-Fache gestiegen sind, deutet an, dass die Anpassungsfähigkeit der Berliner durchaus einer gewissen Beanspruchung ausgesetzt ist. Noch dazu lassen sie Tagestouristen und Privatübernachtungen unberücksichtigt. Darüber hinaus ist nicht jeder, der so wirkt, ein Tourist, denn Berlin als hippe und gehypte Stadt zieht eine Menge nichttouristischer temporärer Besucher an, die für ein paar Wochen oder Monate herkommen und zu den sogenannten »Hypermobilen« gehören, Abkömmlinge von Globalisierung und sinkenden Flugpreisen.

Umgerechnet sind pro Tag im Durchschnitt eine halbe Million Besucher in der Stadt, an Spitzenwochenenden können es durchaus mehrere Millionen sein. Neben den Veränderungen im Stadtbild und den steigenden Lebenshaltungskosten sind die zahlreichen Touristen der sichtbare und zugleich einzige personifizierte Ausdruck der Veränderungen. Es ist deutlich weniger effektvoll, ein neues Bürogebäude anzubrüllen, als in der U-Bahn einer arglosen Taiwanesin mit Rollkoffer voll stummer Verachtung zu begegnen. In anderen Städten wäre kaum weniger zu erwarten, dass Menschen unter Wachstumsschmerzen sich ein Objekt suchen, um ihren Nöten Ausdruck zu verleihen, Barcelona ist ein Beispiel dafür. Entschuldigt ist damit natürlich nichts, aber auch Touristen sollten, wohin sie immer reisen, an Land und Leuten Interesse haben, wozu eben gehört, dass die Berliner mit den Veränderungen sehr zu kämpfen haben. Ausdruck dessen sind Aufkleber wie »Tourists not welcome« oder die Wut auf lärmende Rollkoffer, die die Bürgersteige blockieren, und Hostels, vor denen Pubcrawler in die Rabatten kotzen.

Da viele Touristen Berlin da kennenlernen wollen, wo es spannend ist, und häufig die Hotels zugunsten »authentischer« Ferienwohnungen im Kiez links liegen lassen, verbindet sich für viele Berliner knapper Wohnraum und steigender Mietendruck mit Rollkofferziehern in ihrem Viertel. Insbesondere Reiseführer für junge Leute empfehlen, das »echte Berlin« in Kreuzberg, Friedrichshain oder Prenzlauer Berg zu erleben.

Der Berlin-Faktor, der zur besonderen Attraktivität der Stadt beiträgt, ist die heimelige Kiezigkeit mancher Straßenzüge, in denen sich die Bewohner mitunter als Zootiere fühlen. Dass die massivste Abwehr des Massentourismus in Kreuzberg anzutreffen ist, ist kein Wunder, denn wenn Berlin im Allgemeinen schon enormem Veränderungsdruck erlebt, dann Kreuzberg ganz besonders. Im einstigen Biotop im Schatten der Mauer, wo Geldmangel als Lebenskunst verstanden wurde, steigen die Mieten rasanter als anderswo in der Stadt und der noch irgendwie linke Bezirk wird derzeit rücksichtslos kommerzialisiert. Und der Tourismusboom kommt nun einmal als Beschleuniger der Gentrifizierung daher. Dass nicht der einzelne Tourist für Berlins Transformation verantwortlich gemacht werden kann, ist auch denen klar, die böse Aufkleber auf Laternenmasten hinterlassen. Ob sie sich aber der Tatsache bewusst sind, dass Berlin nicht als einzige Stadt vom Städtetourismusboom betroffen ist, sei dahingestellt.

Eine weitere Wachstumsbranche der Stadt ist durchaus auch ein Ärgernis: die Immobilienbranche. Im internationalen Vergleich sind die Grundstückspreise noch immer moderat, und mit dem Berlinboom kommen auch immer mehr Investoren in die Stadt. Der Markt wächst schnell und treibt die Preise an: Bauland wurde 2015 um satte 30 Prozent teurer, für über 18 Milliarden Euro wechselten Häuser und Grundstücke ihre Besitzer. Das wiederum schafft Anreize, Grundstücke nicht zum baldigen Hausbau, sondern zur Spekulation zu kaufen, was der Wohnungsnot natürlich nicht abhilft. Der Glaube, der Markt werde das Problem der knappen Wohnungen schon lösen, herrscht in der Politik weiterhin vor. Tatsächlich wurde in Berlin eine Menge Wohnraum geschaffen – aber zu hohen Preisen. Der Durchschnittspreis pro Quadratmeter lag 2015 bei 2851 Euro (2014: 2491 Euro), die teuerste Wohnung nahe dem Gendarmenmarkt lag bei rund 13 500 Euro pro Quadratmeter.

Während das Angebot im höheren Preissegment inzwischen gut abgedeckt ist – weiter gebaut wird wohl nicht zuletzt für Investoren in Wohnimmobilien –, ist der zu verteilende Kuchen für kleinere und kleinste Geldbeutel auf die Größe eines Krümels zusammengeschrumpft. Investoren verweisen wie in anderen Großstädten auf die ebenfalls stark steigenden Baupreise und staatliche Vorgaben, was zum Bau teurer Wohnungen zwinge, was Steuervorteile ausgleichen sollen. Generell erleben Großstädte viel Zuwachs, und Berlin ganz besonders – während also auf dem Land Wohnungen leer stehen, ist der Berliner Wohnungsmarkt wie leergefegt.

Ein Beispiel für den Immobilienboom liefert der Potsdamer Platz, den die Stadt nach der Wiedervereinigung, mit Vorgaben an Gestaltung und Wohnraumanteil, an Investoren vergab. 2016 wurde die Daimler-City für angeblich 1,3 Milliarden Euro veräußert, was auch für den internationalen Markt als herausragend gilt. Gutes Geld erzielten aber auch Verkäufe in der Friedrichstraße oder einer Steglitzer Shopping Mall. Weltweit ist Berlin einer der am stärksten wachsenden Märkte für gewerbliche Immobilien. Insgesamt wurden 2015 in der Hauptstadt für fast acht Milliarden Euro Gewerbeimmobilien gehandelt, im Vergleich zu den Vorjahren eine Steigerung fast aufs Doppelte und drei Milliarden mehr als in Frankfurt oder München. Und wegen des Aufschwungs der Stadt wurden 2015 sogar mehr Immobilien vermietet als in München. Bei den Topimmobilien ist der Leerstand mit sechs Prozent außerdem so gering, dass die Branche weiter expandieren wird.

Zur Wirtschaftsentwicklung jenseits von Tourismus und Immobilien trugen immer wieder Berliner Erfinder bei, deren Ideen oft um die Welt gingen.

20 Erfindungen aus Berlin

Erfindung	**Erfinder**	**Jahr**
Goldrubinglas	Johann Kunckel	um 1680
Zeigertelegraph	Werner von Siemens / Johann Halske	1846
Elektrische Straßenbahn	Siemens / Halske	1879

Ringofen	Eduard Hoffmann	1858
Litfaßsäule	Ernst Litfaß	1855
Erbswurst	Johann Heinrich Grüneberg	1867
Lautschrift	Gustav Langen-scheidt / Charles Toussaint	1856
Kasselerfleisch	Schlachtermeister Cassel	ca. 1880
»Café Achteck« (Toilettenhäuschen)	Carl Theodor Rospatt	1878
Thermoskanne	Reinhold Burger	1904
Ohropax	Maximilian Negwer	1907
Nahtloses Kondom	Julius Fromm	1916
Taschenschirm	Hans Haupt	1914
Geigerzähler	Hans Geiger / Walther Müller	1928
Faxgerät	Rudolf Hell	1929
Elektronen-mikroskop	Max Knoll / Erich Ruska	1931
Perlon	Paul Schlack	1938
Computer	Konrad Zuse	1941
Currywurst	Herta Heuwer	1949
Sandmännchen-Puppe	Ilse Obrig / Johanna Schüppel	1959

Die Berliner Unternehmen profitieren, früher wie heute, stets vom Wissenschaftsstandort Berlin, wo Lehre und Forschung einen hohen Stellenwert haben. Jedes zweite Unternehmen arbeitet mit wissenschaftlichen Einrichtungen zusammen. Allein vier staatliche Universitäten sind hier ansässig, außerdem

34 Hochschulen, 7 Fachhochschulen, 4 Kunsthochschulen und 23 anerkannte private Hochschulen, 70 außeruniversitäre Forschungseinrichtungen sowie 22 Technologieparks und Gründerzentren lehren, forschen und ziehen Wissenschaftler aus Deutschland und aller Welt an. Altehrwürdig ist die Berlin-Brandenburgische Akademie der Wissenschaften, mit Leibniz als erstem Präsident bereits 1700 gegründet und heute am Gendarmenmarkt ansässig. Auch das Uniklinikum Charité, aus zuvor drei unabhängigen Universitätskliniken 1998 und 2003 zusammengefasst und damit das größte Universitätsklinikum, kann weit zurückblicken: Es wurde 1710 als Pestkrankenhaus gegründet, damals noch vor den Toren der Stadt.

Fast 200 000 Studenten hat die Stadt insgesamt, im Verhältnis zur Einwohnerzahl mehr als jedes andere Bundesland und eine Dichte wissenschaftlicher Einrichtungen wie sonst nirgendwo in Deutschland.

Die älteste Universität, 1810 als Friedrich-Wilhelm-Universität gegründet, ist die Humboldt-Universität Unter den Linden (HU). Am angestammten Standort sind die geisteswissenschaftlichen Institute untergebracht, die naturwissenschaftlichen am Standort Wissenschafts- und Technologiepark Adlershof, wo sich um den modernen Campus viele Firmen angesiedelt haben, die von der Nähe zur Uni profitieren.

Je zehn bekannte Lehrer und Studenten der Humboldt-Universität

Lehrer	Studenten
Arthur Schopenhauer	Otto von Bismarck
Rudolf Virchow	Karl Marx
Theodor Mommsen	Gregor Gysi
Johann Gottlieb Fichte	Jurek Becker
Gebrüder Grimm	Christiane Paul
Hermann Ludwig Ferdinand von Helmholtz	Heinrich Heine
Otto Klemperer	Wolf Biermann
Georg Wilhelm Friedrich Hegel	Karl Liebknecht
Jürgen Kuczinsky	Dietrich Bonhoeffer
Herfried Münkler	Didi Hallervorden

Die Charlottenburger Technische Universität (TU) wurde als Königlich Technische Hochschule Charlottenburg 1879 gegründet und hat keineswegs ausschließlich technische Studienfächer im Angebot. Als Gegengründung zur nach dem Krieg stramm sozialistisch und indoktrinär ausgerichteten Humboldt-Universität riefen eine Handvoll Studenten und Professoren 1948 die Freie Universität (FU) ins Leben, heute die größte der Stadt. Ihr Campus liegt im gediegenen Dahlem, wo damals Bauten des Kaiser-Wilhelm-Instituts zur Verfügung standen. Im amerikanischen Sektor unweit des US-Hauptquartiers gelegen und ein Kind des Kalten Krieges, erhielt sie aus den USA viel Unterstützung, was sich bis heute an der Architektur von Henry-Ford-Bau oder Universitätsbibliothek nachvollziehen lässt. Diese Unterstützung hinderte die FU aber nicht, im Vietnamkrieg mit großen Teilen der Studentenschaft gegen die US-Politik Stellung zu beziehen und sowohl Schauplatz als auch Thinktank der Studentenrevolte zu werden. Wie überall geht es aber auch hier spätestens seit der Jahrtausendwende eher brav zu.

Die kleinste Uni ist die Universität der Künste (UdK) unweit der TU, wo Komponisten und Opernsängerinnen, bildende Künstlerinnen und Produktdesigner ausgebildet werden. Insgesamt ist das Berliner Fächerangebot überwältigend, wenn es auch sogenannte Paradiesfächer im längst vorherrschenden Geist der konkret messbaren Rentabilität zuungunsten wissenschaftlicher Diversifizierung und Grundlagenforschung jenseits von Rentabilitätsrechnungen immer schwerer haben und einige davon eingestampft wurden.

Die Universitätslandschaft ist in den vergangenen zwei Jahrzehnten bedeutend internationaler geworden, schon weil die Stadt für Studenten aus aller Welt interessant ist und die Unis fremdsprachliche Veranstaltungen anbieten. Jeder sechste Berliner Student kommt inzwischen aus dem Ausland. Außerdem haben sich ausländische und internationale Institutionen mit Dependancen hier angesiedelt. Hinzu kommt, für in- wie ausländische Studierende und Forschende, dass ausgezeichnete Bibliotheken zur Verfügung stehen, von denen einige auch architektonisch beeindrucken. Ob Zentralbibliothek der FU (Architekt: Norman Foster) oder das Grimm-Zentrum der HU (Max Dudler), ob Staatsbibliothek Potsdamer Straße (Hans Scharoun) oder Unter den Linden (Architekt Ernst von Ihne, Sanierung HG Merz), diese Bibliotheken lohnen nicht nur das Besichtigen, sondern auch das Arbeiten. Neben diesen Platzhirschen gibt es eine Menge großartige Bibliotheken mit diversifizierten Spezialbeständen, wie zum Beispiel die des Iberoamerikanischen Instituts oder des Zuckerinstituts, der Kunstbibliothek oder der Filmhochschule, sowie die unzähligen Institutsbibliotheken.

Die Berliner sind unfreundlich und rücksichtslos, ruppig und rechthaberisch. Berlin ist abstoßend, laut, dreckig und grau, Baustellen und verstopfte Straßen, wo man geht und steht – aber mir tun alle Menschen leid, die hier nicht leben können.

Anneliese Bödecker, Sozialarbeiterin und Trägerin des Verdienstordens der Stadt Berlin

Die bewegte Stadt: Verkehr

Noch gilt bei der Anreise nach Berlin: Man kann Glück haben oder auch Pech – beziehungsweise: Es kommt darauf an, welches Verkehrsmittel man gewählt hat. Wer mit dem Flugzeug anreist, sieht sich mit dem völlig überlasteten Altflughafen Tegel konfrontiert, und während deutsche Touristen das Berliner Flughafendesaster mitverfolgt haben, sind ausländische häufig überrascht, dass die deutsche Hauptstadt ihre Gäste mit einem alten, maroden und viel zu kleinen Flughafen begrüßt. Zu erwarten wäre doch eher ein modernes Drehkreuz wie der Rhein-Main-Flughafen, dem aber auch der neue Airport Berlin Brandenburg International Willy Brandt keine wirkliche Konkurrenz machen wird. Und doch tut die Eröffnung des neuen Flughafens dringend not: Nicht nur wegen der weiterhin steigenden Touristenzahlen, sondern ebenso für die Berliner Wirtschaft. Wäre die Stadt im Luftverkehr international besser angebunden, fiele ein Hindernis für Ansiedlungen international agierender Unternehmen weg, und seien es »nur« Repräsentanzen in der Bundeshauptstadt. Es lässt sich nicht dran herumdeuteln: Gute Flugverbindungen und moderne Airports sind ein Standortvorteil mit einigem wirtschaftlichen Gewicht.

Ende 2017 oder gar 2018 soll der neue Flughafen an den Start gehen, nachdem die Eröffnung bereits viermal verschoben worden ist und die Probleme mit dem Bau lange Zeit eher mehr als weniger zu werden schienen. Als nur ein paar Wochen vor dem geplanten Termin die Eröffnung aus heiterem Himmel abgesagt wurde, lachte die Welt über Berlin – und die Berliner lachten mit, wenn auch sehr bitter. Seither war der Spott über die Pleite immer wieder kreativ. Der Berliner Tagesspiegel zählt seit der Nichteröffnung die Tage, und jeder Hauch einer Nachricht, auch der nächste Termin könne womöglich platzen, schickt einen kleinen Sturm der Aufregung durch die Stadt.

Schließlich ging es dann doch voran mit dem Flughafen, dessen Leere besichtigt werden konnte und dessen leeren Hotels einem Berlin-Tatort als Kulisse dienten. Aber auch wenn der neue Flughafen gleich neben dem alten Ostberliner Flughafen Schönefeld in Betrieb geht, wird er schon bei dem Start zu klein geworden sein. Um den Neubau überhaupt durchsetzen zu können, blieben die Planungen aus heutiger Sicht bescheiden – damals schien vielen der Bau eines neuen Flughafens sowieso überflüssig, denn der Berlinboom hatte noch nicht eingesetzt. Und weil, entgegen aller Vernunft, der Airport an der Berliner Stadtgrenze und nicht weiter außerhalb gebaut wurde (weiter südlich gab es zwei geeignete Standorte, die mit einer Schnellbahnstrecke gut hätten angebunden werden können), waren zahlreiche Klagen, nicht zuletzt der Flughafen- und Flugroutenanwohner, wegen Umweltschutz, Lärmbelastung und Nachtflugverbot unvermeidlich. Wenn denn die Eröffnung tatsächlich stattfindet, ist die Anbindung mit der Autobahn zwar erfolgt, trotz überlanger Planungs- und Bauzeit ist der Flughafen von der Innenstadt aus mit dem Zug nicht so gut erreichbar, wie man es erwarten wollte.

Solange also der Flughafen Tegel aus der Luft das Berliner Stadttor ist, ist viel Nachsicht geboten: Tegel, 1974 für den eher bescheidenen Westberliner Flugverkehr und als Militärflughafen der französischen Besatzungsmacht eröffnet, arbeitet bemerkenswert reibungslos, wenn man bedenkt, dass er inzwischen achtmal mehr Passagiere abfertigt als ursprünglich geplant – 2015 waren es mehr als 21 Millionen. Hinzu kommt, dass wegen der immer wieder anstehenden und dann doch verschobenen Inbetriebnahme des BBI in Tegel eigentlich nicht mehr investiert werden sollte. So wacker der alte Flughafen durchhält, so sehr ist er den Berlinern ans Herz gewachsen und wird wegen der enorm kurzen Wege hochgeschätzt. Bei der Abgeordnetenhauswahl bestritt gar die FDP ihren Wahlkampf mit der Forderung, Tegel als Flughafen zu erhalten.

Zu Zeiten der Teilung hatte Berlin vier Flughäfen: für jede alliierte Streitkraft einen. Während der US-Flughafen Tempelhof zur heißgeliebten und politisch umkämpften Freizeitpiste wurde, entstand auf dem ehemals britischen Flughafen Gatow das Militärhistorische Museum der Bundeswehr. Der Flughafen der Sowjets und DDR-Zivilflughafen entwickelte sich zum Drehkreuz der Billigflieger. Nach einem Beschluss des Berliner Verfassungsgerichtshof müssen alle Altflughäfen geschlossen werden, wenn der neue in Betrieb geht. Dass der Flughafen Tegel nicht kollabierte, liegt unter anderem an der Anlage, für die in jungen Jahren derselbe Architekt verantwortlich zeichnete, der auch den künftigen entwarf: Manfred Gerkan. Und er entwarf außerdem den Hauptbahnhof, der einstweilen die angemessenere Begrüßung bietet.

Traditionell hatte Berlin früher keinen Hauptbahnhof – wie in anderen europäischen Städten wurden im 19. Jahrhundert Kopfbahnhöfe am Stadtrand gebaut, in denen die Zuglinien endeten. Auch Berlin hatte einen Kranz von Bahnhöfen, die entweder im Krieg zerstört wurden oder danach gesprengt und abgerissen. Die Stadtbahnstrecke zwischen Ost- und Westkreuz verband einige davon und ermöglichte in Ost-West-Richtung die Fahrt durch die Stadt.

Mit dem Verlust Berlins als Bahnknotenpunkt und der Teilung wurden die Kopfbahnhöfe nicht mehr gebraucht. Nach Westberlin fuhren außer alliierten Militär- sowie Güterzügen nur noch die sogenannten Interzonenzüge, die die Inselstadt mit Westdeutschland verbanden. Westberlins »Hauptbahnhof« war der kleine Bahnhof Zoo mit seinen zwei Fernbahngleisen. Für Ostberlin war der Bahnhof Lichtenberg der wichtigste, obwohl in den 1980er Jahren der Ostbahnhof repräsentativ ausgebaut und in Hauptbahnhof umbenannt wurde – die Hauptstadt der DDR sollte auch einen Hauptbahnhof haben. Heute heißt er wieder Ostbahnhof und ist die Endhaltestelle vieler ICE-Linien.

Wie Tegel platzte nach der Wiedervereinigung der Bahnhof Zoo aus allen Nähten, bis zur Fußball-WM 2006 der neue Hauptbahnhof am Standort des einstigen Lehrter Bahnhofes eingeweiht wurde. Befürchtungen, der Bahnhof Zoo würde, vom Fernnetz abgehängt, veröden, bewahrheiteten sich nicht. Und auch die Warnungen, der Hauptbahnhof sei überdimensioniert, erwiesen sich als falsch.

Die Deutsche Bahn entwickelte für die Hauptstadt ein ganz neues Verkehrskonzept, das in ähnlicher Form bereits nach dem Ersten Weltkrieg vorgeschlagen worden war: Zum einen ist der Hauptbahnhof im Spreebogen ein Kreuzungsbahnhof, wo sich die oberirdische Ost-West- und die unterirdische Nord-Süd-Verbindung treffen und alle Fernzüge halten. Die Züge nach Süden rollen im Tunnel neben der Autoröhre unter Regierungsviertel und Tiergarten zum Potsdamer Platz. Zum anderen erhielt Berlin weitere Bahnhöfe an der Peripherie, damit nicht jeder Zugreisende bis in die Innenstadt fahren muss, um von dort aus der Stadt wieder herauszufahren. Für diese wegen seines Aussehens auf Plänen Pilzkonzept genannte Struktur wurden neue Bahnhöfe gebaut sowie bestehende ausgebaut. Als Fernbahnhof erhalten wurde der Ostbahnhof, der Bahnhof Spandau wurde ausgebaut sowie zwei neue Fernbahnhöfe errichtet: Gesundbrunnen und Südkreuz, jeweils an wichtigen innerstädtischen Umsteigepunkten gelegen, wo der S-Bahn-Ring kreuzt. Für den Regionalverkehr wurden der unterirdische Bahnhof Potsdamer Platz neu gebaut sowie weitere Regionalbahnhöfe: unter anderem Friedrichstraße, Bahnhof Zoo, Ostkreuz, Karlshorst und Wannsee.

Mit ihrem Umland ist die Stadt über zahlreiche Regionallinien verbunden. Sie verkehren im Stunden-, teilweise auch im Halbstundentakt. Potsdam und Oranienburg sind vom Hauptbahnhof aus in einer knappen halben Stunde erreichbar, nach Frankfurt/Oder sind es 75, nach Cottbus 90 Minuten. Der wachsende Speckgürtel um Berlin ist allerdings nicht so gut angeschlossen, wie es nötig wäre, weil S-Bahn-Linien, die vor dem Krieg ins Umland fuhren, nach dem Mauerfall nicht wieder verlängert wurden. So ist Falkensee, die am schnellsten wachsende Stadt Deutschlands und nicht weit von Spandau im Brandenburgischen gelegen, bislang nicht an das Berliner S-Bahn-Netz angeschlossen, obwohl dort viele Pendler wohnen.

Abermals peinlich für Berlin ist die Anreise mit dem Fernbus, jedenfalls wenn es zum Zentralen Omnisbusbahnhof am Messedamm geht. Wie anderswo waren Fernbusse keine Größe und der Bau aus den 1960ern vernachlässigt. Mit dem Fernbusboom platzt er längst aus allen Nähten und wird derzeit ausgebaut, allerdings nur wenig. Ein neuer wird gefordert, aber die Entscheidung lässt auf sich warten. Als Standort wird der Ostbahnhof heiß gehandelt. Auf die mangelnden Kapazitäten haben die Fernbusanbieter reagiert, indem sie stadtweit diverse Haltepunkte ansteuern, etwa Bahnhof Zoo, Alexanderplatz, Bahnhof Südkreuz oder Tegel.

Für eine Großstadt, noch dazu von der Ausdehnung Berlins, ist der innerstädtische Nahverkehr ein großes Thema. Wie in vielen anderen Bereichen müssen auch hier Verantwortliche darauf reagieren, dass die Stadt wachsende Einwohner- und Touristenzahlen zu stemmen hat. Natürlich ist Berlin von Tokioter Verhältnissen weit entfernt, aber wenn es Betriebsprobleme gibt, fühlt man sich schnell daran erinnert. Weil die Deutsche Bahn die Berliner S-Bahn offenbar eher als Melkkuh denn als Dienstleistungsunternehmen für die Großstädter ansah, wurden Wartungsarbeiten verschlampt, bis das zuständige Bundesamt im Sommer 2009 drei Viertel der Züge aus dem Verkehr zog. Monatelang fuhren auf der stark frequentierten Stadtbahnstrecke und selbst zum Flughafen Schönefeld keine S-Bahnen, und es fehlten eigentlich nur Bumper, die die entnervten Fahrgäste so in die Regionalzüge und U-Bahnen stopften, damit die Türen auch schließen konnten. Weitere Probleme der einst ziemlich störungsresistenten S-Bahn kamen hinzu, mit Bremsen, Weichen und dem ganz neuen Phänomen: Flugschnee. Nicht ganz so dramatisch und angesichts alter Strecken nötig sind Streckensperrungen wegen Bau- und Modernisierungsmaßnahmen, die die S-Bahn-Kunden aber immer wieder massiv behindern. Wer täglich lange Alltagswege zurückzulegen hat, kann sich über Fahrzeitverlängerungen und Fahrten mit dem berüchtigten Schienenersatzverkehr kaum freuen.

Zahlen zum Berliner ÖPNV (2012)

	S-Bahn	U-Bahn	Tram	Bus	Fähre
Linien	15	10	22	152	6
Nachtlinien	14	8	9	62	–
Länge Streckennetz	256 km	146 km	191 km	1700 km	
Stationen	132	173	808	6500	15
Zahl Fahrgäste	400 Mio.	500 Mio.	180 Mio.	400 Mio.	
längste Linie	S8 (56 km)	U7 (32 km)	M6 (22 km)	N7 (107 min)	F23 (25 min)
kürzeste Linie	S47 (7 km)	U55 (1,9 km)	M2 (7 km)	X7 (7 min)	F11 (2 min)

Die erste Eisenbahn fuhr 1838 vom Potsdamer Platz nach Potsdam, und mit dem Bau weiterer Bahnhöfe entwickelte sich reger Vorortverkehr. 1870 wurde die Ringbahn in Betrieb genommen, damals noch weit vor der Stadt gelegen, 1882 kam die Stadtbahn dazu. Das Unternehmen Berliner S-Bahn wurde 1924 gegründet: mit der Strecke Nordbahnhof-Bernau. Zunächst noch mit Dampfloks betrieben, wurden innerhalb eines Jahrzehnts alle Strecken elektrifiziert.

Der Berliner ÖPNV ist bis heute geprägt von der Zeit der Teilung. Abgesehen davon, dass manche S-Bahn-Linie vom früheren Westberlin aus bis heute nicht wieder ins Umland verlängert wurde, ist auch die Straßenbahn im Westen weiterhin selten anzutreffen. Weil jahrzehntelang die S-Bahn auch im Westen von der DDR-Reichsbahn betrieben wurde und von den Berlinern nach dem Mauerbau boykottiert wurde, baute man U-Bahn-Strecken als Ersatz: U7 und U9, während einige bestehende Strecken eingestellt wurden.

Ebenfalls wegen der Teilung wurden drei Linien im Untergrund zu sogenannten Geisterlinien: Die Nord-Süd-S-Bahn sowie U6 und U8 fuhren auf dem Mittelstück ihrer Strecke unter Ostberlin. Mit Ausnahme des Grenzübergangs Friedrichstraße hielten sie nicht, sondern fuhren langsam durch verlassene Bahnhöfe, die von DDR-Grenzern bewacht wurden. Die Fahrt durch hintereinander bis zu sechs Bahnhöfe (U8) war durchaus gespenstisch. Der Ringverkehr wurde im Westen eingestellt, im Osten umgebaut – mit dem schrägen Ergebnis, dass an der Böse-Brücke (Bornholmer Straße) West- und Ost-S-Bahn ein Stück nebeneinander fuhren und einander hören konnten, aber durch die Mauer getrennt waren. Die neue Streckenführung der S-Bahn Ost taufte der Volksmund nach dem DDR-Staatschef Ulbrichtkurve. Entschieden merkwürdig war der Grenzübergang Friedrichstraße, der gar nicht an der Mauer lag, aber aus dem Westen mit U-, S- und Fernbahn erreichbar war. Die Halle wurde mit einer Stahlwand geteilt: ein Bahnsteig Ost, zwei Bahnsteige West. Unter dem Hallendach patrouillierten DDR-Grenzer, die Scheiben am äußeren Westbahnsteig wurden geschwärzt. Im Inneren war der Bahnhof ein Labyrinth und bei Ostblockspionen geschätzt, da man leicht in den Westen rübermachen konnte. Weil hier mehrere Westlinien kreuzten, diente er nämlich gleichzeitig als Umsteigebahnhof des Westverkehrs.

Nach dem Mauerfall fusionierten die Verkehrsbetriebe Ost und West und verbanden das Nahverkehrsnetz nach und nach wieder. Schon am 1. Juli 1990 wurden alle Geisterbahnhöfe geöffnet. Die U1 fährt seit 1995 wieder über die Oberbaumbrücke zum angestammten Endbahnhof Warschauer Straße. Die U2, die in West und Ost auf den beiden Teilstrecken Wittenbergplatz–Krumme Lanke bzw. Mohrenstraße–

Vinetastraße verkehrte, wurde bereits 1993 wieder zu einer Linie (Linienführung inzwischen geändert). Auf beiden Seiten der Mauer verschwanden Wendehammer für den Busverkehr, und 2002 wurde schließlich wieder die Ringbahn in Betrieb genommen.

Allen Lippenbekenntnissen und Ankündigungen zum Trotz wurde die Straßenbahn, die im Osten ebenso wichtiger wie leistungsfähiger Verkehrsträger ist, chronisch vernachlässigt. Das ist nicht nur bedauerlich, weil Straßenbahnstrecken sehr viel günstiger zu bauen sind als U-Bahnen, sondern auch wegen der Berliner Tradition: Die erste elektrische Straßenbahn, von Siemens 1896 präsentiert, trat von Berlin aus ihren weltweiten Siegeszug an. Aber 1961 kam das Aus für die Westberliner Strecken, während Ostberlin das Straßenbahnnetz umfangreich ausbaute. Nach der Wiedervereinigung wurden nur zwei Strecken nach Westen verlängert: von der Bornholmer Straße nach Wedding sowie von Nordbahnhof bzw. Chausseestraße bis Hauptbahnhof. Zum Hauptbahnhof fährt die Tram erst seit 2015 wieder, geplant war die Inbetriebnahme zur Eröffnung des Bahnhofs, allerdings gab es Streit um den gleichzeitigen Ausbau der Invalidenstraße, und Anwohnerklagen verzögerten den Bau. Seit langem sind weitere Strecken geplant, zum Beispiel von der Warschauer Brücke durch Kreuzberg bis Hermannplatz oder vom Roten Rathaus über Spittelmarkt und Leipziger Straße zum

Potsdamer Platz, letztere Verbindung soll ab 2021 gebaut werden. Wie anderswo interessieren sich die Politiker aber meist mehr für aufwendige U-Bah-Strecken, die sich medienwirksamer einweihen lassen als ein paar Straßenbahnschienen.

Doch BVG und S-Bahn sehen sich durch das Bevölkerungswachstum der Stadt neuen Herausforderungen gegenüber. Die Fahrgastzahlen steigen, aber erhöhte Taktfrequenzen können nur begrenzt Abhilfe schaffen. Neben dem Ausbau von S- und Straßenbahn soll auch das U-Bahn-Netz erweitert werden. Noch in Bau ist der Lückenschluss der U5 zwischen Alex und Brandenburger Tor, der 2020 in Betrieb genommen werden soll. Schon jetzt wird diskutiert, die Linie weiter nach Wedding zu verlängern, im Gespräch ist außerdem die Verlängerung der U1 zum Ostkreuz. Ein Dauerbrenner in der Diskussion, weniger in der Umsetzung, ist der uralte Plan, die U-Bahn unter dem Kurfürstendamm bis Adenauerplatz zu verlängern, um Umsteigeoption zur U7 zu ermöglichen. Für andere Altplanungen ließe sich sogar auf Vorarbeiten aufbauen, etwa eine ganz neue U-Bahn-Strecke von Schöneberg über Alexanderplatz nach Weißensee.

Während die Berliner sich gerne kollektiv auf BVG und vor allem die DB-Tochter S-Bahn einschießen, sind Radfahrer ein Reizthema, das anzusprechen stets für Ärger sorgt. Alle sind betroffen: Wer unter rücksichtslos auf Gehwegen und bei Rotphasen fahrenden Kamikazeradlern leidet, bringt naturgemäß wenig Verständnis auf für die Nöte des am schnellsten wachsenden Verkehrsträgers, der sich weiterhin mit viel zu engen Radwegen abfinden soll, die noch dazu schlecht unterhalten und häufig zugeparkt werden. Wer rücksichtslos ausgebremst und angehupt wird von Autofahrern, die keinen Schimmer haben, welche Rechte Radfahrer haben und sie allesamt als Feinde ansehen, entwickelt wenig Neigung für kameradschaftliches Verhalten im Straßenverkehr. Ob die Verkehrsrüpeleien mit mehr Platz für Radfahrer weniger würden, sei dahingestellt – fest steht, dass der Zuwachs im Radverkehr zwingend danach verlangt, mehr für diese Verkehrsart zu tun.

Und schließlich der Autoverkehr. Wer so gerne meckert wie die Berliner, beschwert sich natürlich über zu viel Verkehr und Dauerstau. Tatsächlich nimmt die Verkehrsbelastung zu, schon weil die Einwohnerzahl wächst. Hinzu kommen Pendler und Touristen. Und doch: Wer den Autoverkehr in München oder Paris kennt, wird den in Berlin als vergleichsweise harmlos erleben. Allerdings sind die Hauptrouten und vor allem die Stadtautobahn im Berufsverkehr immer verstaut, und auch Ersatzrouten bieten nicht mehr immer freie Fahrt. Wie in anderen Großstädten gilt für die Stoßzeiten, dass Fahrrad und ÖPNV oft schneller ans Ziel bringen.

Parkplätze gibt es in Berlin mehr als anderswo, in vielen Bezirken dank der Parkraumbewirtschaftung sogar reichlich. Die Stadt profitiert aber nicht nur von breiten Straßen und der Größe und Dezentralität der Stadt. Gemessen an der Einwohnerzahl ist die Zahl der zugelassenen Pkw in Berlin geringer als im Bundesdurchschnitt und nimmt relativ gesehen sogar ab. Absolut gesehen steigt die Zahl aber, weil die Bevölkerung wächst.

Zahl der zugelassenen Pkw in Berlin

Jahr	Berlin gesamt	Westberlin	Ostberlin
1905	1829 (Alt-Berlin)		
1929	97 000		
1945	115		
1960	169 000	146 000	23 000
1980	538 000	733 000	195 000
1989	964 000	663 000	301 000
1991	1,077 Mio.	704 000	373 000
1995	1,223 Mio.		
1999	1,185 Mio.		
2002	1,237 Mio.		
2008	1,091 Mio.		
2012	1,136 Mio.		
2015	1,165 Mio.		

Im Zentrum der Stadtplanung West stand ein Stadtautobahnnetz, das gottlob nur zum Teil verwirklicht wurde – zum einen wegen der Mauer, zum anderen wegen massiver Proteste. Auch hier sind Autofahrer froh über das, was gebaut wurde, aber die breite Schneise, wenn auch zum Teil entlang des S-Bahn-Rings gezogen, richtete großen städtebaulichen Schaden an. Der Weiterbau zur Innenstadt war lange geplant, und in vorbereitenden Maßnahmen wurden breite Zufahrtsstraßen gebaut oder große Flächen vorsorglich freigeräumt. Die bestehende Steglitzer Autobahn sollte nach Norden hin verlängert werden: entlang der Nord-Süd-S-Bahn durch den heutigen Park am Gleisdreieck zum Potsdamer Platz, unterm Tiergarten und durch die heutige Europacity mit einem Kreuz am heutigen Hauptbahnhof weiter nach Wedding. Im Park am Gleisdreieck sollte eine Ost-West-Verbindung kreuzen: von der Kleiststraße und nach Osten weiter nach Kreuzberg, dessen Norden weitgehend niedergelegt worden wäre. Ein Dreieck am Moritzplatz sollte anschließen nach Süden, parallel zu Kottbusser Damm und Hermannstraße durch Wohngebiete und Hasenheide, entlang am Flughafen Tempelhof zur bestehenden A 100.

Bauzeugnisse nie gebauter Stadtautobahnen

- **An der Urania:** breiter Ausbau als Auffahrt zur Autobahn am Lützowplatz
- **Staatsbibliothek Potsdamer Straße:** über den alten Straßenverlauf gebaut als Schallschutzriegel zur Trasse über den Potsdamer Platz
- **Kottbusser Tor:** Wohnbauten am Nordrand als Schallschutzriegel zur Trasse durch die Oranienstraße
- **Sachsendamm:** Von Steglitz kommend ist im Kreuz Schöneberg sichtbar, wo die Trasse nach Norden weitergehen sollte
- **U-Bahnhof Amrumer Straße:** so konstruiert, dass hier die Trasse über dem Bahnhof kreuzen konnte

Im Verkehr wird der Berliner ideologisch, und jede Verkehrsart kämpft für sich allein. Und ganz insgesamt hat Berlin das Problem einer zunehmend maroden Infrastruktur, deren Unterhalt deshalb immer teurer wird, weil die Stadt wegen des langjährigen Sparkurses in vielem hoffnungslos im Rückstand ist. Zugleich werden viele Maßnahmen, die gar nicht so teuer wären, nicht umgesetzt, weil das Verwaltungspersonal dafür fehlt. Und schließlich neigte Berlins Große Koalition auch in Sachen Verkehr und Infrastruktur eher zu Ankündigungen und Selbstbelobigungen als zu substantieller Arbeit. Wie der Straßenbahnbau war Verkehrspolitik für Radfahrer nicht sexy genug, um im gebotenen Maß Verbesserungen umzusetzen. Das aber ändert sich mit einem Senat, der Verkehrs-Zukunftspolitik machen will, auch mit Blick auf Umweltbelastung und Klimawandel. Leidenschaftlich diskutieren die Berliner den Beschluss der Landesregierung, ab 2019 den Boulevard Unter den Linden für den motorisierten Individualverkehr zu sperren. Dann werden die Linden wieder das, als was die Berliner sie vor 100, 200 Jahren bezeichneten: die Laufstraße.

Für Fußgänger ist Berlin eigentlich paradiesisch. Bei guter Luft, meist trockenem Wetter, ohne steile Berge und mit viel Grün lässt sich die Stadt vortrefflich erlaufen. Zwar braucht es dafür ein wenig Ortskenntnis, um Routen klug zu planen und gegebenenfalls mit dem ÖPNV zu verbinden – dann aber bietet die Stadt beste Voraussetzungen. Fast überall finden sich ruhige Straßenzüge oder ausgedehnte Grünanlagen, die sich nutzen lassen, und mitten durchs Zentrum kann man fast am Stück an der Spree entlanglaufen, ohne vom Autoverkehr allzu sehr gestört zu werden. Das größte Hindernis fürs Laufen ist natürlich die Größe der Stadt – abgesehen vom Zeitdruck, der heutzutage nicht nur verspürt, sondern auch gepflegt wird. Verglichen mit vielen anderen Weltmetropolen aber hat Berlin für Fußgänger viel zu bieten.

Zahlen zum Verkehr in Berlin (2013)

	Berlin	bundesweit
Wege pro Person und Tag	3	3
durchschnittliche Weglänge	6 km	12 km
Zeit im Verkehr pro Tag	81 min	79 min
Anteil Verkehrsarten		
zu Fuß	32 %	3 %
Fahrrad	13 %	3 %
ÖPNV	26 %	14 %
im Auto	29 %	76 %
Fahrräder pro Haushalt	1,5	1,8
Pkw pro Haushalt	0,7	1

Ich wiederhole zum Schluss,
dass die Eiterbeule von Berlin
operiert werden muss.
Friedrich Wilhelm IV., 1848

Das Interessanteste an dieser Stadt ist, dass sie sich im Umbruch befindet. Sie war früher Kindergarten, jetzt hat sie die Grundschule absolviert und überlegt sich nun, ob sie auf die Realschule oder das Gymnasium gehen soll. (…) Berlin ist definitiv nicht mehr billig. Aber man kann halt nicht sagen, wir sollen eine internationale Weltstadt sein, und sich dann über die Konsequenzen beklagen.
Michael Michalsky, Modeschöpfer, 2016

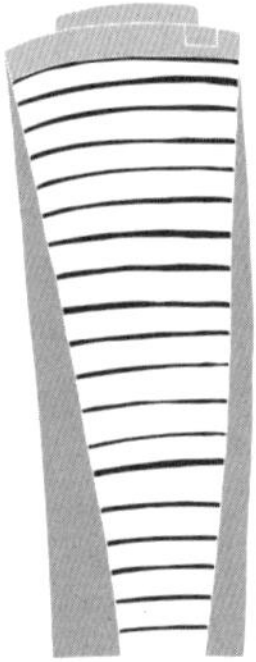

Die zukünftige Stadt

Und was wird nun aus Berlin? So mancher gebeutelte Berliner wird sagen: Lieber erst mal nüschte, war ja jenuch jewesen die letzte Jahre. Aber Verschnaufpausen bietet das 21. Jahrhundert wohl eher nicht, und Berlin steckt weiterhin mittendrin im Werden. Natürlich wird über die Zukunftsfähigkeit der Stadt gestritten: Wie zukunftstauglich kann eine Stadt sein, die es nicht einmal schafft, ein stadtweites WLAN-Netz auf die Beine zu stellen, allen Ankündigungen zum Trotz? Wo Schulklos gemieden werden, weil die überfällige Sanierung ausbleibt? Andererseits: Wie könnte eine Stadt mit so viel Potential und Anziehungskraft etwas anderes sein als eine, wenn nicht *die* Stadt der Zukunft?

Beginnen wir bei zwei Entwicklungen, die alsbald zu erwarten sind: Zum einen wird, mutmaßlich 2018, der neue Flughafen eröffnet. Über lange Wartejahre wurde nur noch über den Bau und seine Skandale geredet, aber kaum noch über den Schub, den ein großer Flughafen mit besserer Anbindung ans internationale Flugnetz dem wirtschaftlichen Aufschwung der Stadt verleihen wird. Zwar ist bereits klar, dass der Flughafen schon bei Inbetriebnahme zu klein sein wird, aber Hauptsache, er wird endlich eröffnet. Alles Weitere wird sich dann auch noch stemmen lassen.

Das andere ist das absehbare Ende der Bundespendelei zwischen Bonn und Berlin. Was anfangs geboten war, um den abgesetzten Regierungssitz Bonn abzufinden, ist im dritten Jahrzehnt nach der Wiedervereinigung weder weiterhin notwendig noch vermittelbar. Sie kostet den deutschen Steuerzahler jährlich 7,5 Millionen Euro und besteht nicht zuletzt aus 22 000 Dienstreisen im Jahr. Schon jetzt arbeiten in Berlin mehr Mitarbeiter des Bundes als anfangs festgelegt, es ist an der Zeit, dass die verbliebenen Ministerien ebenfalls an die Spree ziehen.

Was ist noch zu erwarten? Berlin wird in absehbarer Zeit die Marke von vier Millionen Einwohnern knacken. Nicht nur geht überall der Trend hin zum Leben in der Stadt, Berlin wird zudem seine Anziehungskraft vermutlich nicht so schnell einbüßen. Das wird begünstigt von einer wirtschaftlichen Entwicklung, die mit einiger Wahrscheinlichkeit weiter aufwärtsgeht. Die Kehrseite der Medaille ist, dass nicht nur die Wirtschaftszahlen, sondern ebenso die Preise weiter steigen werden. Die Entwicklung zu einer zwar unverwechselbaren, aber doch ganz normalen Metropole bringt nun einmal auch diesen Aspekt der Normalisierung hervor. Ob trotzdem ein Ausgleich zwischen größeren und kleineren Geldbeuteln möglich sein wird, muss sich zeigen. Noch bis vor einigen Jahren hielt Berlin viel darauf, dass die Stadt fast überall sozial gut gemischt ist – nunmehr sieht es sehr danach aus, als würden Geringerverdienende gnadenlos in die Außenbezirke verdrängt. Die kommenden Jahre werden erweisen, welche Weichen für oder gegen ein sozial einigermaßen ausgeglichenes Berlin gestellt werden. Dass die Tendenz da aber eher ins Negative weist, ist kein Berliner Spezifikum, sondern ein Entwicklungskennzeichen der meisten westlichen Metropolen. Dass in Berlin aber doch manches anders laufen könnte, lässt zumindest die Vergangenheit der streitbaren Stadt vermuten – und die beherzten Pläne der 2016 gewählten Landesregierung.

Dies betrifft die nächste Zukunft, aber Berlin wäre nicht Berlin, wenn nicht mit einigermaßen Großspurigkeit die große Zukunft ins Visier genommen würde. Dafür verabschiedete der Senat einen Zehnpunkteplan, der das seit Jahren beschworene Versprechen einlösen soll, eine führende Zukunftsmetropole zu werden. Manches lädt aber eher zu sarkastischen Kommentaren ein, etwa wenn eine schlanke Verwaltung in Aussicht gestellt wird, in städtischen Behörden aber weiterhin überalterte Software verwendet wird oder in Verwaltungen Mitarbeiter zum ziemlich analogen Auffinden von Papierakten abgestellt werden müssen. Berlins Zukunftsfähigkeit ist nicht zuletzt dadurch beeinträchtigt, dass viele Reformen schon viel zu lange verschleppt werden und erst mal der Nachholbedarf abgearbeitet werden muss. Das gilt fürs Digitale ebenso wie für die Verkehrsinfrastruktur und sowieso für die Verkehrsentwicklung.

Jahrelang wurde trotz der stetig wachsenden Bedeutung des Radverkehrs zwar nachgebessert, aber kein großer Sprung gewagt. Auf vielen Straßen ist zu Stoßzeiten auf Radwegen schon lange nicht mehr genug Platz, aber die Autolobby verhinderten, dass ein gerechterer Anteil des Straßenraums für den Radverkehr reserviert würde. Vom Standard einer Fahrradmetropole ist Berlin weiterhin meilenweit entfernt, mag der Berliner ÖPNV auch den Vorteil haben, die Mitnahme von Fahrrädern selbst in manchen Straßenbahnen zu gestatten. Ob das geplante Umsteuern unter einem rot-rot-grünen Senat gelingt, bleibt abzuwarten. Und doch: Als wichtiger Standort der expandierenden IT-Branche soll die Digitalisierung der Stadt vorangetrieben werden, etwa als Testort des neuen Netzstandards 5G, 50-mal schneller als der bisherige. Die Berliner sollen mit der digitalen Welt besser vertraut gemacht werden und mehr IT-Professoren an der Spree lehren und forschen.

Berlin gehört außerdem zum Club der europäischen Kommunen, die sich trotz absehbarer Auswirkungen des Klimawandels behaupten wollen. Zwar muss die Stadt nicht wie Venedig mit Überflutung, wohl aber mit noch trockenerem Klima und sehr heißen Sommern rechnen. Diese Entwicklung beginnt sich bereits abzuzeichnen, mag auch eher angenehm sein, dass Vegetationsphase und Sommer sich allmählich verlängern und die Winter milder werden. Die Stadt wird ohnehin vom großen Anteil an Wasser- und Grünflächen profitieren und viel besser dran sein als andere Großstädte, die weder so viel Natur als Zufluchtsorte bieten noch in heißen Sommern nachts erfrischend abkühlen. An konkreten Maßnahmen in Sachen Klimawandel war außer Verlautbarungen, guten Vorsätzen und Monitoring bislang allerdings wenig zu sehen. Immerhin wird der Klimawandel in Berlin untersuchend begleitet, und die Verkehrsbetriebe sollen ab 2020 nur noch Elektrobusse kaufen dürfen.

Ein Zukunftsmodell wird in Berlin schon eifrig erprobt und eingesetzt: die Möglichkeit direkter Demokratie, um der Politik zu verstehen zu geben, was die Berliner ganz konkret wollen oder nicht wollen und bestimmte Vorhaben auszubremsen. Wenn Zukunft verschlafen wird, liegt das vor allem in einer Großstadt zum einen an der Politik, die zu träge ist, zum anderen aber auch an den Bürgern, die sich das gefallen lassen. In Berlin haben Bürgerentscheide oder ihre bloße Anbahnung bereits dazu geführt, dass die Politik mehr Bürgernähe und Beteiligung erprobt, weil sie den Zorn der Wähler mehr fürchten muss als früher. Gut möglich ist, dass damit in Berlin eine Entwicklung in Gang gesetzt wurde, die bei der Zukunftsgestaltung mitwirkt.

Eine Stadt, die so viel Zukunft schultern muss wie Berlin, ist gezwungen, sich umfassend mit der Frage zu befassen, wie eine Stadt der Zukunft eigentlich beschaffen sein muss. Berlin wird immer eine klassische mitteleuropäische Metropole sein, aber es fragt sich doch, welche hergebrachten Rezepte ausgedient haben und wo es sinnvoll wäre, neue Wege zu gehen. Das berührt nicht zuletzt das öffentlich stets verminte Feld der Stadtplanung: Wie soll das Zentrum aussehen? Welche Art von Wohnraum braucht eine Großstadt von morgen? Wie kann der Verkehr für künftige Anforderungen gerüstet werden? Was bedeutet städtisches Zusammenleben in einer Metropole des 21. Jahrhunderts? Gelingt ein Ausgleich zwischen wirtschaftlichen Interessen und nicht notwendigerweise deckungsgleichen Erwartungen der Stadtgesellschaft? Wie lebt eine europäische Großstadt die Globalisierung, die zu immer mehr Migration führt? Diesen Fragen muss sich besonders Berlin aktiv stellen, denn während andere Städte im engen Korsett des Vorhandenen planen müssen, sorgt das Wachstum Berlins nicht nur für einigen Druck, allen gegenteiligen Behauptungen zum Trotz verfügt die Stadt auch weiterhin über genügend Entwicklungsraum. Deshalb kann man durchaus erwarten, dass die Stadt jede Menge Zukunft vor sich hat und weiterhin aufregend und in Bewegung sein wird.

Françoise Hauser

China für die Hosentasche

Was Reiseführer verschweigen

Band 52104

Das kleinste Buch über das Land
mit den meisten Einwohnern der Welt

China ist ein Land voller Mysterien, Rätsel und Widersprüche: Warum gehen Taxifahrer in China mit einem Vierer-Nummernschild unweigerlich pleite? Wieso bekommt man, wenn man »Gemischte Schlangenhaut« bestellt, häufig nur handelsüblichen Quallensalat serviert? Und wo sorgt die Große Unterhose für Aufsehen? Das und vieles mehr verrät Ostasien-Expertin Françoise Hauser in ihrem Buch über das Reich der Mitte.